Controlo de Gestão: Uma Visão Integrada do Desempenho Empresarial

Ilídio Tomás Lopes

Controlo de Gestão: Uma Visão Integrada do Desempenho Empresarial

ACTUAL

TÍTULO ORIGINAL
Controlo de gestão: uma visão integrada do desempenho empresarial

AUTOR
Ilídio Tomás Lopes

CONJUNTURA ACTUAL EDITORA
Sede: Rua Fernandes Tomás, 76-80, 3000-167 Coimbra
Delegação: Avenida Engenheiro Arantes e Oliveira, 11 – 3.º C – 1900-221 Lisboa – Portugal
www.actualeditora.pt

CAPA
FBA

PAGINAÇÃO
Aresta Criativa - Artes Gráficas

IMPRESSÃO E ACABAMENTO
ARTIPOL - www.artipol.net
Abril 2019

DEPÓSITO LEGAL
454991/19

ACTUAL | GRUPOALMEDINA

Biblioteca Nacional de Portugal – Catalogação na Publicação

LOPES, Ilídio Tomás, 1966-

Controlo de gestão: uma visão integrada
do desempenho empresarial – (Fora de coleção)
ISBN 978-989-694-321-9
CDU 005

"Se gostas de escutar, aprenderás;
e se deres ouvidos, tornar-te-ás sábio."
(Eclesiástico 6, 33)

ÍNDICE

ÍNDICE DE FIGURAS

SIGLAS E ACRÓNIMOS

ABB – *Activity Based Budgeting*
ABC – *Activity Based Costing*
ABM – *Activity Based Management*
ABR – *Activity Based Results*
AE – Ativo Económico
AEVA – *Adjusted Economic Value Added*
BdP – Banco de Portugal
BMR – *Book to Market Ratio*
BSC – *Balanced Scorecard*
CD – Custeio Direto
CF – Custos Fixos
CFROI – *Cash Flow Return on Investment*
CIPA – Custo Industrial dos Produtos Acabados
CIPV – Custo Industrial dos Produtos Vendidos
CIVMC – Custo dos Inventários Vendidos e das Matérias Consumidas
CV – Custo Variável
CVU – Custo Variável Unitário
CVR – Custo – Volume – Resultado
EBIT – *Earnings Before Interests and Taxes*
EBITDA – *Earnings Before Interests, Taxes, Depreciation and Amortization*
EPR – *Earnings Price Ratio*
ETC – Equivalente a Tempo Completo
EVA – *Economic Value Added*

FML – Fundo de Maneio Líquido
GGP – Gastos Gerais de Produção
ICSF – Instituições de Crédito e Sociedades Financeiras
IFRS – *International Financial and Reporting Standard*
IRC – Imposto sobre o Rendimento das Pessoas Coletivas
JV – Justo Valor
KPI – *Key Performance Indicator*
MBR – *Market to Book Ratio*
MC – Margem de Contribuição Total
MCR – Margem de Contribuição Residual
MD – Matérias Diretas
MF – Margem Financeira
MOD – Mão de Obra Direta
MS – Margem de Segurança
MVA – *Market Value Added*
NCM – Norma Contabilística Micro Entidades
NCRF – Norma Contabilística e de Relato Financeiro
NCRF-ESNL – Norma Contabilística e de Relato Financeiro – Entidades do Setor Não Lucrativo
NCRF-PE – Norma Contabilística e de Relato Financeiro – Pequenas Entidades
NFM – Necessidades de Fundo de Maneio
NOPAT – *Net Operating Profit After Taxes*
NPE – *Non-Performing Exposure*
NPL – *Non-Performing Loans*
PB – Produto Bancário
PER – *Price Earnings Ratio*
PMP – Prazo Médio de Pagamentos
PMR – Prazo Médio de Recebimentos
PTI – Preço de Transferência Interna
PVU – Preço de Venda Unitário
Q – Quantidade Total
QR – Quantidade Real
RAI – Resultados Antes de Impostos
RCP – Rendibilidade dos Capitais Próprios
REVA – *Refined Economic Value Added*

RLP – Resultado Líquido do Período
SCR – Sistema de Custeio Racional
SCT – Sistema de Custeio Total
SCV – Sistema de Custeio Variável
SNC – Sistema de Normalização Contabilística
SWOT – *Strengths, Weaknesses, Opportunities, and Threats*
TB – *Tableau(x) de Bord*
TDABC – *Time Driven Activity Based Costing*
TIC – Tecnologias de Informação e Comunicação
TL – Tesouraria Líquida
V – Vendas Totais
VR – Vendas Reais
VEC – Valor Económico Criado

PREFÁCIO

Globalização, desenvolvimento das tecnologias de informação-comunicação e crise financeira global são três processos que marcaram decisivamente a viragem do século XX e o início do século XXI, com repercussões relevantes na política, na cultura, na economia, nas relações financeiras, etc. Tais processos têm vindo a gerar novas oportunidades, a colocar desafios e a exigir mudanças significativas nos modelos de organização e gestão e nas estratégias de comunicação, muito em especial no domínio empresarial.

A globalização eliminou e esbateu barreiras e fronteiras facilitando a mobilidade de bens, serviços, capitais e pessoas. Os mercados relevantes deixaram de estar confinados aos limites geográficos dos países. Os desenvolvimentos registados nas tecnologias de informação e comunicação melhoraram substancialmente as capacidades de recolha, armazenamento, tratamento e divulgação de informação. O desenvolvimento das redes de comunicação alavancou o potencial de disseminação da informação permitindo a sua globalização. A transformação digital em curso é um corolário destes desenvolvimentos. Procura extrair conhecimento do manancial de informação disponível, conhecimento esse que permite ajustar melhor os canais de relação e respetivos conteúdos às necessidades e preferências dos seus utentes efetivos ou potenciais. A automação e robotização são agora realidades não só na manufatura, mas também nos serviços e nos próprios processos de interação estabelecidos nas plataformas e redes de comunicação existentes. Finalmente, a crise financeira global, que foi antecedida por uma crise na chamada nova economia das dotcoms e escândalos financeiros associados a más práticas de reporte financeiro, tem exigido a implementação de mudanças significativas nos modelos de governação das instituições no sentido de reforçar a sua capacidade de avaliação, prevenção e mitigação dos riscos.

As organizações, empresariais ou não, têm vindo a ajustar-se à nova realidade moldada por estas transformações e exigências. Recorrendo ao conceito de ciclo de gestão, que o autor enfatiza logo no início desta obra, podemos afirmar que tal ajustamento tem implicado mudanças significativas visando uma maior eficácia nos seus quatro níveis: planeamento, organização, direção e controlo. Um elemento essencial na melhoria destes processos é a informação e o conhecimento que dela pode ser extraído, a sua comunicação interna e externa, atempada, bem como a sua utilização para monitorar e controlar o desenvolvimento da organização.

Nesse sentido, o autor analisa e descreve um conjunto vasto e diferenciado de indicadores essenciais. Indicadores que permitem avaliar a posição financeira das instituições bem como as alterações nela ocorridas. Indicadores que possibilitem uma visão analítica dos processos e atividades desenvolvidos pela instituição com o intuito de melhor os planear, otimizar e controlar. Indicadores que permitam, numa perspetiva dinâmica e prospetiva, assegurar o alinhamento dos processos e atividades com as metas e objetivos definidos para a organização. Por fim, o autor debruça-se sobre os sistemas de controlo de gestão, os quais permitem uma visão agregadora do conjunto de indicadores analisados e a sua utilização de forma integrada e coerente no controlo do ciclo de gestão como um todo.

As transformações em curso nas últimas décadas aumentaram sobremaneira o grau de complexidade das instituições e do seu meio envolvente exigindo maior sofisticação em todo o ciclo de gestão. Dotados das ferramentas analíticas proporcionadas por este vasto leque de indicadores, estaremos mais habilitados a conhecer as instituições seja na qualidade de seu stakeholder, de responsável no âmbito da sua gestão ou administração ou até mesmo como mero utente dos seus produtos ou serviços.

Fernando Teixeira dos Santos
(Professor da Faculdade de Economia do Porto;
Ex-Ministro de Estado e das Finanças;
CEO do EUROBIC)

NOTA INTRODUTÓRIA

A evolução das organizações ao longo das últimas décadas tem ficado marcada pela inequívoca revolução dos conceitos de tempo e de espaço. A informação, recurso por excelência na procura e consolidação de vantagens competitivas, passou a estar acessível aos seus utilizadores, independentemente do momento e do lugar. É essa transformação dinâmica que torna hoje as organizações mais integradas, mais diversificadas, mais flexíveis, nas quais os fluxos de informação se horizontalizaram, proporcionando uma maior capacidade de resposta às múltiplas exigências provenientes do mercado globalizado. É essa evolução dinâmica, em simbiose com as crescentes necessidades de informação por parte de utilizadores diversificados e descentralizados, que norteiam a obra que agora se apresenta.

O Controlo de Gestão é uma área do conhecimento que conjuga múltiplas perspetivas e múltiplos domínios científicos. Procura criar uma linguagem de gestão integrada que permita às organizações medir o seu desempenho operacional, implementar e monitorizar a sua estratégia. Nesse sentido, este livro procura proporcionar uma visão prática e corrente do Controlo de Gestão, induzindo no gestor a importância de preparar informação de gestão que seja útil e credível e que possa suportar as suas decisões, sejam elas de natureza deliberada ou emergente. É nessa visão prática e multidimensional que poderá estar o aspeto mais diferenciador da obra. Porém, como qualquer outro projeto, também este surgiu da maturidade académica e profissional que se foi consolidando ao longo do tempo. As dez edições já realizadas do Curso de Especialização em Controlo de Gestão da APEU-FEUC (*Associação para a Extensão Universitária da Faculdade de Economia da Universidade de Coimbra)* funcionaram como que o despertar para a necessidade de compilar uma obra que abordasse de forma integrada os mais diversos aspetos do Controlo de Gestão, cujo resultado final pudesse servir tanto os interesses académicos como os interesses daqueles que, no dia a dia, necessitam de informação de gestão para poderem tomar as mais diversas decisões. Assim, o Controlo de Gestão é, na sua essência mais primária e elementar, a transformação dinâmica e multidimensional de dados em informação, e a sua consequente utilização enquanto conhecimento e sabedoria ao serviço das organizações. Da mesma forma que informação e conhecimento não são sinónimos, dados e informação também não o são. A contínua articulação entre informação e conhecimento não se esgotam numa perspetiva sintática (volume de informação em articulação direta com o seu sentido e valor, embora irrelevante no processo de criação de conhecimento). A perspetiva semântica assume maior relevância no contexto da criação de conhecimento ao ser embutida de novo significado, provocando novas ligações e ideias no espectro de um processo dinâmico de criação de conhecimento. A este propósito, sublinhamos a alquimia da informação evidenciada por Alvin Tofler (1990) ao afirmar que [*"à parte a certeza de que nenhuma empresa podia abrir as portas se não houvesse linguagem, cultura, dados, informação, e conhecimento, considere-se ainda o facto mais profundo de que, de todos os recursos necessários à criação de riqueza, nenhum é mais versátil do que estes. De facto, o conhecimento (por vezes apenas informação e dados) pode usar-se como substituto de outros recursos*"].

O livro encontra-se estruturado em cinco capítulos. O primeiro é dedicado ao enquadramento do Controlo de Gestão e à sua ligação dinâmica com a estratégia empresarial, realçando a importância da informação de gestão enquanto recurso por excelência no alcance de vantagens competitivas. São ainda definidas, nesse âmbito, as variáveis que compõem o ciclo de gestão e as funções do Controlo de Gestão. A perspetiva multidimensional da gestão foi o mote para a estruturação dos capítulos seguintes.

O segundo capítulo centra-se na análise da dimensão externa do Controlo de Gestão. É neste contexto que é abordada a importância e os principais aspetos do reporte empresarial e da normalização contabilística, culminando na identificação de indicadores de desempenho de natureza económico-financeira, baseados na informação que integra o referido reporte empresarial. Ainda que tradicionalmente pautados pela sua natureza estática, a sua evolução temporal e a sua ligação transversal com o setor de atividade em que cada organização se insere, dotá-los-ão de dinâmica e sentido evolutivo.

A dimensão interna do Controlo de Gestão é abordada no capítulo seguinte. De cariz interna e analítica, procura-se neste âmbito classificar a tipologia de custos que se geram no decurso das atividades de uma organização, culminando nos mecanismos que conduzem à formação do custo dos produtos e dos serviços. Os indicadores de desempenho que emergem deste contexto são dotados de um cariz estratégico diferenciado e diferenciador que potenciarão o alcance das já referidas vantagens competitivas. Pela sua natureza desagregada e potencial informativo, são ainda abordadas neste capítulo as temáticas do relato por segmentos e a temática da formação e gestão dos preços de transferência interna.

O capítulo 4 assenta na dimensão prospetiva do Controlo de Gestão e na importância de produzir indicadores de gestão de base previsional. São abordados, neste âmbito, as problemáticas associadas à gestão e controlo orçamental e à consequente análise de desvios. Será a dimensão prospetiva que completa a triangulação dimensional que serviu de base à estruturação da obra.

O último capítulo, dedicado aos sistemas de Controlo de Gestão, apresenta uma dupla função: por um lado proporciona uma natureza agregadora e integradora dos múltiplos indicadores de desempenho identificados ao longo dos capítulos, mas por outro a função mais visível do Controlo de Gestão que se traduz na identificação e utilização de ferramentas que permitam aos gestores a utilização de informação diferenciada e diversificada. Ainda que fortemente influenciados pela evolução e sofisticação das tecnologias de informação e comunicação (TIC), os sistemas de Controlo de Gestão refletem hoje as necessidades de informação dos gestores nas suas múltiplas dimensões.

Os conteúdos programáticos elencados ao longo dos capítulos são apresentados numa perspetiva teórico-prática. O enquadramento teórico das temáticas é, no final de cada capítulo, ilustrado pela sua aplicação prática. Considera-se que só assim é possível alcançar os interesses diversificados de utilizadores igualmente diversificados e cada vez mais diferenciados, que vão desde as exigências conceptuais impostas pela academia à realidade premente da gestão corrente das organizações. Importa finalmente afirmar que a função de Controlo de Gestão, *latu sensu*, se carateriza pela produção de informação, de natureza histórica ou prospetiva, que seja útil aos utilizadores. A sofisticação desses sistemas de informação é hoje em dia medida pela adequada e atempada disponibilização da informação no tempo e no espaço, pela sua natureza integrada e integradora, e pela sua articulação com a estratégia empresarial. Estamos perante uma temática de gestão de natureza transversal nos seus propósitos e multidisciplinar na linguagem utilizada. Foi essa transversalidade e multidisciplinaridade que pautaram o caminho que se procurou percorrer ao longo desta obra.

Ilídio Tomás Lopes
Março de 2019

1
O Controlo de Gestão e a Gestão da Informação

1.1. A GESTÃO DA INFORMAÇÃO E DO CONHECIMENTO

A gestão da informação pode ser globalmente entendida como um conjunto de atividades, operacionalizadas em paralelo ou em sequência, cujo objetivo é produzir ou captar dados que possam ser transformados em informação, a qual será posteriormente usada como conhecimento tácito ou explícito, enquanto suporte às mais diversas decisões de gestão. Gerir informação implica a capacidade de escolher e de avaliar: escolher e avaliar os dados que devem ser tratados e transformados em informação, escolher e avaliar o âmbito e o momento no qual tal transformação ocorre, e escolher e avaliar os sistemas mais adequados à sua disseminação. Todas essas escolhas dependem da evolução das economias, da globalização dos mercados e das alterações nas estruturas organizacionais, decorrentes das mais diversas transformações deliberadas ou emergentes.

Ao longo das últimas décadas temos vindo a assistir à transformação das estruturas organizacionais, a qual está estrutural e intrinsecamente associada à própria revolução do conceito de gestão da informação. Surgiram assim novas estruturas, caracterizadas pela sua crescente flexibilidade, pela capacidade crescente em responderem às exigências impostas pelas alterações que ocorrem nos ambientes interno e externo das organizações, pela crescente partilha de informação entre indivíduos, grupos e organizações, pela sua sofisticada diversificação, pela maior integração pessoal e pela crescente intensidade dos fluxos de informação horizontalmente direcionados, contrariando os efeitos tradicionais associados aos mecanismos de verticalização. Em ambientes cada vez mais dinâmicos e instáveis, a transformação das estruturas organizacionais ocorreu de forma natural e imperativa, catapultando as organizações para novas exigências de informação, cuja disponibilidade atravessou claramente os domínios do tempo e do espaço. É neste contexto que encontramos hoje estruturas organizacionais mais adaptadas às exigências impostas por esses ambientes dinâmicos e instáveis, em linha com os significativos desenvolvimentos que ocorrem no âmbito das tecnologias de informação e comunicação.

Podemos então afirmar que temos hoje uma maior integração da informação e do conhecimento, ligando indivíduos, grupos e organizações, através de múltiplas plataformas (v.g. computadores pessoais e dispositivos móveis), revolucionando de forma contínua os conceitos de tempo e de espaço. A monitorização em tempo real permite aos indivíduos uma interação permanente, elegendo-se a informação como a matéria prima por excelência dos finais do Séc. XX e inícios do Séc. XXI. É essa transformação dinâmica que procuramos ilustrar através da figura seguinte.

Figura 1.1. – A evolução das estruturas organizacionais

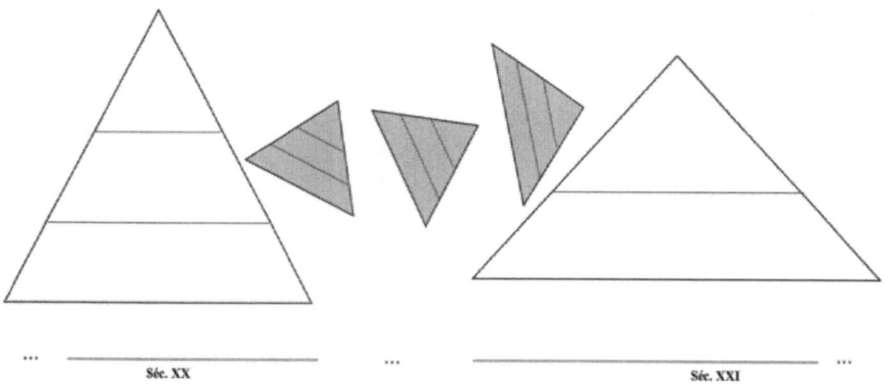

A evolução das estruturas organizacionais é simultaneamente uma consequência e um impulsionador da captação e criação de conhecimento. Afigurasse-nos linear que a intensidade e eficiência nessa captação e criação de conhecimento dependem do contexto (ambiente interno e externo) em que este é captado e criado, bem como do seu nível de integração. Os níveis de conhecimento (individual, de grupo, organizacional) traduzem, simultaneamente, o seu nível de agregação e integração. A este propósito, Nonaka e Takeuchi (1995) numa dimensão puramente ontológica, identificam o conhecimento criado a um nível individual, ao nível do grupo, ao nível organizacional e a um nível inter-organizacional. Outros autores, como por exemplo Tiwana (2002), colocam a criação de novo conhecimento nos planos individual, de grupo (departamental e de equipas), organizacional (otimização sinergética da cadeia de valor) e de redes negociais (otimização sinergética do sistema de valor). Esta integração de dados e informação, associada a uma perceção crescente do seu grau de utilidade, traduz a essência do processo dinâmico de captação e criação de conhecimento. As componentes do conhecimento (intuição, juízos, experiências, valores, regras e crenças) constituem os propulsores desse processo.

O conhecimento, independentemente da sua forma tácita ou explícita, é para as organizações em geral, uma fonte de criação de valor e um claro determinante do seu posicionamento estratégico e financeiro. A sua gestão dinâmica e a sua oportuna utilização, permitem às organizações uma diferenciação sustentável e sustentada, cujos impactos podem ser visíveis tanto no âmbito da gestão corrente como no plano estratégico.

1.2. O CICLO DE GESTÃO E AS SUAS FUNÇÕES

O ciclo de gestão engloba quatro variáveis (ou funções), as quais constituem uma cadeia de causa-efeito, mas cujos elementos individuais são determinantes no processo de criação de valor organizacional. São elas o *Planeamento* (P), a *Organização* (O), a *Direção* (D), e o *Controlo* (C). Como em qualquer outro ciclo, também aqui existem dois efeitos complementares: o efeito da retroação e da aprendizagem histórica, e o efeito do impacto que cada elo tem naquele que lhe sucede e no ciclo de gestão seguinte (efeito prospetivo ou previsional).

A primeira variável do ciclo de gestão, o *Planeamento*, caracteriza-se por um conjunto de regras e procedimentos relacionados em função de um objetivo definido, que é o de melhorar a eficácia das decisões empresariais. Porém, qualquer sistema de planeamento, independentemente

Figura 1.2. – As variáveis do ciclo de gestão

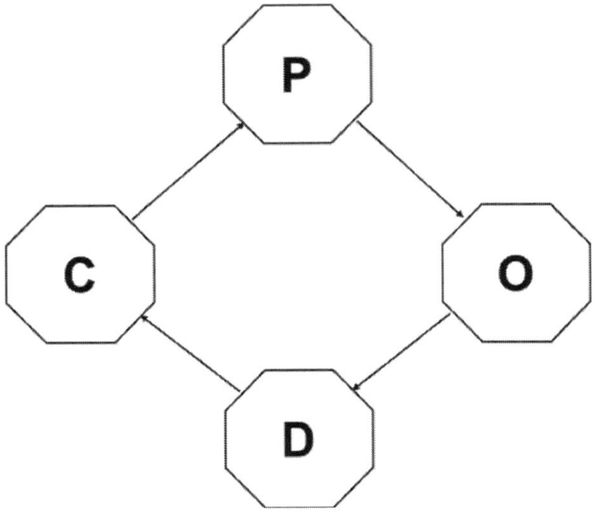

do seu grau de sofisticação, apresenta várias limitações que têm de ser tomadas em conta por parte dos intervenientes no ciclo de gestão: 1. Os modelos de planeamento são analogias simplificadas da realidade e por esse motivo são incompletos, ou seja, vulneráveis à incerteza e à volatilidade; 2. Os instrumentos utilizados no processo de planeamento devem ser conjugados e articulados com o raciocínio e com o senso comum; 3. Não deve haver confiança excessiva nas técnicas analíticas de planeamento, as quais podem causar inércias ao nível da criatividade, da inovação e da ação. Assim, podemos inferir que o planeamento é um processo que, tendo como base as características de cada organização[1] e do ambiente geral em que ela se insere, procura, em conjunto com uma apreciação dinâmica e ponderada do contexto, definir metas e objetivos com o propósito de melhorar a eficácia das decisões empresariais, mitigando a imprevisibilidade.

[1] Sem prejuízo de em determinados contextos contrariarmos esta orientação, optou-se pelo termo genérico "organização" em detrimento de termos contextualmente mais específicos como "empresa", "firma", "entidade", entre outros. Sendo os objetivos de natureza diversificada e a função controlo de gestão de natureza transversal, é nosso entendimento que aquele conceito é o que melhor reflete os nossos propósitos e objetivos.

Associado ao conceito de planeamento, surge muitas vezes o conceito de *Metaplaneamento*, o qual reflete a atividade de conceção e diagnóstico acerca do tipo, características e procedimentos que o próprio sistema de planeamento empresarial deve integrar. Ou seja, trata-se de uma atividade a montante do processo de planeamento, cujo objetivo reside em identificar as características específicas que possam tornar o sistema de planeamento de cada organização mais aderente à realidade concreta, mitigando, como já foi referido, os efeitos da incerteza e da volatilidade.

Encontramos em Lorange e Vancil (1977), uma das referências mais antigas ao modelo de planeamento multiciclos, o qual identifica de forma segmentada os princípios inerentes ao planeamento realizado em cada nível hierárquico da organização. Alinhado com a estrutura organizacional, os três ciclos do planeamento descritos permitem efetuar a ligação de causa-efeito entre o planeamento estratégico e o planeamento operacional. Pela sua pertinência, e pela influência que teve nos desenvolvimentos de gestão nas décadas seguintes, enumeramos de seguida, embora de forma sumária, as características de cada um desses ciclos:

- Ciclo 1: A administração dá a conhecer os grandes princípios de orientação, define os objetivos da organização, o seu negócio em geral, bem como a estratégia global a seguir para um horizonte temporal que pode abranger o médio e longo prazo. Com base nisso, ao nível intermédio da organização, são definidos os negócios de cada segmento, são fixados os seus objetivos, é avaliada e proposta a estratégia de cada divisão e identificadas as necessidades de recursos. Estes elementos são submetidos à aprovação da administração permitindo, com esta primeira fase de negociações, estabelecer o plano estratégico da organização;
- Ciclo 2: Com base no plano estratégico aprovado de nível intermédio, cada gestor procura descentralizar pelos responsáveis operacionais a preparação dos planos de ação que permitam alcançar os objetivos especificados no plano estratégico. Estes planos de ação são propostos ao diretor intermédio que retém aqueles que considera compatíveis com os objetivos, com a estratégia e com os

recursos que pensa dispor. Este conjunto de programas e necessidades de recursos são apresentados à administração para aprovação. Com base na discussão destes elementos e uma vez aprovados, está concluído o plano operacional;

- CICLO 3: Com base nos planos operacionais aprovados, é programado o primeiro ano do plano e, sobre ele, é desenvolvido o orçamento anual, o qual deve ser devidamente seccionado e detalhado em função da estrutura organizacional e das necessidades de gestão. Este ciclo é, fundamentalmente, o início da implementação da estratégia.

Importa ainda referir que o Plano Operacional deve integrar um conjunto de elementos que lhe possam incutir consistência e utilidade: 1. Os objetivos a atingir que ficaram acordados entre o responsável e o seu superior hierárquico; 2. Os planos de ação para implementar a estratégia, os resultados esperados, o calendário das realizações e o responsável em causa; 3. A previsão das necessidades de recursos, nomeadamente equipamentos, recursos humanos e financeiros; 4. A previsão de rendimentos e gastos no horizonte temporal do plano; 5. O processo de análise e aprovação da proposta de plano. Ou seja, o plano deve evidenciar coerência vertical (alinhado com a estratégia global da organização) e coerência horizontal (convergência e compatibilidade ao nível descentralizado), potenciando dessa forma a sua utilidade enquanto ferramenta de gestão, ao serviço dos gestores.

A eficácia do planeamento, enquanto variável do ciclo de gestão, depende de múltiplos fatores, entre os quais a cultura de gestão dominante na organização. Nesse sentido, são condições essenciais para a eficácia do planeamento, a vontade e empenhamento da gestão, a dimensão da empresa e a sua segmentação estrutural, a natureza do negócio e o seu grau de diversificação, bem como a maturidade dos responsáveis operacionais em termos de gestão.

A *Organização* é a segunda variável do ciclo de gestão. Está associada à estrutura organizacional e aos mecanismos de eficiência que potenciem a maximização do valor. Essa estrutura deve responder aos objetivos da organização, ser moderadamente flexível para poder reagir a eventuais estratégias emergentes[2]. Para além disso, deve ser compatível com a estrutura dos mais diversos sistemas de gestão, nomeadamente o sistema de contabilidade de gestão e os sistemas de controlo de gestão. Tal como ilustrado na Figura 1.1., as estruturas organizacionais observaram ao longo das últimas décadas, profundas modificações, entre as quais o seu achatamento e crescente segmentação. Resultam das mais diversas estratégias, sejam de natureza deliberada ou emergente, provocando verdadeiros desafios aos gestores, cuja atuação se vai revelando cada vez mais complexa. A mitigação dos riscos e a procura da previsibilidade em contextos voláteis e de incerteza global, requerem que as estruturas possam ter a flexibilidade suficiente para permitirem uma gestão mais orientada para o curto prazo, contrariamente à gestão praticada há algumas décadas atrás, vincadamente marcada pela previsibilidade quer dos negócios quer das tendências, tanto no tempo como no espaço.

A variável *Direção* abrange uma diversidade de pilares indispensáveis à criação de valor numa organização. Para além dos atributos de liderança indispensáveis à gestão, agrega os mecanismos de comunicação e de motivação, capazes de conduzir a organização a patamares de excelência, tanto no âmbito da cadeia de valor como no âmbito do sistema de valor. Enquanto variável do ciclo de gestão, de natureza integradora e diferenciadora na gestão de recursos humanos, é determinante na formação e manutenção de uma cultura organizacional que contribua proactivamente para a edificação da memória coletiva da organização.

A última variável do ciclo de gestão, que encerra um ciclo, mas que inicia outro ciclo, é o foco central desta obra. O *Controlo* assume, neste contexto, uma dupla perspetiva: 1. A monitorização da gestão corrente com recurso a uma diversidade de indicadores de desempenho (KPI – *Key Performance Indicators*), capazes de proporcionar informação fiável e em tempo útil; 2. Articulação da gestão corrente com a implementação estratégica numa lógica de causa-efeito, capaz de dotar a organização de capacidades que lhe permita agir de forma reativa (retrospetiva) ou preventiva (proactiva). Assim, o controlo de gestão traduz um conjunto de atividades de monitorização e acompanhamento,

---

[2] Estratégias não deliberadas que decorrem da imprevisibilidade tanto do ambiente macroeconómico (geral) como do ambiente específico (setorial).

tanto da gestão corrente como da gestão estratégica, com o recurso a um conjunto de instrumentos diversificados que permitam aos gestores gerir informação de forma útil e atempada, articulando e agindo sobre a gestão corrente, embora numa perspetiva estratégica dinâmica e integrada (Figura 1.3.).

Figura 1.3. – Os sistemas de controlo de gestão

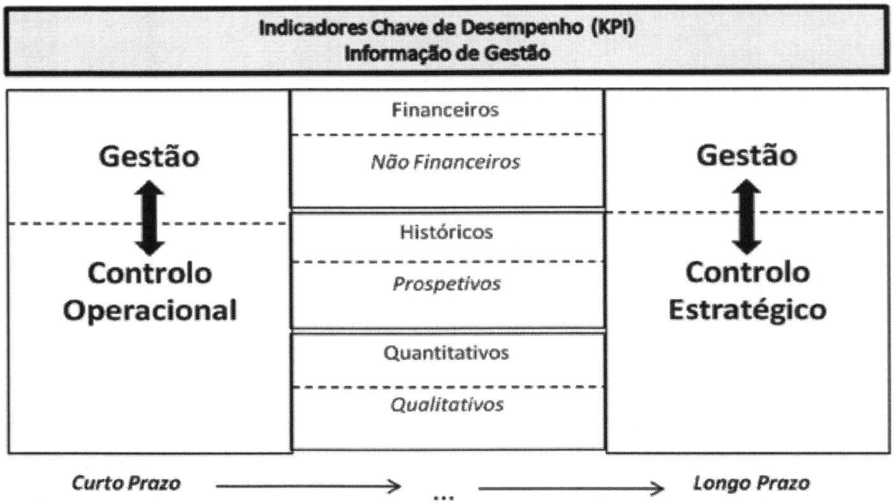

Tal como anteriormente referido, os sistemas de controlo de gestão são atualmente caracterizados pela integração da informação, numa perspetiva operacional e estratégica, conjugando no mesmo sistema indicadores de desempenho diversificados (quantitativos *vs.* qualitativos; históricos *vs.* prospetivos; financeiros *vs.* não financeiros). Assenta, por sua vez, num conjunto e princípios, enunciados por Jordan *et al.* (2015) e que desenvolveremos na sessão seguinte desta obra.

1.3. OS OBJETIVOS E OS MÓDULOS DO CONTROLO DE GESTÃO

O *Controlo de Gestão* pode ser definido em sentido amplo, tal como expresso em Jordan *et al.* (2015), como "*o esforço permanente realizado pelos principais responsáveis da empresa para atingir os objetivos estratégicos*".

Para além de nos remeter para uma dimensão de gestão corrente e operacional, alicerçada na ação, induz-nos igualmente para a existência de uma gestão descentralizada (associada à delegação da autoridade e responsabilização) cuja disponibilidade de informação, tanto numa dimensão temporal como espacial, é uma matéria prima por excelência face às atuais exigências de decisão, quer sejam de natureza operacional ou de natureza estratégica. A evolução das tecnologias de informação e comunicação vieram potenciar a criação de sistemas de controlo de gestão integrados, nos quais a monitorização de múltiplos indicadores de desempenho, parametrizados com sinais de alerta sofisticados, proporcionam aos gestores uma ferramenta de utilidade inquestionável. Contudo, pela sua importância de contexto e pela sua transversalidade de cultura organizacional, não podemos deixar de enumerar os oito princípios do controlo de gestão, apresentados expressamente por Jordan *et al.* (2015), cuja amplitude e relevância, muito contribuem para o enquadramento da função *Controlo de Gestão.*

- Os objetivos de uma organização são diversificados, pelo que os indicadores de desempenho (KPI) a monitorizar abrangem tanto a dimensão financeira como não financeira (comercial; recursos humanos e tecnologias; social e ambiental; processos internos; entre outros);
- A descentralização hierárquica e a consequente delegação de autoridade (intrinsecamente associada à gestão por objetivos) são uma condição necessária, embora não suficiente, para a criação de valor resultante de sistemas de controlo de gestão eficientes e eficazes;
- O controlo de gestão deve ser coerente, tanto horizontal como verticalmente. Ou seja, a convergência de interesses a nível da organização como um todo (coerência vertical) deve coexistir com a convergência de interesses a nível de divisão ou segmento (coerência horizontal);
- Os indicadores selecionados para integrarem os sistemas de controlo de gestão são orientados para a ação e para a sua utilidade enquanto ferramenta de gestão. A complexidade do sistema de controlo de gestão deve estar ajustada à estrutura da organização e às suas exigências de informação, em base tempestiva;

- A evolução da função controlo de gestão fez emergir a sua orientação prospetiva em complemento da sua orientação tradicionalmente histórica;
- O controlo de gestão, associado a mecanismos de delegação de autoridade e responsabilização, tem o seu foco nos gestores e na sua capacidade de decisão. Em complemento do valor e da tendência que os indicadores possam observar, a capacidade e oportunidade interpretativa são um fator crítico no processo;
- Intrinsecamente associado à cultura organizacional, os sistemas compensatórios (recompensa e sancionatório) fazem parte integrante do sistema de controlo de gestão;
- Os controladores de gestão assumem no contexto do controlo de gestão a função de facilitadores de processo, recolhendo e tratando informação, numa base dinâmica e continuada com os gestores operacionais. O *owner* do KPI não deve ser, regra geral, o controlador de gestão.

Os princípios anteriormente enumerados proporcionam uma orientação transversal e holística, que permitam ao gestor compreender a função como um todo e a sua importância para a criação de valor em múltiplas dimensões (v.g. valor económico e financeiro; valor de mercado; valor reputacional; valor social). É nessa transversalidade e amplitude que desagregamos a função nos seus diversos módulos (Figura 1.4.), cuja utilidade assenta em pressupostos de complementaridade e flexibilidade.

Os módulos do controlo de gestão, os quais serão de seguida objeto de caracterização, resultam da simbiose entre duas dimensões – a natureza da informação obtida no contexto de cada um deles e a origem dessa informação, mas também a sua amplitude e abrangência. Enquanto algumas dessas dimensões assumem uma orientação fundamentalmente externa, outras assumem uma orientação prioritariamente interna, cujos *stakeholders*[3] da informação são diversos e altamente diferenciados.

[3] De acordo com os normativos contabilísticos em geral, os utentes da informação financeira, com as suas necessidades específicas, são diversos. São designadamente: investidores (atuais e potenciais); empregados; mutuantes; fornecedores e outros credores; clientes; governo e seus departamentos; público em geral; gestores.

Figura 1.4. – Os módulos do controlo de gestão

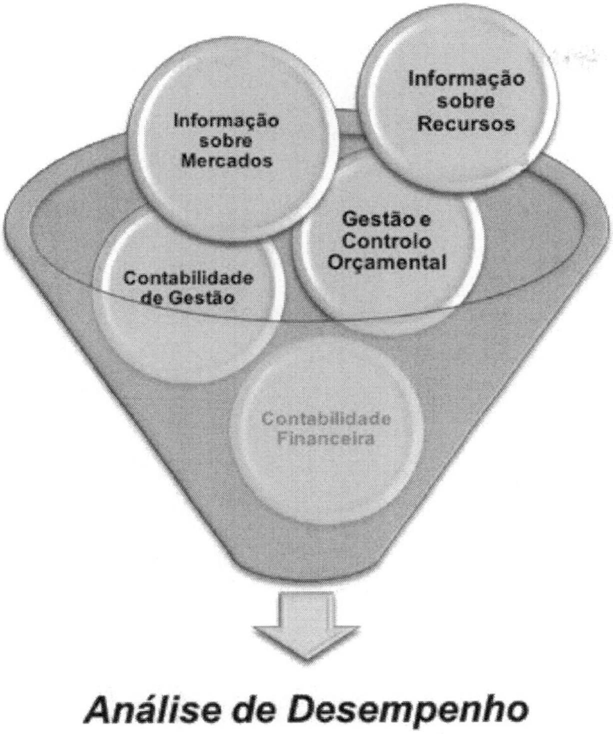

Assim, podemos identificar os seguintes módulos, ou dimensões, do controlo de gestão:

- Contabilidade Financeira: dimensão de natureza económico-financeira, globalmente agregada, cujos destinatários são fundamentalmente externos. Ao registar as transações da organização com o exterior, proporciona informação sobre a sustentabilidade económica e financeira da organização, as eficiências das diversas componentes do ciclo de exploração, bem como a criação de valor de forma integrada e agregada;
- Contabilidade de Gestão: dimensão de contexto interno e de natureza desagregada, tem como principais utentes os gestores descentralizados. Centra-se no apuramento de resultados e na análise

volume-custo-benefício. Produz informação que pode revelar-se crítica para o posicionamento estratégico da organização;

- Gestão e Controlo Orçamental: dimensão de base prospetiva, procura controlar o planeado, fundamentalmente em termos orçamentais, com o realizado, procurando-se identificar e analisar os desvios, desagregando-os pelas suas origens (interna ou externa), pela sua magnitude (materialidade e relevância) e pela responsabilização associada (imputáveis ao gestor ou alheias ao mesmo);
- Mercados: dimensão de natureza externa, embora altamente centrada na criação de valor. Traduz a essência do objeto social da organização, sendo crítica para a sua sustentabilidade económica. Para além de aspetos económico-financeiros intrínsecos, engloba a dimensão de risco reputacional, dimensão cada vez mais crítica no contexto da gestão da informação e das vulnerabilidades que dela têm emergido.
- Recursos: dimensão que agrega os recursos humanos e técnicos da organização, procurando a sua eficiência enquanto meio para atingir a eficácia das decisões. Dimensão assente nos processos e atividades organizacionais, fortemente influenciada pela evolução tecnológica e de comunicações, que potenciam o efeito de sinergia no processo de criação de valor.

Em complemento do agora exposto, abordaremos no último capítulo desta obra a forma como estes módulos se integraram gradualmente nos sistemas de controlo de gestão e qual a sua importância na articulação entre a gestão corrente e a gestão estratégica.

Identificados os módulos do controlo de gestão, importa agora contextualizar alguns aspetos sobre a função controlo nas organizações (Figura 1.5.), cuja abrangência não é mutuamente exclusiva, mas é claramente diferenciada.

A *Função Controlo* das organizações é entendida, genericamente, como um conjunto de mecanismos (políticas e procedimentos), posicionamentos e atitudes face ao risco (por vezes por imposição regulamentar e/ou de supervisão), modelos de governo societário, que

Figura 1.5. – As fronteiras da função controlo nas organizações

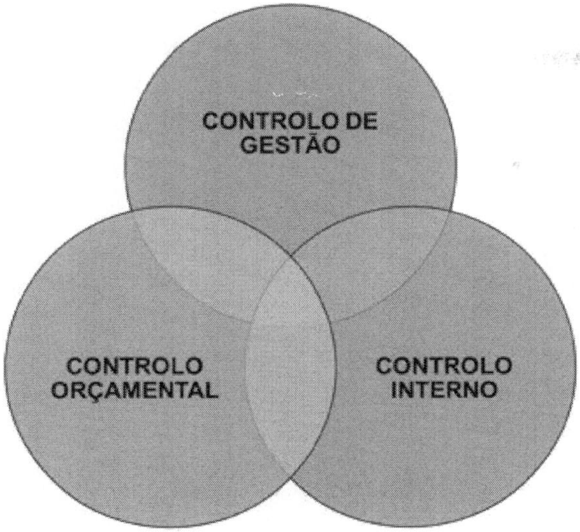

procuram mitigar o risco nas mais diversas vertentes[4]. Contudo, importa especificar e caracterizar três dimensões que, de natureza complementar, coexistem nas organizações e que fazem parte integrante, *latu sensu*, da função controlo.

- Controlo Interno: Processo concebido, implementado e mantido pelos encarregados de governação, gerência e outro pessoal para proporcionar segurança razoável acerca da consecução dos objetivos de uma entidade com respeito à fiabilidade do relato financeiro, eficácia e eficiência das operações e cumprimento das

[4] Risco económico (ou de negócio) e risco financeiro. Por exemplo, no que concerne às instituições de crédito e sociedades financeiras (ICSF), estão tipificados diversos riscos dos quais se destacam: Risco de crédito; Risco de mercado; Risco de taxa de juro; Risco de taxa de câmbio; Risco de liquidez; Risco de "*compliance*"; Risco operacional; Risco dos sistemas de informação; Risco de estratégia; Risco de reputação. Neste âmbito, o sistema de gestão de riscos deve basear-se em processos de identificação, avaliação, acompanhamento e controlo de riscos, os quais devem estar suportados em políticas e procedimentos apropriados e claramente definidos com vista a assegurar que os objetivos organizacionais são atingidos e que são tomadas as ações necessárias para responder adequadamente aos riscos previamente identificados.

leis e regulamentos aplicáveis (Norma Internacional de Auditoria 315);

- Controlo Orçamental: processo que tem como objetivo o apuramento dos desvios, comparando as rubricas orçamentadas com as realizações. Inclui a desagregação dos desvios pelas causas, mormente o desvio de volume, o desvio de preço, o desvio de eficiência, o desvio de *mix*, entre outros. Tal como ilustrado na Figura 1.4., trata-se de um módulo do controlo de gestão.
- Controlo de Gestão: conjunto de instrumentos que permitam monitorizar a prossecução dos objetivos organizacionais, focalizados nos responsáveis operacionais descentralizados, orientados para a ação operacional, privilegiando a produção de informação de forma tempestiva, e que suporte as decisões de forma eficiente e eficaz.

A variável Controlo, enquanto elo do ciclo de gestão (Figura 1.2.), não pode ser analisada de forma isolada e estática no tempo. Evolui em função de múltiplos fatores, entre os quais a maturidade da organização, a complexidade das suas operações, a volatilidade dos mercados em que opera, as exigências emergentes do ambiente geral (económico; político-legal; sociocultural; tecnológico), as alterações verificadas no ambiente específico relacionadas com a atratividade do setor (rivalidade entre empresas; ameaça de produtos/serviços substitutos; poder negocial dos fornecedores; ameaça de novos concorrentes; poder negocial dos clientes). Pela sua importância e impacto no controlo de gestão, sinalizaremos na próxima secção alguns aspetos de índole estratégica.

1.4. A ESTRATÉGIA EMPRESARIAL E O ALINHAMENTO ESTRATÉGICO

O termo estratégia deriva do grego e do latim (*strategia*) e traduz-se na organização num conjunto de meios e planos para alcançar um fim. Porém, é de sublinhar que, no contexto desta obra, referimo-nos à estratégia como a base de cada ciclo de gestão, o qual se inicia com o planeamento (estratégico, tático e operacional) e termina com o respetivo controlo (incluindo o controlo orçamental).

A análise estratégica[5] de uma organização é um processo cuja complexidade depende do setor em que a organização se encontra, da complexidade das suas operações, da fase do ciclo de vida em que a organização se enquadra, e não menos relevante, do ciclo económico que se atravessa. Independentemente da sofisticação das técnicas de planeamento utilizadas, faz parte dessa análise um conjunto de aspetos que, por surgirem a montante da substância da temática fulcral desta obra, são indispensáveis à compreensão de diversos conceitos e ao alcance de uma visão integrada do processo de planeamento e controlo. Neste contexto, destacamos os seguintes aspetos:

- Análise dos fatores de atratividade da indústria (setor): cada organização está enquadrada em dois ambientes complementares: 1. O ambiente geral (macroambiente); 2. O ambiente específico (microambiente). O primeiro integra variáveis de natureza transversal aos diversos setores (embora afetando-os com diferentes níveis de intensidade), das quais se destacam a evolução tecnológica, a evolução económica, as caraterísticas sociais e culturais, incluindo a sua evolução no tempo e no espaço, bem como o enquadramento e evolução político-legal. O ambiente específico, de enquadramento setorial ou microeconómico, engloba diversos pilares de atratividade como sejam a rivalidade entre as organizações já instaladas no mercado, a ameaça de produtos ou serviços substitutos, o poder negocial dos fornecedores, o poder negocial dos clientes, e a ameaça de novos concorrentes (modelo genericamente consagrado na literatura como o *Modelo das Cinco Forças de Michael Porter*[6]);
- Análise da Cadeia de Valor[7]: identificação dos pontos fortes e dos pontos fracos das diversas atividades (principais e de suporte) que são desenvolvidas por determinada organização. O efeito de sinergia resultante da sua ação integrada é potenciador da formação da

[5] Desenvolvimentos sobre estratégia e pensamento estratégico podem ser encontrados, por exemplo, em Carvalho e Cruz (2014).

[6] Modelo publicado pela primeira vez em 1979, na *Harvard Business Review*, cuja autoria é atribuída a *Michael Porter*.

[7] Conceito introduzido na literatura em 1985, por *Michael Porter*.

margem, ou seja, da criação de valor, tanto na perspetiva interna como externa. As atividades principais estão diretamente associadas à criação ou à transformação dos produtos e serviços, formando uma cadeia cujos elos vão desde o design de produtos e serviços, passando pela gestão industrial, e culminando na exploração comercial e serviço pós-venda. As atividades de suporte têm como função, apoiar de forma direta ou indireta, o desenvolvimento e eficiência das atividades principais. São exemplos de atividades de suporte: serviços administrativos e jurídicos; gestão e recursos humanos; gestão de sistemas de informação; contabilidade e finanças, entre outros;

- ANÁLISE ESTRATÉGICA: múltiplas são as ferramentas utilizadas hoje em dia no âmbito da análise estratégica (v.g. Matriz BCG, desenvolvida pelo *Boston Consulting Group*; Matriz *General Electric/McKinsey*; Matriz *Arthur D. Little*, entre outras). Porém, a análise SWOT[8] é talvez a mais referenciada na literatura e consiste na conjugação do diagnóstico interno da organização (S – *Strenghts*; W – *Weaknesses*) com o seu diagnóstico externo (O – *Opportunities*; T – *Threaths*).

Temos vindo a referir que o controlo de gestão traduz a procura de instrumentos que permitam aos gestores descentralizados monitorizar a gestão corrente, em articulação com os objetivos estratégicos, de forma tempestiva e fiável. Para que tal seja exequível, revela-se determinante que a estratégia da organização esteja associada a fatores mensuráveis, designados no âmbito do controlo de gestão como indicadores de desempenho ou *Key Performance Indicators* (KPI).

A Figura 1.6. procura ilustrar um conjunto de dimensões estratégicas, cuja monitorização e ação requerem mensuração através de unidades de medida credíveis e ajustadas à sua natureza. A sua inclusão em sistemas de controlo de gestão ajustados às necessidades organizacionais será objeto de abordagem e desenvolvimento no último capítulo desta obra.

Independentemente das dimensões que a organização venha a incluir no seu alinhamento estratégico (v.g. financeiras; comerciais; organização

[8] Sistema de posicionamento estratégico, em função do diagnóstico interno (pontos fortes e pontos fracos) e externo (oportunidades e ameaças) da organização.

Figura 1.6. – Alinhamento estratégico – uma visão holística

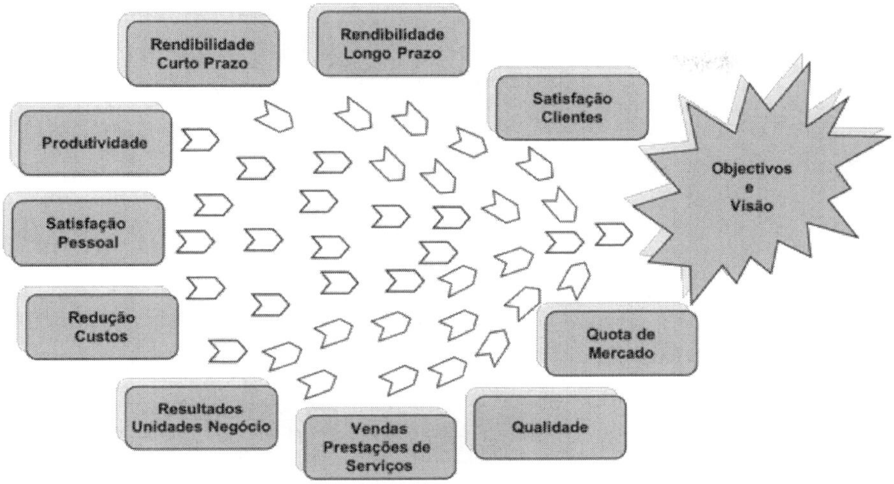

interna; responsabilidade social e ambiental; qualidade, etc.), as mesmas têm de estar alinhadas com os objetivos e visão da organização, garantindo a coerência horizontal e vertical já invocadas ao longo deste capítulo. Porém, tanto a escolha das técnicas de planeamento como os indicadores que permitam monitorizar a gestão operacional de uma organização e aferir do seu alinhamento e concretização estratégica, não dispensam a sensibilidade e o senso comum por parte dos decisores. A sofisticação dos sistemas de controlo de gestão poderá ser um facilitador do processo de controlo de gestão, mas não será certamente um substituto. A escolha dos KPI adequados a essa monitorização e avaliação do desempenho é talvez a etapa mais crítica de qualquer sistema de controlo de gestão. Nesse sentido, devem as organizações possuir a flexibilidade suficiente para que se possam adaptar e integrar as exigências decorrentes do emergir de novos modelos de negócio, em particular aqueles que operam por exemplo a partir de plataformas eletrónicas.

1.5. O CONTROLO DE GESTÃO E OS NOVOS MODELOS DE NEGÓCIO

Os mecanismos de controlo de gestão implementados pelas organizações, tal como já referido, não são estáticos no tempo e têm evoluído ao longo das últimas décadas em função de múltiplos fatores, nomeadamente a evolução das tecnologias da informação e comunicação, mas também em resultado das exigências impostas pela complexidade dos negócios, incluindo a sua desmaterialização. A este propósito, a literatura sobre a economia digital tem evidenciado, nos últimos anos, alguns desenvolvimentos relevantes no âmbito dos *Novos Modelos de Negócio*[9], nas suas distintas formas e conteúdos, por oposição aos modelos tradicionais que eram caracterizados por serem intensivos em capital físico. O ceticismo quanto aos eventuais novos modelos que criam riqueza para o investidor é justificado por argumentos de natureza financeira, mas acima de tudo por motivos de índole comportamental por parte desses investidores.

Os investimentos canalizados para as organizações da economia digital, nem sempre encontram suporte em elevadas taxas de retorno, nem em alterações significativas no comportamento dos investidores. Não cremos que as alterações ocorridas nas características desta tipologia de negócios tenham modificado em profundidade os níveis de prudência por parte dos investidores. A continuada aversão ao risco e a volatilidade deste tipo de indústria continuam a dominar os investimentos neste domínio da nova economia.

Questiona-se por vezes se estaremos nós perante uma alteração nos modelos de comércio ou nos modelos de negócio. Contudo, é nosso entendimento que a essência comercial destes novos modelos não destruiu as lógicas tradicionais. Apenas uma nova dimensão lhe foi adicionada: a criação de valor resulta agora da interação entre compradores e vendedores em novas plataformas, cuja eficiência e eficácia está muito dependente dos produtores de contextos e de conteúdos. Importa também referir que, atualmente, não são apenas as organizações que

---

[9] Tal como referido em Lopes (2013), o termo é utilizado nesta fase como abrangendo todos os negócios que emergiram no âmbito da sociedade da informação. A crescente desintermediação e desmaterialização levaram a que fossem desenvolvidos modelos de base eletrónica, caracterizados pela revolução dos conceitos de tempo e de espaço. Associados aos desenvolvimentos nas organizações de sistemas de informação, proliferaram com maior acuidade, as indústrias de conteúdos. A crescente disponibilidade da informação, quer no tempo quer no espaço, induziu a que o conhecimento conheça uma transformação ainda mais acelerada.

emergiram em plena revolução digital (ou de diversidade informativa) que tiveram de implementar sistemas de controlo de gestão mais exigentes. Também as organizações, nascidas na então designada economia tradicional, tiveram de se adaptar e evoluir para novos modelos de negócio, constituindo muitas vezes verdadeiros processos de reengenharia. A diferenciação também assenta, na desmaterialização de processos, no encurtamento de circuitos entre o vendedor e o adquirente, na exploração de novos contextos e novos conteúdos.

Figura 1.7. – Os modelos de negócio de base digital

A diferença reside na volatilidade das influências externas dos negócios, entre elas as novas tecnologias, as expectativas dos clientes, a desregulamentação, a globalização dos mercados, a estrutura da indústria e os mercados financeiros. Desta forte volatilidade resultam oportunidades, em que as mais diversas plataformas eletrónicas, para além de funcionarem como veículo de transmissão de valor por excelência, desenvolvem as relações entre os diversos agentes do sistema, tanto por via de ações instantâneas como por via de comunicações bidirecionais. A focalização nos vendedores e nos compradores num contexto distinto do tradicional, permite identificar quatro modelos de negócio eletrónico[10], os quais têm consolidado a lógica defendida por Tapscott *et al.* (2000).

[10] Identificados por Tapscott *et al.* (2000) sob a designação de *B-Webs*.

O emergir de uma economia em rede, veio provocar significativas alterações na forma como se desenvolvem atualmente os negócios, e a consequente necessidade de implementar mecanismos de controlo. Não se tratou apenas de emergirem novas indústrias, fundamentalmente de contextos e de conteúdos, mas também de uma nova lógica de realizar negócios e efetuar transações. Assistiu-se a uma aproximação entre vendedores e compradores, cuja essência se revela mais transacional ou mais colaborativa. Assim, em função dessas orientações, é possível encontrar quatro tipologias de modelos de negócio: 1. *Mercados Diretos*; 2. *Mercados Especializados*; 3. *Portais*; e 4. *Mercados Colaborativos*.

O modelo de negócio eletrónico do tipo *Mercados Diretos* caracteriza-se pela sua natureza transacional. Apresenta-se como um modelo simples em termos de transação na medida em que existe uma troca direta de bens e serviços entre vendedores e compradores, independentemente da sua dimensão. O fluxo de informação e de ativos é por isso controlado por ambos os participantes no sistema.

De natureza igualmente transacional, os *Mercados Especializados* reúnem múltiplos vendedores que procuram corresponder às necessidades de múltiplos compradores através de fóruns especializados. Estes podem assumir a forma de catálogos eletrónicos, leilões, trocas ou simplesmente assumem-se como mercados onde o foco comercial dá lugar a uma integração de conteúdos pela conjugação de diversas cadeias de valor.

Tanto o modelo *Portais* como os *Mercados Colaborativos* entre compradores e vendedores são de natureza integrada. Aquele, para além de servir de porta para inúmeros destinos, proporciona o acesso a um portfólio de produtos e serviços variados. Considerado um dos modelos de maior sucesso na economia digital, proporciona ao seu gestor rendimentos provenientes da publicidade e da quota-parte que possa ter na venda de tais produtos e serviços. Para o vendedor, o acesso a potenciais compradores parece ser a vantagem que justifica o sucesso de tal modelo de negócio.

Os *Mercados Colaborativos* assentam na articulação dinâmica entre os participantes cujas cadeias de valor estão fortemente implantadas nas mais diversas plataformas digitais. O seu objeto é na sua essência potenciar eficiência, reduzir o ciclo de produção e permitir o desenvolvimento de produtos e serviços. Cada participante assume normalmente uma participação modular, em linha e em sinergia com as restantes. São verdadeiras redes de partilha de conhecimento cujo resultado assenta fundamentalmente na sua complementaridade.

Atendendo aos seus graus de *Controlo* e *Integração*, apresentam-se na figura seguinte os cinco modelos de negócio eletrónico preconizados por Tapscott *et al.* (2000): modelo *Ágoras;* modelo *Alianças*; modelo *Agregador*; modelo *Cadeias de Valor;* e modelo *Redes de Distribuição*.

Figura 1.8. – Os modelos de negócio eletrónico

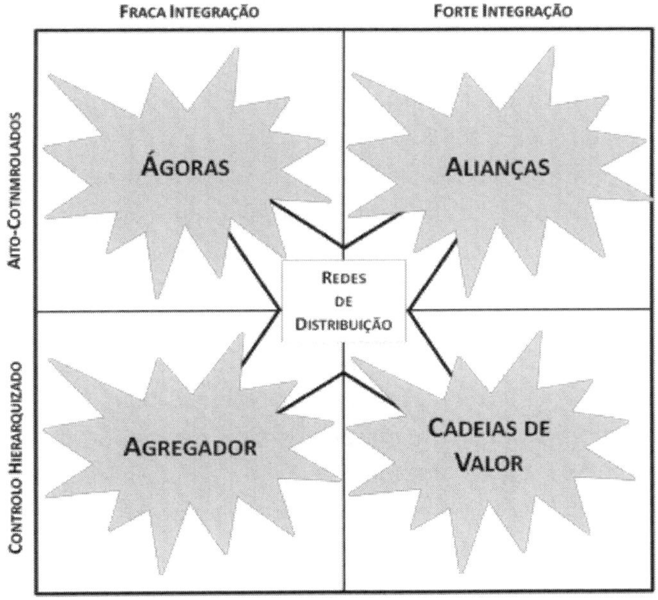

Fonte: Adaptado de Tapscott *et al.* (2002).

O modelo Ágoras[11], semelhante em forma e conteúdo aos mercados especializados, caracteriza-se pela inexistência de intermediários, ou seja, de detentores de produtos para revenda. O fornecedor de contexto

---

[11] Palavra de origem grega. Representa os locais abertos e públicos onde proliferavam os mercados e as feiras. Na linguagem de Nonaka e Takeuchi (1995), eram espaços onde a transformação do conhecimento, através de processos de socialização, era fomentada.

apenas facilita as negociações e as transações entre compradores e vendedores (fornecedores de conteúdos), incutindo-lhes confiança e autenticidade. O seu valor acrescentado é proporcionado pela criação, gestão e regulação de mecanismos que permitam fixar preços, fornecer produtos e serviços, transmitir conhecimentos e outros benefícios intangíveis. Neste modelo, o preço pode ser negociado, o espaço físico foi abandonado, tornando-se o mercado, global e altamente maleável.

No modelo *Agregador* os produtores ligam-se diretamente com os consumidores finais através de fornecedores de contexto. Estes servem de intermediários entre ambos, criando valor para todos os intervenientes. Para fazer face a uma oportunidade, as variáveis essenciais são a seleção, a organização, o preço, a conveniência, a conformidade e a integração de serviços. Sob a forma de "super agregados", fontes eletrónicas de informação, corretagem eletrónica, portais de consumo e centros industriais, a transformação fulcral reside na maximização da eficiência em resultado do nível de integração que o mesmo permite.

O valor do modelo anterior, que é transferido para os clientes, não provém exclusivamente dos intermediários das transações. Também aqueles são envolvidos na sua criação ao gerarem informação importante sempre que efetuam uma compra. A informação que num sistema tradicional seria irrecuperável (v.g. expectativas não superadas), pode agora ser processada e partilhada por todo o sistema de valor.

As cadeias de valor tradicionais deram lugar a *Cadeias de Valor* orientadas pela procura. A resposta é dada diretamente ao cliente, as funções principais centram-se agora nos processos de produção e gestão de conteúdos e nos fluxos de conhecimento e demais intangíveis. O objetivo é proporcionar ao cliente um produto e/ou um serviço integrado que corresponda às suas necessidades específicas e expectativas. Neste modelo, o fornecedor de contexto define as metas, coordena as contribuições de cada participante, controla as características do produto e gere as diferentes etapas da sua execução. As cadeias de valor de inovação são agora responsáveis por determinar a qualidade, o tempo de resposta ao mercado e os níveis de retorno do capital investido. Trata-se de um modelo colaborativo e altamente integrador, estando o seu foco principal no objetivo de proporcionar uma solução adequada, mas integrada.

Outro modelo de negócio, complementar aos anteriores, é sem dúvida o modelo tipo *Alianças*. Através de contributos modulares, cada participante, devidamente alinhado com os restantes, extrai valor das metas definidas e alcançadas de forma partilhada. As redes funcionam como elementos fundamentais na intensificação dos benefícios para todos os participantes. Este tipo de modelo pode agregar as mais diversas naturezas de participantes. A partilha de informação e de poder de forma aberta, o alinhamento de todos os participantes, a transferência das regras de participação e o reconhecimento do valor obtido, são apenas alguns fatores que determinam o sucesso destes modelos.

As *Redes de Distribuição* representam a infraestrutura de toda a economia. A sua função e o seu valor não requerem grandes desenvolvimentos: facilitam a transmissão de informação e a transformação dinâmica de conhecimento. São por isso a "*espinha dorsal*" dos negócios da era do conhecimento.

A vertiginosa evolução tecnológica que tem caracterizado as últimas décadas, associada à consequente alteração nos comportamentos individuais e coletivos, impeliu-nos para que vivamos atualmente numa economia em rede. Indivíduos e organizações são permanentemente convidados e impelidos, explicita ou implicitamente, a entrar nas mais diversas estruturas de informação e conhecimento. Sob o estigma da infoexclusão, vão paulatinamente acedendo a esse desígnio superior, em nome da evolução, da aprendizagem e da modernidade. Na senda de sentimentos virtuais e mediáticos, indivíduos e organizações vão expondo-se no ciberespaço, procurando difundir a sua missão e os seus valores de forma quase instantânea. Estamos numa era em que se impõe a importância da informação eletrónica, cada vez mais presente nas múltiplas decisões. Do abandono e transposição da informação analógica para a informação digital, decorreu um forte devir de virtualização e imediatismo. As estruturas físicas intervenientes nos circuitos deixaram de estar visíveis, sendo agora a informação difundida de forma quase instantânea.

A criação de valor passa, tal como temos vindo a defender ao longo da obra, pelo potencial qualitativo e quantitativo da informação, o qual depende da convergência de três pilares estruturantes: o contínuo desenvolvimento e amplitude das ciências da computação, das ciências da comunicação e das ciências intrínsecas à produção e gestão de conteúdos. Podemos afirmar que estamos perante uma economia de convergência, cujo encurtamento do circuito entre os diversos agentes do sistema de valor é uma realidade irreversível. A desintermediação desta economia é certamente uma característica que continuará a impor severas redefinições dos sistemas de valor e da sua integração nas múltiplas redes de informação e conhecimento. Desse encurtamento do ciclo, resulta uma forte participação e aproximação do consumidor, cujas ideias e expectativas próprias são gradualmente integradas na produção de bens e serviços, sejam eles marcados pela sua tangibilidade ou intangibilidade.

Porém, seria redutor deixar de realçar, neste âmbito, os efeitos perversos que podem emergir desta economia em rede: o tradicional problema da distribuição equitativa, as modificações estruturais e funcionais que é necessário operar nas organizações, a solidez e consistência das relações económicas e laborais, a continuidade dos processos de criação de riqueza e, talvez o mais determinante, a monitorização dos padrões éticos de comportamento. Qual terapeuta das mentes solitárias, esta Rede[12] que nos governa apresenta-se fértil no processo de encontrar a resposta para todas as dúvidas e o elixir para o desejável mediatismo. Porém, tornamo-nos inconscientes ao renegar que esse mesmo espaço virtual, qual juiz implacável e incontrolável, possa tornar-se no principal castrador da nossa própria liberdade individual e coletiva.

O "utopianismo" que vem da rede, extravasando as próprias consciências individuais, incute na sociedade uma mescla de arquétipos, quais padrões inabaláveis da condição humana. O efeito corrosivo, perverso e eletronicamente disseminado, transforma o indivíduo no refém da sua própria inquietude. Esquece-se que a rede é um espaço de partilha sem

[12] Enquadramos, neste âmbito, o exponencial desenvolvimento e utilização das mais diversas *Redes Sociais* (*Instagram; Facebook*; *Linked In*; *Twitter*, entre outras). Estes espaços de partilha de informação e conhecimento assumiram-se como espaços por excelência de socialização (Nonaka e Tekeuchi, 1995), ainda que de forma oculta e camuflada. Indivíduos e organizações utilizam este tipo de redes para promover os seus produtos e serviços, para captar os mais diversos impulsos, embora de forma virtual e irremediavelmente virtualizada.

regras e sentimentos, cujos pontos de partida e de chegada são efémeros e voláteis e cujo labirinto é profícuo ao ataque furtivo. A rede tornou-nos, gradualmente, seres mais eficientes nas nossas rotinas diárias, tendo revolucionado sem precedentes, os conceitos de tempo e de espaço. Contudo, a quase omnipresença da informação embala-nos na ilusão da nossa própria compreensibilidade. Em nome da segurança e proteção, sacrificamo-nos voluntariamente a um deus eletrónico, qual guardião do ciberespaço e do nosso próprio destino.

Os atuais modelos de gestão estão claramente alicerçados numa economia baseada no conhecimento, em que a informação é um recurso intangível em abundância, mas severamente volátil e difícil de gerir. Consideramos que este recurso intangível constitui o motor e o epicentro da revolução digital que ocorre continuamente. Contudo, defendemos a crescente necessidade de privilegiarmos a qualidade e a quantidade da informação enquanto recurso intermédio para o aumento da capacidade de pensar na senda da produção gradual de conhecimento. Assim, o sistema de valor desta economia em rede passa pelo emergir de comunidades cada vez mais sofisticadas e especializadas, transversalmente alicerçadas em equipas multidisciplinares, alheias às noções de tempo e de espaço, embora associadas a projetos ou unidades de valor organizacional.

A eficiência e a eficácia da ação daquelas comunidades dependerão sempre de quatro mudanças estruturais, inibidoras ou impulsionadoras da criação de valor. Referimo-nos à simbiose dinâmica resultante das mudanças tecnológica, social, de gestão e comportamental.

A rede eletrónica conseguiu, de forma inequívoca, moldar vincadamente a existência humana, catapultando-a para o limiar da inconsciência e da alienação A evolução deste nosso mundo continuará a percorrer os caminhos da virtualização e da desmaterialização. Talvez um dia estejamos perante o drama de ter atingido um estado de inconsciência em que já não conseguimos distinguir o real do virtual. Teremos então chegado ao fim da linha pois será o momento de assumirmos que todos fomos irreversivelmente apanhados, nas estreitas malhas da rede!

Sendo a 5.ª onda da inovação caraterizada pelo emergir de redes digitais, desenvolvimento de software, contextos e conteúdos, talvez seja mais prudente afirmar que já estamos numa nova onda de inovação, caracterizada por uma dimensão mais social e ambiental, através da qual, indivíduos, grupos e organizações, de forma virtual e virtualizada, interagem em tempo real.

A economia digital, enquanto economia da informação, trouxe ao espectro económico e social a necessidade de estabelecer novas regras na criação do valor organizacional. A produção, disseminação e utilização da informação deve ser efetuada e enquadrada, sem quaisquer reservas, nos princípios éticos básicos da sociedade. Na verdade, e tal como afirmam Shapiro e Varian (1999), é caro produzir informação, mas torna-se barato reproduzi-la, em particular e com maior incidência e acutilância, a propriedade intelectual. A produção da informação que envolve por vezes elevados custos fixos, traduz baixos custos marginais. As regras dos preços não deverão por isso ser baseadas no custo desses produtos/serviços, mas sim no valor do seu consumo.

Inúmeras são as questões que ainda se colocam sobre estes espaços abertos e liberais de transferência e partilha de conhecimento. São questões relacionadas com a proteção da propriedade intelectual, com a privacidade dos dados pessoais, com a segurança, com os custos de produção de informação e com as regras da concorrência. Tapscott (1996), ao caracterizar a economia digital, não deixou de alertar para a existência de eventuais efeitos perversos e paradoxais desta economia do conhecimento (a infoexclusão e a degradação das relações interpessoais, cada vez mais desprovidas de elos e afetos). As contradições sociais que, no seio das organizações e nas economias em geral, possam emergir, anteveem a necessidade de regras profundas e urgentes.

É inegável que a partilha do conhecimento constitui o melhor fermento na história da evolução do Homem, do seu desenvolvimento e integração na sociedade. Foi esse processo gradual de aprendizagem que fazem do indivíduo de hoje um elo mais informado, numa estranha malha de causas cujos efeitos nem sempre são determináveis. O mundo globalizado é hoje o produto dessa evolução, assente em modelos doutrinais que, para além de substituírem por vezes mais do que seria desejável, o raciocínio humano, traduzem analogias muito incompletas da realidade. Interioriza-se muitas vezes a evolução tecnológica e a exposição na rede como um remédio para o isolamento, em nome do pleno bem-estar e da integração social. Contudo, renega-se que os bits que traduzem a nossa identidade poderão vir a ser um micróbio mais letal do que as epidemias que flagelaram as sociedades nos séculos passados. É este um outro lado desta economia em rede que requer regras e procedimentos que nos permitam auto disciplinar as nossas próprias condutas.

No início da década de 90 do séc. xx, Alfin Tofler (1990) referia-se a doze elementos da economia, fortemente inter-relacionados, que reforçam o papel dos dados, da informação e do conhecimento no desenrolar dessa economia. Referia esse primeiro elemento que *"O sistema para a produção de riqueza depende, de forma crescente, do intercâmbio de dados, informação e conhecimento. É super simbólico e sem permuta de conhecimento não há criação de riqueza"*.

A transformação digital ocorrida nas últimas décadas, associada às crescentes exigências de informação de gestão, veio obrigar as organizações a repensarem as suas estratégias e os seus modelos de negócios e de gestão. A imprevisibilidade transacional e de contexto requer a implementação de sistemas de controlo de gestão sofisticados que permitam um acompanhamento dinâmico e interativo de todos os intervenientes naquele contexto. O próprio conceito de controlo de gestão vê a sua amplitude alterada, ao ser posicionado não apenas como um recurso de gestão em si mesmo, mas simultaneamente como um objetivo de gestão. A sua eficiência e eficácia poderão impulsionar diretamente a criação de valor económico, mas também a diferenciação organizacional enquanto gestora privilegiada de informação e conhecimento.

2
A Dimensão Externa do Controlo de Gestão

2.1. REPORTE EMPRESARIAL E NORMALIZAÇÃO CONTABILÍSTICA

A dimensão externa de natureza económico-financeira constitui a perspetiva mais direta e agregadora do controlo de gestão, pois está assente nas demonstrações financeiras que integram o reporte empresarial. De utilidade multifacetada, dependendo dos objetivos dos utentes que as utilizam para a tomada de decisões, ou simplesmente para análise de perceções e formulação de juízos de valor, as demonstrações financeiras proporcionam uma visão integrada da posição financeira (Balanço ou Demonstração da Posição Financeira) da organização, do desempenho das suas atividades (Demonstração dos Resultados e Demonstração do Outro Rendimento Integral ou Demonstração do Rendimento Integral) e das alterações ocorridas no posição financeira (Demonstração dos Fluxos de Caixa). Emergem da designada contabilidade financeira (ou externa), a qual assenta no reconhecimento das transações de uma entidade com o exterior, como sejam investidores, fornecedores, clientes, Estado, entre outros.

O reporte empresarial está estruturado e é elaborado tendo por base normativos contabilísticos, cuja natureza e amplitude depende de vários critérios, entre os quais o facto da organização ser uma sociedade com valores mobiliários admitidos à cotação, o facto de preparar contas consolidadas, ou ainda critérios de dimensão (baseados no volume de negócios, no total do ativo e no número médio de empregados durante determinado período económico). Esta diversidade de critérios tem impacto na estrutura das demonstrações financeiras que compõem o relato empresarial bem como nas exigências de critérios de mensuração e valorização dos ativos e passivos da organização. Neste âmbito, importa identificar as principais demonstrações financeiras que integram o relato empresarial, consoante sejam adotadas as Normas Internacionais de Contabilidade do IASB (Adotadas pelo Regulamento (CE) n.º1606/2002, do Parlamento Europeu e do Conselho, de 19 de julho), ou o Sistema de Normalização Contabilística (previsto no Decreto-Lei n.º158/2009, de 13 de junho, com a redação dada pelo Decreto-Lei n.º98/2015, de 2 de junho).

- Normas Internacionais de Contabilidade do IASB (genericamente designadas por IFRS): a organização deve preparar o seguinte conjunto de demonstrações financeiras: 1. Demonstração da Posição Financeira; 2. Demonstração do Rendimento Integral ou o conjunto da Demonstração dos Resultados + Demonstração do Outro Rendimento Integral; 3. Demonstração das Alterações no Capital Próprio; 4. Demonstração dos Fluxos de Caixa; 5. Notas).
- Sistema de Normalização Contabilística (SNC): a organização deve preparar o seguinte conjunto de demonstrações financeiras: 1. Balanço; 2. Demonstração dos Resultados; 3. Demonstração das Alterações no Capital Próprio; 4. Demonstração dos Fluxos de Caixa; 5. Anexo. De salientar que para entidades que cumpram os critérios de elegibilidade para a sua classificação como Pequena Entidade, Microentidade, ou Entidade do Setor Não Lucrativo, serão primariamente aplicáveis, respetivamente, a Norma Contabilística e de Relato Financeiro para Pequenas Entidades (NCRF-PE), a Norma Contabilística para Microentidades (NCM), e a Norma Contabilística e de Relato Financeiro para Entidades do Setor Não Lucrativo (NCRF-ESNL). Estes normativos específicos contemplam modelos simplificados e adaptados das demonstrações financeiras (v.g. Balanço e Demonstração dos Resultados), ou até mesmo a sua dispensa (v.g. a Demonstração de Alterações no Capital Próprio ou a Demonstração dos Fluxos de Caixa).

É também de salientar que a adoção de determinado normativo contabilístico é, consoante o contexto e a natureza das demonstrações financeiras, de natureza obrigatória ou de aplicação voluntária[1] (por exemplo uma sociedade com valores mobiliários admitidos à cotação terá de seguir o normativo internacional do IASB nas suas contas consolidadas e opcionalmente poderá adotá-lo nas contas individuais). Independentemente das opções seguidas pelas organizações, é indiscutível que as demonstrações financeiras proporcionam a amplitude mais alargada dos indicadores de gestão que possam, entre outros, aferir a consolidação dos pilares da sustentabilidade económica e da sustentabilidade financeira.

Para melhor compreensão da estrutura das demonstrações, e da sua consequente utilidade, incluímos neste âmbito uma breve referência aos diversos ciclos de atividades de uma organização: 1. Ciclo de Exploração (ou operacional); 2. Ciclo do Investimento; 3. Ciclo do Financiamento, os quais são ilustrados, respetivamente, pelas Figuras 2.1. a 2.3..

Figura 2.1. – Ciclo de Exploração (ou operacional)

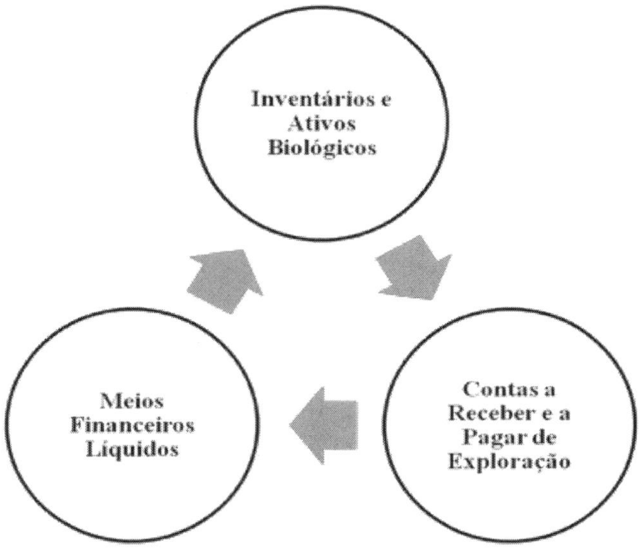

[1] Desenvolvimentos adicionais sobre esta temática poderão ser encontrados, entre outros, em Lopes, I. T. (2017). *Contabilidade Financeira: Preparação das Demonstrações, sua Divulgação e Análise,* e em Lopes, I.T. (2017). *Contabilidade Financeira: Exercícios Resolvidos e Propostos.*

O ciclo de exploração está associado ao objeto social da organização e traduz, *latu sensu*, a aquisição ou produção de inventários, a prestação de serviços, e a sua transformação dinâmica em contas a receber e contas a pagar de natureza operacional, culminando, *strictu sensu*, na existência de fluxos monetários (*inflows* e *outflows*). A rotação do ciclo de exploração, genericamente associada a ativos e passivos correntes, é um indicador por excelência de sustentabilidade, o qual se requer seja o mais dinâmico possível. Porém, importa referir que a duração do ciclo de exploração depende da natureza do negócio (v.g. empresas de ciclo longo). Assim, um ativo é elegível para ser classificado como corrente sempre que satisfizer alguns dos seguintes critérios: 1. Espera-se que seja realizado, ou pretende-se que seja vendido ou consumido, no decurso normal do ciclo operacional; 2. Seja detido com a finalidade de ser negociado; 3. Espera-se que seja realizado num período até doze meses após a data do Balanço ou da Demonstração da Posição Financeira; ou 4. Seja caixa ou equivalente de caixa (meios financeiros líquidos). Complementarmente, um passivo deve ser apresentado como corrente, sempre que: 1. Se espere que seja liquidado durante o ciclo normal da entidade; 2. Esteja detido essencialmente com a finalidade de ser negociado; 3. Deva ser liquidado num período até 12 meses após a data do Balanço ou da Demonstração da Posição Financeira; 4. A entidade não tenha o direito incondicional de diferir a liquidação do passivo durante pelo menos doze meses após a data do balanço.

O ciclo do investimento está globalmente associado aos ativos não correntes, estejam ou não associados à atividade operacional. São recursos cujo uso impacta direta ou indiretamente no desenvolvimento da atividade operacional. Porém, para efeitos de avaliação da performance, importa distinguir os ativos económicos (os que estão direta ou indiretamente associados à potencial geração de réditos[2]) dos restantes ativos não correntes, direta ou indiretamente associados à potencial geração de outros rendimentos, (propriedades de investimento, investimentos

[2] Rédito é o influxo bruto de benefícios económicos durante o período proveniente do decurso das atividades ordinárias de uma entidade quando esses influxos reverterem em aumentos de capital próprio, que não sejam aumentos relacionados com contribuições de participantes no capital próprio (NCRF 20).

Figura 2.2. – Ciclo do Investimento

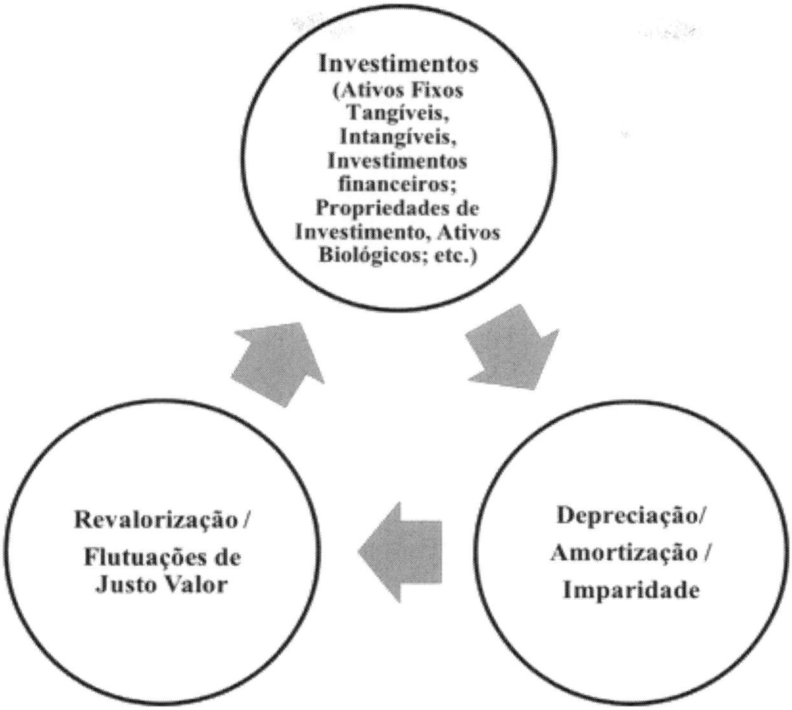

financeiros), bem como aqueles que, pelo seu estádio de construção ou desenvolvimento ainda não se encontram atualmente em fase de gerar benefícios económicos (investimentos em curso). Do ponto de vista da sua mensuração e valorização subsequente, é de sinalizar que estes ativos são passíveis de observarem flutuações de valor (reconhecidas em função da sua natureza), para além da perda de valor decorrente da sua utilização normal (depreciações ou amortizações).

O ciclo do financiamento surge associado às origens dos fundos, sejam de natureza estável ou imediata, necessários ao desenvolvimento do ciclo do investimento e do ciclo de exploração. As duas fontes genéricas dessas origens de fundos (capital próprio ou capital alheio), para além de outras análises de maior ou menor amplitude, estruturam o pilar da sustentabilidade financeira de uma organização, integrando o leque de indicadores de risco financeiro por excelência. Ainda que o normativo nacional e internacional não sejam convergentes no que respeita ao reconhecimento contabilístico dos subsídios (em particular os subsídios não reembolsáveis), optámos pela sua evidenciação separada. Se seguirmos o normativo contabilístico nacional, enquanto os subsídios ao investimento não reembolsáveis são relevados no capital próprio, os subsídios à exploração não reembolsáveis são relevados na demonstração dos resultados. Porém, os subsídios reembolsáveis, independentemente da sua natureza, devem ser relevados no capital alheio (passivo).

Figura 2.3. – Ciclo do Financiamento

Os ciclos de operações anteriormente identificados e caracterizados estão direta ou indiretamente associados às demonstrações financeiras que integram o relato empresarial, sendo indispensáveis à compreensão integrada da sustentabilidade empresarial.

O Balanço ou Demonstração da Posição Financeira de uma entidade traduz, como já referido nesta obra, a posição financeira da organização em determinado momento. Evidencia os seus ativos e passivos bem como o valor líquido do património (capital próprio). A evidenciação da parcela corrente e não corrente, permite compreender a importância relativa dos elementos patrimoniais associados aos diversos ciclos de operações.

Entidade: ....

BALANÇO ou DEMONSTRAÇÃO DA POSIÇÃO FINANCEIRA (INDIVIDUAL ou CONSOLIDADO)
Em DD DE MM DE YYYY

UNIDADE MONETÁRIA

RUBRICAS		DATAS	
ATIVO			
Ativo não corrente			
Ativos fixos tangíveis			
Propriedades de investimento			
Goodwill			
Ativos intangíveis			
Ativos biológicos			
Participações financeiras – método da equivalência patrimonial			
Outros ativos financeiros			
Créditos a receber			
Ativos por impostos diferidos			
Ativo corrente			
Inventários			
Ativos biológicos			
Clientes			
Estado e outros entes públicos			
Capital subscrito e não realizado			
Outros créditos a receber			
Diferimentos			
Ativos financeiros detidos para negociação			
Outros ativos financeiros			
Ativos não correntes detidos para venda			
Caixa e depósitos bancários			
Total do ativo			

A demonstração dos resultados por naturezas (incluindo o modelo reduzido) é uma demonstração financeira de avaliação do desempenho empresarial que, para além de identificar a natureza dos gastos/perdas e rendimentos/ganhos, permite aferir da sua importância relativa.

Entidade: ....

DEMONSTRAÇÃO (INDIVIDUAL/CONSOLIDADA) DOS RESULTADOS POR NATUREZAS

PERÍODO FINDO EM XX DE YYYYYYY DE 200N *UNIDADE MONETÁRIA*

RENDIMENTOS E GASTOS	NOTAS	PERÍODOS	
		N	N-1
Vendas e serviços prestados		+	+
Subsídios à exploração		+	+
Ganhos/perdas imputados de subsidiárias, associadas e empreendimentos conjuntos		+/–	+/–
Variação nos inventários da produção		+/–	+/–
Trabalhos para a própria entidade		+	+
Custo das mercadorias vendidas e das matérias consumidas		–	–
Fornecimentos e serviços externos		–	–
Gastos com o pessoal		–	–
Imparidade de inventários (perdas/reversões)		–/+	–/+
Imparidade de dívidas a receber (perdas/reversões)		–/+	–/+
Provisões (aumentos/reduções)		–/+	–/+
Imparidade de investimentos não depreciáveis/amortizáveis (perdas/reversões)		–/+	–/+
Aumentos/reduções de justo valor		+/–	+/–
Outros rendimentos		+	+
Outros gastos		–	–
Resultado antes de depreciações, gastos de financiamento e impostos		=	=
Gastos/reversões de depreciação e de amortização		–/+	–/+
Imparidade de investimentos depreciáveis/amortizáveis (perdas/reversões)		–/+	–/+
Resultado operacional (antes de gastos de financiamento e impostos)		=	=
Juros e rendimentos similares obtidos		+	+
Juros e gastos similares suportados		–	–
Resultado antes de impostos		=	=
Imposto sobre o rendimento do período		–/+	–/+
Resultado líquido do período		=	=
Resultado das atividades descontinuadas (líquido de impostos) incluído no resultado líquido do período			
Resultado líquido do período atribuível a:			
Detentores do capital da empresa-mãe			
Interesses minoritários			
		=	=
Resultado por ação básico			

Tal como explicitado nos normativos contabilísticos, os rendimentos e os gastos são apresentados na Demonstração dos Resultados (por naturezas ou por funções) ou na Demonstração do Rendimento Integral de formas diversificadas, a fim de proporcionar informação que possa ser relevante para a tomada de decisões económicas. Essa relevância é determinada pela origem de cada item e pela sua importância na avaliação da entidade vir a gerar caixa ou equivalentes de caixa no futuro.

Entidade: ....

DEMONSTRAÇÃO (INDIVIDUAL/CONSOLIDADA) DOS RESULTADOS POR FUNÇÕES

PERÍODO FINDO EM XX DE YYYYYYY DE 200N *UNIDADE MONETÁRIA*

RUBRICAS	NOTAS	PERÍODOS	
		N	N-1
Vendas e serviços prestados		+	+
Custo das vendas e dos serviços prestados		−	−
Resultado bruto		=	=
Outros rendimentos		+	+
Gastos de distribuição		−	−
Gastos administrativos		−	−
Gastos de investigação e desenvolvimento		−	−
Outros gastos		−	−
Resultado operacional (antes de gastos de financiamento e impostos)		=	=
Gastos de financiamento (líquidos)		−	−
Resultados antes de impostos		=	=
Imposto sobre o rendimento do período		−/+	−/+
Resultado líquido do período		=	=
Resultado das atividades descontinuadas (líquido de impostos) incluído no resultado líquido do período			
Resultado líquido do período atribuível a:			
Detentores do capital da empresa-mãe			
Interesses minoritários		=	=

Complementarmente à classificação dos gastos e dos rendimentos em função da sua natureza, podem as organizações elaborar demonstrações de resultados que tenham também como base a função (produtiva, comercial, administrativa, financeira) daquelas gastos e rendimentos. Assim, a contabilidade analítica ou de gestão (tema abordado no capítulo 3 desta obra) deve estar organizada em função das necessidades específicas de cada organização, sem estar sujeita a constrangimentos de forma. O seu âmbito é por isso mais vasto, nomeadamente ao nível da pormenorização dos custos/gastos/rendimentos, na formação dos preços e na análise prospetiva integrada.

Estabelecem os normativos contabilísticos que as alterações no capital próprio de uma entidade entre duas datas do balanço refletem o aumento ou a redução nos seus ativos líquidos durante esse período. Esta demonstração financeira vem introduzir o conceito de resultado integral, o qual resulta da agregação direta do resultado líquido do período com todas as variações que ocorreram no capital próprio da entidade, mas que não sejam diretamente associadas aos detentores do capital.

UNIDADE MONETÁRIA

		CAPITAL PRÓPRIO ATRIBUÍDO AOS DETENTORES DO CAPITAL DA EMPRESA MÃE											
	Capital realizado	Ações (quotas) próprias	Outros instrumentos de capital próprio	Prémios de emissão	Reservas legais	Outras reservas	Resultados transitados	Excedentes de revalorização	Outras variações no capital próprio	Resultado líquido do período	Total	Interesses que não controlam	Total do Capital Próprio
POSIÇÃO NO INÍCIO DO PERÍODO N-1 — 1													
ALTERAÇÕES NO PERÍODO													
Primeira adoção de novo referencial contabilístico													
Alterações de políticas contabilísticas													
Diferenças de conversão de demonstrações financeiras													
Realização do excedente de revalorização													
Excedentes de revalorização					I								
Ajustamentos por impostos diferidos													
Outras alterações reconhecidas no capital próprio													
2													
RESULTADO LÍQUIDO DO PERÍODO — 3													
RESULTADO INTEGRAL — 4=2+3													
OPERAÇÕES COM DETENTORES DE CAPITAL NO PERÍODO													
Subscrições de capital													
Subscrições de prémios de emissão													
Distribuições													
Entradas para cobertura de perdas													
Outras operações													
5													
POSIÇÃO NO FIM DO PERÍODO N-1 — 6=1+2+3+5													

UNIDADE MONETÁRIA

		CAPITAL PRÓPRIO ATRIBUÍDO AOS DETENTORES DO CAPITAL DA EMPRESA MÃE												
		Capital realizado	Ações (quotas) próprias	Outros instrumentos de capital próprio	Prémios de emissão	Reservas legais	Outras reservas	Resultados transitados	Excedentes de revalorização	Outras variações no capital próprio	Resultado líquido do período	Total	Interesses que não controlam	Total do Capital Próprio
POSIÇÃO NO INÍCIO DO PERÍODO N	6													
ALTERAÇÕES NO PERÍODO														
Primeira adoção de novo referencial contabilístico														
Alterações de políticas contabilísticas														
Diferenças de conversão de demonstrações financeiras														
Realização do excedente de revalorização														
Excedentes de revalorização						I								
Ajustamentos por impostos diferidos														
Outras alterações reconhecidas no capital próprio														
	7													
RESULTADO LÍQUIDO DO PERÍODO	8													
RESULTADO INTEGRAL	9=7+8													
OPERAÇÕES COM DETENTORES DE CAPITAL NO PERÍODO														
Subscrições de capital														
Subscrições de prémios de emissão														
Distribuições														
Entradas para cobertura de perdas														
Outras operações														
	10													
POSIÇÃO NO FIM DO PERÍODO N	6+7+8+10													

De referir que, regra geral, os ajustamentos retrospetivos e as reexpressões, até ao limite em que tal seja praticável, são feitas nos resultados transitados, exceto nos casos em que uma norma exija que sejam relevados numa outra rubrica do capital próprio. Contudo, todas essas alterações, resultantes ou não de modificações nas políticas contabilísticas ou de correção de erros, são relevadas separadamente na demonstração das alterações no capital próprio.

Integra igualmente o relato financeiro de uma entidade, a Demonstração dos Fluxos de Caixa, cujos métodos de elaboração estão previstos nos normativos contabilísticos (O Sistema de Normalização Contabilística apenas prevê o Método Direto de acordo com a NCRF 2, enquanto a IAS 7 prevê a elaboração daquela demonstração financeira pelo Método Direto ou pelo Método Indireto). Independentemente do método seguido na sua elaboração, a demonstração dos fluxos de caixa deve relatar os fluxos de caixa ocorridos durante o período, devidamente classificados por atividades operacionais, de investimento e de financiamento, permitindo aos utentes determinar o impacto dessas atividades na posição financeira da entidade e consequentemente nos níveis de caixa e seus equivalentes.

MÉTODO DIRETO

PERÍODO FINDO EM XX DE YYYYYY DE 200N — ***UNIDADE MONETÁRIA***

RUBRICAS	NOTAS	PERÍODOS	
		N	N-1
Fluxos de caixa das atividades operacionais			
Recebimentos de clientes		+	+
Pagamentos a fornecedores		–	–
Pagamentos ao pessoal		–	–
Caixa gerada pelas operações		+/–	+/–
Pagamento/recebimento do imposto sobre o rendimento		–/+	–/+
Outros recebimentos/pagamentos		+/–	+/–
Fluxos de caixa das atividades operacionais (1)		+/–	+/–
Fluxos de caixa das atividades de investimento			
Pagamentos respeitantes a:			
Ativos fixos tangíveis		–	–
Ativos intangíveis		–	–

RUBRICAS	NOTAS	PERÍODOS	
		N	N-1
Investimentos financeiros			
Outros ativos		–	–
Recebimentos provenientes de:			
Ativos fixos tangíveis		+	+
Ativos intangíveis		+	+
Investimentos financeiros		+	+
Outros ativos		+	+
Subsídios ao investimento		+	+
Juros e rendimentos similares		+	+
Dividendos		+	+
Fluxos de caixa das atividades de investimento (2)		+/-	+/-
Fluxos de caixa das atividades de financiamento			
Recebimentos provenientes de:			
Financiamentos obtidos		+	+
Realizações de capital e de outros instrumentos de capital próprio		+	+
Cobertura de prejuízos		+	+
Doações		+	+
Outras operações de Financiamento		+	+
Pagamentos respeitantes a:			
Financiamentos obtidos		–	–
Juros e gastos similares		–	–
Dividendos		–	–
Reduções de capital e de outros instrumentos de capital próprio		–	–
Outras operações de financiamento		–	–
Fluxos de caixa das atividades de financiamento (3)		+/–	+/–
Variação de caixa e seus equivalentes (1+2+3)		+/–	+/–
Efeito das diferenças de câmbio		+/–	+/–
Caixa e seus equivalentes no início do período		...	...
Caixa e seus equivalentes no fim do período		...	...

MÉTODO INDIRETO

PERÍODO FINDO EM XX DE YYYYYYY DE 200N ***UNIDADE MONETÁRIA***

RUBRICAS	NOTAS	PERÍODOS	
		N	N-1
Fluxos de caixa das atividades operacionais			
Resultado Líquido do Período			

RUBRICAS	NOTAS	PERÍODOS	
		N	**N−1**
Ajustamentos:			
Depreciações e amortizações		+	+
Imparidades (perdas/reversões)		+/−	+/−
Justo valor (reduções/aumentos)		+/−	+/−
Provisões (aumentos/reduções)		+/−	+/−
Diferenças de câmbio não realizadas (ganhos/perdas)		+/−	+/−
Juros e rendimentos similares obtidos		+	+
Juros e gastos similares suportados		−	−
Alienação de ativos fixos tangíveis (ganhos/perdas)		+/−	+/−
Outros gastos e rendimentos		+/−	+/−
Ativos biológicos (aumento/diminuição)		+/−	+/−
Inventários (aumento/diminuição)		+/−	+/−
Contas a receber (aumentos/diminuições)		+/−	+/−
Contas a pagar (aumentos/diminuições)		+/−	+/−
Rendimentos diferidos (aumentos/diminuições)		−/+	−/+
Outros ativos correntes (aumentos/diminuições)		−/+	−/+
Outros passivos correntes (aumentos/diminuições)		+/−	+/−
Fluxos de caixa das atividades operacionais (1)		+/−	+/−
Fluxos de caixa das atividades de investimento			
Pagamentos respeitantes a:			
Ativos fixos tangíveis		−	−
Ativos intangíveis		−	−
Investimentos financeiros		−	−
Outros ativos		−	−
Recebimentos provenientes de:			
Ativos fixos tangíveis		+	+
Ativos intangíveis		+	+
Investimentos financeiros		+	+
Outros ativos		+	+
Subsídios ao investimento		+	+
Juros e rendimentos similares		+	+
Dividendos		+	+
Fluxos de caixa das atividades de investimento (2)		+/−	+/−
Fluxos de caixa das atividades de financiamento			
Recebimentos provenientes de:			
Financiamentos obtidos		+	+

RUBRICAS	NOTAS	PERÍODOS	
		N	N-1
Realizações de capital e de outros instrumentos de capital próprio		+	+
Cobertura de prejuízos		+	+
Doações		+	+
Outras operações de Financiamento		+	+
Pagamentos respeitantes a:			
Financiamentos obtidos		–	–
Juros e gastos similares		–	–
Dividendos		–	–
Reduções de capital e de outros instrumentos de capital próprio		–	–
Outras operações de financiamento		–	–
Fluxos de caixa das atividades de financiamento (3)		+/–	+/–
Variação de caixa e seus equivalentes (1+2+3)		+/–	+/–
Efeito das diferenças de câmbio		+/–	+/–
Caixa e seus equivalentes no início do período		...	...
Caixa e seus equivalentes no fim do período		...	...

Finalmente, o relato financeiro de uma entidade integra também o Anexo/Notas em que se divulgam as bases de preparação e políticas contabilísticas adotadas e outras divulgações exigidas pelos normativos contabilísticos, nomeadamente:

> *"(a) Apresentar informação acerca das bases de preparação das demonstrações financeiras e das políticas contabilísticas usadas;*
>
> *(b) Divulgar a informação exigida pelas NCRF que não seja apresentada na face do balanço, na demonstração dos resultados, na demonstração das alterações no capital próprio ou na demonstração dos fluxos de caixa; e*
>
> *(c) Proporcionar informação adicional que não seja apresentada na face do balanço, na demonstração dos resultados, na demonstração das alterações no capital próprio ou na demonstração dos fluxos de caixa, mas que seja relevante para uma melhor compreensão de qualquer uma delas."*

Para além da sua apresentação sistemática, cada item na face do balanço, na demonstração dos resultados, na demonstração das alterações no capital próprio e na demonstração dos fluxos de caixa, que tenha merecido uma nota no anexo, deve ter uma referência cruzada. Para além disso, devem ser apresentadas pela seguinte ordem:

(a) *Identificação da entidade, incluindo domicílio, natureza da atividade, nome e sede da empresa-mãe, se aplicável;*
(b) *Referencial contabilístico de preparação das demonstrações financeiras;*
(c) *Resumo das principais políticas contabilísticas adotadas;*
(d) *Informação de suporte de itens apresentados na face do balanço, na demonstração dos resultados, na demonstração das alterações no capital próprio e na demonstração dos fluxos de caixa, pela ordem em que cada demonstração e cada linha de item seja apresentada;*
(e) *Passivos contingentes e compromissos contratuais não reconhecidos;*
(f) *Divulgações exigidas por diplomas legais;*
(g) *Informações de caráter ambiental.*

A problemática da amplitude do relato financeiro, da sua natureza qualitativa e quantitativa, tem merecido as mais diversas abordagens e desenvolvimentos. Em sentido amplo, e assumindo desde já o conceito de relato financeiro integrado, consideramos de grande utilidade a integração de divulgações sobre informação e métricas acerca dos impulsionadores de valor da entidade, das eventuais flutuações por imparidade, planos, oportunidades e riscos associados. Complementarmente ao imposto pelo normativo contabilístico, deveriam ser igualmente incluídos no relato financeiro integrado outros fatores como a psicologia económica, pessimismo ou publicidade exagerada. Esta complementaridade traduzir-se-ia numa abordagem qualitativa que evidenciaria a capitalização de mercado da organização.

Parece-nos linear que a abordagem identificada anteriormente está provida de sentido e de convergência com o normativo contabilístico internacional, em particular na vertente da relevância em detrimento da fiabilidade. Em todo o caso, estão-lhe subjacentes proposições que poderão atenuar esta mesma linearidade: 1. A orientação das demonstrações financeiras tradicionais exclusivamente para aspetos históricos e cujo valor emerge unicamente dos ativos e dos passivos efetivamente registados; 2. O facto dos impulsionadores de valor serem essencialmente não financeiros e por isso não serem apresentados nos relatórios financeiros; 3. O facto dos ativos intangíveis nunca serem reconhecidos nas demonstrações financeiras quando gerados internamente; 4. A preparação de relatos financeiros especialmente preparados para fins específicos. Corroboramos claramente desta abordagem, embora sublinhemos a necessária identificação e separabilidade dos recursos a integrar no relato financeiro, o que nem sempre se revela exequível. A procura de métricas não financeiras (v.g. índices, rácios, contagens) pode constituir uma abordagem interessante em complemento e melhoria do relato financeiro previsto no normativo nacional e no normativo internacional.

A questão central prende-se, neste âmbito, verdadeiramente com a extensão e limites do relato financeiro e com a sua utilidade para os utilizadores em geral. Hoje em dia, é notório o declínio do relato baseado nos resultados e nos valores patrimoniais, sobrepondo-se as abordagens baseadas nos fluxos de caixa e em outras atividades de natureza desagregada e complementar.

2.2. DESEMPENHO ECONÓMICO-FINANCEIRO

Avaliar a posição financeira, o desempenho económico e as alterações na posição financeira, de uma entidade no curto prazo e perspetivar a sua evolução ao longo do tempo constituem, a nível interno e a nível externo, importantes tarefas do ponto de vista dos utilizadores da informação. A nível interno, por parte de todos aqueles que assumem responsabilidades diretas ou indiretas. A nível externo, por todos aqueles que olham a organização na perspetiva do investidor ou na ótica do simples credor ou colaborador. Assim, analisar a relação entre o desempenho económico e o efeito de alavanca financeiro de uma organização, constitui uma das ferramentas tradicionais genéricas no diagnóstico da sua posição financeira e avaliação da sua performance.

As razões que determinam a avaliação da performance empresarial são diversas. Porém, destacamos desde já aquelas que se revelam mais pertinentes: 1. A necessidade de conhecer o desempenho operacional da gestão pelo que os indicadores de valor refletem unicamente as variáveis controláveis pela gestão; 2. A necessidade de conhecer o desempenho da organização sob a perspetiva do potencial investidor ou do detentor do capital. Na prossecução deste objetivo, são consideradas tanto a performance operacional como o impacto de eventuais decisões de investimento e de financiamento.

Ainda que conscientes das limitações dos indicadores externos de gestão, fundamentalmente resultantes da sua natureza estática e agregada, cremos que a análise da sua evolução ao longo do tempo constitui uma abordagem dinâmica fundamental na tomada de decisão. Nesse âmbito, apresentaremos ao longo desta secção os principais indicadores que, através de uma análise contabilística-financeira integrada, possam proporcionar uma visão da posição financeira da entidade e dos resultados das suas atividades ao longo dos períodos contabilísticos.

Na verdade, a moderna análise financeira tem vindo a preocupar-se mais com o equilíbrio das origens e aplicações de fundos do que com a situação patrimonial das organizações. Consideramos que a adoção das Normas Internacionais de Contabilidade (NIC) e do Sistema de Normalização Contabilística (SNC) acompanharam esta preocupação, fazendo refletir nas demonstrações financeiras modelos de mensuração e valorização mais aderentes à evolução dos mercados. Ainda que possamos reconhecer a discricionariedade que daí possa resultar, consideramos, ainda assim, que existem ganhos significativos ao nível da qualidade da informação contabilística e financeira.

Independentemente da evolução contabilística nacional e internacional, parece-nos indiscutível a crescente necessidade de uma cada vez melhor informação para os *stakeholders* em geral. Nesta perspetiva de melhoria quantitativa e qualitativa da informação disponibilizada, a elaboração de um relato financeiro integrado assume cada vez mais importância.

2.2.1. Indicadores de base contabilística

O Resultado Líquido do Período constitui um dos principais e mais primários indicadores de desempenho de uma organização, disponível de uma forma imediata e direta nas demonstrações financeiras tradicionais, embora de características muito limitadas e redutoras na aferição da sustentabilidade económica e financeira de uma organização. Por ser uma medida contabilística simples e de fácil compreensão, de natureza agregada, a sua análise desagregada leva-nos a concluir que este indicador ignora parte do custo de oportunidade do capital necessário para gerar esse resultado. É de acrescentar a esta evidência o facto de serem excluídos e ignorados deste indicador, fatores determinantes da criação de valor como sejam os riscos assumidos, as necessidades de investimento para se obterem os resultados, as políticas de dividendos, o valor do capital ao longo do tempo e, não menos importante, as distorções das demonstrações financeiras decorrentes da adoção de diferentes métodos e modelos de reconhecimento e mensuração.

O Retorno sobre o Investimento (ROI) mede a relação entre os resultados e o investimento necessário para os gerar. Desenvolvida nas primeiras décadas do séc. XX pela empresa Dupont, a *Análise Dupont*[3] incorpora a quantidade de investimento numa medida de desempenho, tratando de forma equilibrada três componentes importantes da rendibilidade empresarial: os rendimentos, os gastos e os investimentos.

Ainda que se trate de uma medida mais completa que o resultado líquido do período, uma vez que identifica os impulsionadores da rendibilidade dos capitais próprios, apresenta igualmente limitações decorrentes do apuramento contabilístico do resultado operacional ou do valor do ativo. Para além de ignorar as políticas de financiamento na sua globalidade, não reflete quaisquer oportunidades de risco futuras do negócio. Resulta daqui um caráter estático que, num processo de criação de valor na perspetiva do investidor, se requer o mais dinâmico possível.

[3] A terminologia utilizada nesta abordagem financeira não é uniforme para a generalidade dos autores. Alguns referem-se a ela como a *Equação de Dupont*, à *Identidade Dupont*, ou simplesmente à *Análise Dupont*. Por considerarmos ser a mais generalista, é esta que adotaremos ao longo deste capítulo.

A Rendibilidade dos Capitais Próprios (RCP), que resulta do quociente entre o Resultado Líquido do Período e os Capitais Próprios, pode ser desagregada em três efeitos ou impulsionadores distintos:

1. Efeito de Rendibilidade Económica (Alavanca Económica);
2. Efeito de Alavanca Financeira;
3. Efeito da Tributação.

O primeiro efeito traduz a rendibilidade do investimento, ou seja, a capacidade do negócio gerar, do ponto de vista operacional, retorno económico. É por sua vez influenciada pelo efeito dos custos variáveis,[4] pelo efeito dos custos de estrutura (ou custos fixos) e pela rotação do ativo económico ou do investimento. O efeito de alavanca financeira avalia o impacto da componente financeira no retorno do património líquido. O terceiro efeito permite isolar o efeito fiscal o que traduz o impacto da tributação nos resultados antes de impostos.

Antes de apresentarmos a análise integrada da rendibilidade, torna-se necessário evidenciar alguns indicadores financeiros que têm impacto em cálculos futuros, nomeadamente o *Fundo de Maneio Líquido* (FML), as *Necessidades em Fundo de Maneio* (NFM), a *Tesouraria Líquida* (TL) e o *Ativo Económico (AE)*. Traduzem genericamente os determinantes da política financeira da organização, evidenciando em alguns casos a segurança associada ao financiamento. O Ativo Económico emerge neste contexto como um dos indicadores mais relevantes de análise, na medida em que traduz apenas o valor do investimento líquido associado ao negócio, não tomando em consideração o financiamento da atividade operacional. Excluem-se, por isso, do Ativo Económico, todos os ativos que não são, direta ou indiretamente geradores de réditos, bem como aqueles que, pelo seu estádio de construção ou desenvolvimento, ainda não constituem unidades geradoras de caixa nem de benefícios económicos correntes.

---

[4] A temática da tipologia de custos e a sua importância na gestão das organizações será objeto de desenvolvimento no Capítulo 3 desta obra.

Indicador de desempenho (KPI)	Fórmula	Observações
Fundo de maneio líquido (FML)	Capitais Permanentes – Ativo Não Corrente	Reflete o diferencial entre os recursos estáveis (Capitais próprios + Passivo Não Corrente) da organização e as aplicações com duração superior a 1 ano (Ativo Não Corrente). Quando positivo, traduz segurança no financiamento.
Necessidades em Fundo de Maneio (NFM)	Necessidades Cíclicas (Crédito a Clientes + Inventários + Outros valores a receber de natureza cíclica) – Recursos Cíclicos (Crédito a Fornecedores + Créditos ao Estado + Outros valores a pagar de Natureza cíclica)	Indicador do ciclo de exploração que reflete os efeitos dos indicadores de atividade, nomeadamente os prazos médios e rotações. É um dos principais determinantes da política financeira.
Tesouraria Líquida (TL)	Fundo de Maneio – Necessidades em Fundo de Maneio ou Tesouraria Ativa – Tesouraria Passiva	Trata-se de um indicador de equilíbrio financeiro, o que se verifica quando próximo de zero. Se excessivamente positivo poderá evidenciar ineficiência da gestão financeira e quando excessivamente negativo evidencia incapacidade da empresa solver os seus compromissos.
Ativo Económico (AE)	Ativos Fixos Tangíveis + Ativos Intangíveis + Necessidades em Fundo de Maneio	Evidencia o valor do investimento líquido que está afeto ao negócio, sendo por isso desprovido de investimentos não afetos à atividade (v.g. propriedades de investimento, investimentos financeiros, etc.) ou que não estejam a gerar retorno (v.g. investimentos em curso, ativos disponíveis para venda e unidades operacionais descontinuadas).

Na análise integrada da rendibilidade dos capitais próprios, seguiremos o modelo multiplicativo de análise pelo que este indicador será o produto de todos os seus efeitos. Apresentamos de seguida a síntese desses indicadores bem como algumas notas que proporcionarão ao leitor uma melhor e mais imediata perceção e análise.

<table>
<tr><th>Indicador de desempenho (KPI)</th><th colspan="2">Fórmula</th><th>Observações</th></tr>
<tr><td rowspan="3">Rendibilidade Económica</td><td rowspan="3">Resultado Operacional/Ativo Económico</td><td>Rendibilidade Bruta das Vendas

Margem Bruta/ Volume de Negócios</td><td>Traduz o efeito da margem de comercialização ou da margem de contribuição.</td></tr>
<tr><td>Efeito dos Gastos de Estrutura

Resultado Operacional/Margem Bruta</td><td>Evidencia o nível de absorção da margem pelos custos fixos ou de estrutura.</td></tr>
<tr><td>Rotação do Ativo Económico

Volume de negócios/ Ativo Económico</td><td>Traduz o número de vezes em que o investimento líquido se replica no volume de negócios.</td></tr>
<tr><td rowspan="2">Alavanca Financeira</td><td rowspan="2">Efeitos dos Encargos Financeiros × Estrutura do Financiamento</td><td>Efeito dos Encargos Financeiros

Resultados Antes de Impostos/ Resultado Operacional</td><td>Traduz o impacte da dimensão financeira. A aproximação à unidade traduz um fraco impacte dessa dimensão.</td></tr>
<tr><td>Estrutura do Financiamento

Ativo Económico/ Capitais Próprios</td><td>Traduz a origem do financiamento. Quanto mais elevado, maior o nível de financiamento em capital alheio.</td></tr>
<tr><td>Efeito da Tributação</td><td>Resultado Líquido do Período/ Resultado Antes de Impostos</td><td colspan="2">Traduz o efeito da tributação. Quanto mais se aproximar da unidade, menor o efeito dessa tributação.</td></tr>
</table>

A rendibilidade do capital próprio permite, na verdade, avaliar como está a ser feita a gestão dos recursos próprios em benefícios dos detentores do capital, embora não nos possamos alhear do facto desta medida englobar tanto o desempenho financeiro como operacional.

A Equação de Dupont evidencia que o retorno do capital próprio resulta do produto entre a margem de lucro (eficiência operacional), a rotação do ativo (eficiência no uso dos ativos) e o multiplicador do capital próprio (efeito de alavanca financeira). Neste âmbito, sublinhamos que tanto o indicador Retorno do Investimento (ROI) como o indicador de Retorno do Capital Próprio (ROE) têm sido, nas últimas décadas, as medidas contabilísticas de valor mais utilizadas. À medida que se foi reconhecendo não haver correlação entre o aumento dos resultados e a criação de valor para o detentor do capital, mais populares se tornaram estas medidas. Enquanto o ROI se tornou mais utilizado ao nível da unidade de negócio ou divisão operacional, o ROE assumiu especial importância ao nível estratégico pois representa uma medida primária do ponto de vista dos investidores.

O facto daqueles dois indicadores serem na sua essência muito similares, leva a concluir que ambos partilham das mesmas deficiências e limitações. O ROE é particularmente sensível ao efeito de alavanca pois ao acompanhar o aumento verificado no financiamento externo, não está de acordo com a quebra do valor da empresa em resultado do incremento verificado no risco financeiro. Perante esta constatação de natureza simplista, poderá concluir-se que, uma medida de natureza contabilística pode estar em conflito direto com a criação de valor para o investidor.

Como já referido, os indicadores de retorno antes apresentados têm a sua essência nas demonstrações financeiras de índole contabilística. Nesse sentido, os seus valores são influenciados pelos critérios de reconhecimento e pelos modelos de mensuração adotados. Ainda que estes constrangimentos possam inibir a comparação no espaço (no âmbito do setor ou mesmo numa análise intersectorial), consideramos que a utilidade da comparação do indicador ao longo do tempo não será comprometida. Assumimos que, em estrita observância do postulado da consistência, os critérios de reconhecimento e modelos de mensuração de ativos e passivos, não são frequentemente alterados. Os enviesamentos decorrentes da multiplicidade de critérios não colocam em causa a utilidade da análise dinâmica desses indicadores.

Os indicadores de atividade são, na sua generalidade, indicadores de retorno. Influenciam o ciclo de caixa e consequentemente as necessidades em fundo de maneio, ou seja, o volume de capital requerido pelas transações de natureza cíclica.

Indicador de desempenho (KPI)	Fórmula	Observações
PRAZO MÉDIO DE RECEBIMENTOS (PMR)	[CLIENTES/(VOLUME DE NEGÓCIOS + IVA)] × 365 DIAS	Traduz o prazo médio que decorre entre o reconhecimento da receita (fluxo real) e o recebimento (fluxo monetário). Deverá ser desagregado por tipologia de negócio (*v.g.* Vendas, Prestações de Serviços, etc.)
PRAZO MÉDIO DE PAGAMENTOS (PMP)	[FORNECEDORES/(COMPRAS[5] + IVA)] × 365 DIAS	Traduz o prazo médio que decorre entre o reconhecimento da despesa (fluxo real) e o pagamento (fluxo monetário). Deverá ser desagregado por tipologia de compras (v.g. matérias-primas; Mercadorias, etc.)
ROTAÇÃO DE INVENTÁRIOS	(INVENTÁRIOS/CIVMC) × 365 DIAS	Traduz o número médio de dias que os inventários permanecem em armazém.
CICLO DE TESOURARIA (OU DE CAIXA)	ROTAÇÃO DE INVENTÁRIOS + PMR – PMP	Traduz o número de dias em que se desenvolve o ciclo de exploração, ou seja, é uma medida da amplitude do ciclo em que os fluxos monetários são gerados. Este indicador deve complementar a análise da Demonstração dos Fluxos de Caixa.

Os indicadores anteriormente apresentados são indicadores que complementam análises mais integradas, embora tenham significado autónomo. Influenciam as decisões sobre as políticas de crédito, de inventários e de pagamentos a fornecedores. Contudo, não podemos deixar de sublinhar que as grandezas contabilísticas a considerar, para efeitos de cálculo dos indicadores, deverão ser desprovidas de todos os fatores que possam distorcer os mesmos como sejam: imparidades em dívidas a receber, imparidades em inventários e situações pontuais com características de exceção.

Um dos determinantes da capacidade de endividamento de uma organização é a liquidez dos seus ativos, sendo esta entendida como a capacidade de os transformar em meios financeiros líquidos. A medição dessa capacidade assenta tradicionalmente na determinação de três rácios distintos, nos quais são englobadas as diversas grandezas do ciclo de exploração.

[5] Ainda que conscientes da distorção, em caso de ausência de informação sobre o volume das compras, recomendamos a substituição desta grandeza pelo CIVMC. Assume-se neste caso que tudo o que fora comprado fora vendido ou consumido, o que raramente corresponde à realidade.

Trata-se de uma comparação simplista entre os ativos que integram o ciclo de exploração e as dívidas de curto prazo (passivo corrente).

Indicador de desempenho (KPI)	Fórmula	Observações
Liquidez Geral	Ativo Corrente/Passivo Corrente	O ativo corrente engloba, tal como evidenciado no capítulo 1, os inventários, as dívidas a receber de curto prazo (ou incluídas no ciclo operacional da entidade) e os meios financeiros líquidos. O passivo corrente engloba as dívidas a pagar de curto prazo ou que estejam inseridas na duração do ciclo operacional da entidade. As grandezas a considerar deverão ser desprovidas de quaisquer imparidades acumuladas.
Liquidez Reduzida	(Ativo corrente – Inventários)/Passivo Corrente	
Liquidez Imediata	Meios Financeiros líquidos/Passivo Corrente	

A liquidez reduzida é um indicador conservador pois exclui do numerador os inventários uma vez que estes podem ser, por natureza, ilíquidos. Dependem do esforço de venda, o que nem sempre é possível por diversas razões. Nesse sentido, a liquidez reduzida parece ser um indicador mais aderente aos objetivos do que se pretende testar[6]. Por outro lado, a liquidez imediata requer algum cuidado na análise pois pode evidenciar más políticas financeiras, caso os meios financeiros líquidos apresentem uma imobilização exagerada face às características do negócio.

Indicador de desempenho (KPI)	Fórmula	Observações
Endividamento	Passivo/Ativo	Estes indicadores comungam do mesmo objetivo pois pretendem avaliar se a organização possui ativos que lhes permitam liquidar as suas dívidas e cumprir com as responsabilidades assumidas para com terceiros.
Estrutura do Endividamento	Passivo Corrente/Passivo	
Solvabilidade	Capital Próprio/Passivo	
Autonomia Financeira	Capital Próprio/Ativo	É um indicador idêntico aos anteriores que mede a proporção de ativos que são financiados pelo capital próprio. É por isso um indicador de estabilidade ou vulnerabilidade empresarial.

[6] Higgins (2007) designa este indicador como "*Acid Test*". Mesmo que a entidade pretendesse liquidar os inventários nunca receberia a totalidade da sua quantia escriturada. É por isso uma grandeza que pode distorcer significativamente a análise.

Os indicadores da estrutura económico-financeira de uma organização permitem avaliar a origem do financiamento dos seus ativos bem como a sua capacidade em garantir o cumprimento das responsabilidades assumidas para com terceiros. São por isso indicadores de maior estabilidade ou vulnerabilidade empresarial.

Os indicadores apresentados de seguida são indicadores de mercado na medida em que incluem no seu cálculo, o preço das ações, ou seja, o valor de mercado do capital próprio da entidade. Sem prejuízo de podermos estar a ser demasiado redutores na análise, estabelecemos uma conexão com o indicador VMCP (Valor de Mercado dos Capitais Próprios) pois reflete o diferencial entre o valor contabilístico da organização e o seu valor de mercado. É de sublinhar a importância destes indicadores na avaliação das organizações, porquanto o seu valor poderá evidenciar a existência de fatores (incluindo ativos e passivos) que não estão refletidos na contabilidade por dificuldades de mensuração.

<table>
<tr><th>Indicador de desempenho (KPI)</th><th>Fórmula</th><th>Observações</th></tr>
<tr><td>Price Earnings Ratio</td><td>Resultado por Ação/Preço por Ação</td><td rowspan="2">Estes indicadores dependem da política de distribuição dos dividendos, da taxa de custo do capital e do crescimento. Deverá ser complementado com a análise integrada da rendibilidade dos capitais próprios. Poder-se-á afirmar que estes indicadores traduzem o período de recuperação do capital assumindo a distribuição integral dos resultados.</td></tr>
<tr><td>Earnings Price Ratio</td><td>Preço por Ação/Resultado por Ação</td></tr>
<tr><td>Market to Book Ratio</td><td>Preço por Ação/Valor Contabilístico por Ação</td><td rowspan="2">Este indicador surge em linha com o VMCP e traduz o diferencial entre o valor contabilístico e o valor de mercado da entidade. A adoção do novo normativo contabilístico poderá, quanto a nós, contribuir para aproximar as duas grandezas em comparação.</td></tr>
<tr><td>Book to Market Ratio</td><td>Valor Contabilístico por Ação/Preço por Ação</td></tr>
</table>

A análise que se poderá fazer às demonstrações financeiras de uma entidade depende muito das suas características, devendo o analista escolher os indicadores que melhor traduzem o desempenho dessa organização. O nosso intuito neste ponto é apenas o de identificar um conjunto de indicadores que, devidamente contextualizados, possam constituir uma boa fonte de informação para os decisores. Esses indicadores deverão integrar os sistemas de informação de gestão que as organizações utilizam no sentido de proporcionarem uma informação útil aos utilizadores diversificados.

A panóplia de indicadores que consta da tabela seguinte tem uma natureza residual. Nela se identificam outros indicadores que, ao longo da nossa experiência, fomos identificando como relevantes na avaliação do desempenho empresarial. Não se tratando de uma lista completa, poderá, contudo, induzir o académico ou o profissional a incluí-los nos sistemas de informação de gestão com que trabalha. Tratam-se fundamentalmente de indicadores de base contabilística pelo que não será de desprezar os constrangimentos associados aos critérios de reconhecimento e modelos de mensuração.

<table>
<tr><th>Indicador de desempenho (KPI)</th><th>Fórmula</th><th>Observações</th></tr>
<tr><td>Retorno do Ativo</td><td>Resultado líquido do Período/Ativo</td><td>Traduz o contributo do Ativos da entidade para a formação do resultado. Trata-se de um indicador bastante agregado cuja análise carece de ser completada com outros indicadores abordados anteriormente.</td></tr>
<tr><td>Resultado Operacional Após Impostos (NOPAT)</td><td>Resultado Operacional × (1 – Taxa de IRC)</td><td rowspan="2">Estes indicadores apresentam especial interesse no âmbito de uma análise por segmentos. Contudo, o primeiro apresenta do nosso ponto de vista uma natureza muito redutora e de aplicação muito limitada.</td></tr>
<tr><td>Retorno do Capital Investido</td><td>Resultado Operacional (1 – Taxa de IRC)/ (Financiamentos + Capital Próprio)</td></tr>
<tr><td>Taxa de cobertura dos Gastos Operacionais</td><td>[(Rendimentos Operacionais/Gastos Operacionais) – 1]</td><td>Traduz a folga existente entre os rendimentos e os gastos operacionais. Do nosso ponto de vista, deverão ser excluídas da análise todas as grandezas que não originem fluxos monetários (v.g. Depreciações, Amortizações, Imparidades, Flutuações de justo valor, entre outras).</td></tr>
<tr><td>Resultados antes de Depreciações, Gastos de Financiamento e Impostos (EBITDA)</td><td colspan="2" rowspan="2">Indicadores obtidos diretamente da Demonstração dos Resultados. O primeiro não toma em consideração os gastos com depreciações e amortizações nem as imparidades associadas a investimentos depreciáveis ou amortizáveis.</td></tr>
<tr><td>Resultados antes de Gastos de Financiamento e Impostos (EBIT)</td></tr>
</table>

Ao longo deste ponto procurámos identificar um conjunto de indicadores que possam elucidar o desempenho económico-financeiro de uma organização. Porém, excluímos deliberadamente da análise os indicadores que extravasam o âmbito da contabilidade financeira, nomeadamente a análise do ponto crítico, margem de segurança e margem de contribuição. Por serem indicadores baseados em tipologias de custos diversas (fixo; variável; direto, indireto; diferencial, marginal, entre outros), que não uma classificação por naturezas, remetemos essa análise para o domínio da contabilidade de gestão.

2.2.2. Indicadores de criação de valor

A sofisticação das análises do valor empresarial tem acompanhado o rigor exigido por parte dos investidores assim como a complexidade e a evolução científica verificada nos mercados de capitais. A inexistência de modelos ou medidas que reflitam com total exatidão o desempenho das organizações e as tendências dos mercados, tem provocado grandes alterações na forma de entender e avaliar o valor por parte de analistas e investidores.

Certos fenómenos relacionados com a psicologia dos investidores e a estreiteza do mercado, são apontados por grande parte dos agentes como os fatores determinantes da variação do preço dos títulos, relegando por vezes para segundo plano toda a racionalidade económica. Mas, na verdade, essa psicologia assenta muitas vezes em indicadores diversificados que, ainda que não sejam seguidos pela generalidade dos analistas e investidores, têm vindo a fornecer indicações úteis em termos de posicionamento empresarial e até de prospeção de potencial crescimento.

Um dos indicadores mais mediáticos no âmbito dos indicadores de criação de valor é o indicador *Economic Value Added* (EVA). Apresenta-se como uma medida integral de gestão que reflete o que aconteceu à riqueza dos acionistas. É realmente um indicador económico utilizado na avaliação da gestão de uma organização, de uma unidade de negócio, de um segmento ou de um projeto específico. Pode ser calculado sobre bases históricas para obter uma medida de desempenho real ou sobre bases predeterminadas, com referência a resultados futuros. De acordo com esta abordagem, obter um retorno superior ao custo do capital, traduz a criação de valor. Ao inverso está associada a destruição de valor pela organização.

O EVA é calculado subtraindo ao resultado operacional gerado, o custo de oportunidade do capital. A ideia fundamental é a de que os investidores devem obter um retorno que compense o risco associado. Ou seja, o retorno obtido sobre o capital deve ser similar ao retorno obtido sobre outras alternativas de investimento. Se tal não acontece, não se pode considerar que a empresa esteja verdadeiramente a gerar resultado positivo, mas sim a operar numa posição de prejuízo na perspetiva dos investidores. Quando o EVA é zero, significa que os investidores conseguiram compensar o risco.

Importa referir que também este indicador tem na sua génese grandezas contabilísticas, obtidas a partir das demonstrações financeiras, e consequentemente influenciadas pelos critérios de reconhecimento e pelos modelos de mensuração dos ativos e passivos. Contudo, sempre que os ativos e passivos tenham por base os seus justos valores, estamos perante o indicador *Refined Economic Value Added* (REVA). No caso em que os ativos e passivos são corrigidos dos efeitos do valor temporal do dinheiro, estaremos perante o cálculo do indicador *Adjusted Economic Value Added* (AEVA).

Indicador de desempenho (KPI)	Fórmula	Observações
Economic Vallue Added (EVA)	Resultado Operacional – K% * Ativo Económico – Imposto sobre o Rendimento	Indicador que traduz a criação (>0) ou destruição (<0) de valor no período considerado. K% representa o custo médio ponderado do capital, englobando as fontes de financiamento em sede de capital alheio e em sede de capital próprio (neste caso corresponderá à taxa de custo de oportunidade).
Margem de contribuição Residual (MCR)	Resultado Operacional – K% * Ativo Económico	Difere do anterior pelo facto de não incluir o efeito da tributação.
Valor Económico Criado (VEC)	*Indicador de base histórica* $\sum_{t=1}^{n} FCO_t * (1+i)^n$ *Indicador de base prospetiva* $\sum_{t=1}^{n} FCO_t * (1+i)^{-n}$	Indicador baseado nos Fluxos de Caixa Operacionais (FCO), podendo ser calculado numa base histórica ou prospetiva. Evidencia o valor criado ou a criar ao longo de uma série temporal, desde que sejam identificados os correspondentes FCO. i – taxa de desconto
Valor de Mercado dos Capitais Próprios (VMCP)	$VCCP \approx \sum_{N=1}^{n} \frac{EVA_N}{(1+k)^N}$	Traduz o excesso de valor de mercado de uma organização face ao capital que a mesma possui. VCCP – Valor contabilístico do capital próprio; k – taxa de desconto.

A principal inovação do indicador EVA está seguramente na incorporação do custo do capital (em particular do capital próprio) no cálculo do resultado do negócio e na consequente operacionalidade do custo de oportunidade. A capacidade deste indicador em expressar a criação ou destruição de valor por parte da empresa, reforça os desenvolvimentos em torno do indicador Market Value Added (MVA). A necessidade de pormenorizar as diferenças entre o valor de uma empresa e o seu valor de mercado, vieram colocar o MVA como uma medida absoluta e integral de desempenho de gestão, altamente representativa da qualidade dos seus gestores, ao centrar-se no valor acumulado ou perdido relativamente ao valor do capital investido. Trata-se de um indicador que procura suprir uma das maiores deficiências dos indicadores contabilísticos e que se traduz na sua incapacidade em evidenciar as oportunidades futuras de negócio.

Na verdade, a generalidade dos indicadores ao basearem-se em valores históricos, não refletem muitas vezes os valores correntes ou de mercado das organizações. Assim, os indicadores baseados em taxas de retorno falham ao não exprimirem o verdadeiro retorno económico uma vez que não refletem o verdadeiro retorno sobre o capital investido. Quanto maior for a base histórica, maior o afastamento aos efeitos causados pela evolução dos mercados ou por quaisquer outros fatores de natureza endógena ou exógena.

A diversidade de indicadores baseados no valor está em claro crescimento por parte de consultores e académicos, embora não difiram significativamente uns dos outros em termos conceptuais. A principal divergência reside no facto de alguns desses indicadores tomarem como base os resultados operacionais enquanto outros tomam por base os fluxos de caixa operacionais. Consideramos que os indicadores baseados em fluxos monetários (v.g. VEC ou o CFROI - Cash Flow Return on Investiment) apresentam uma maior aderência à realidade uma vez que não são influenciados por critérios de mensuração e valorização contabilística. Na verdade, os fluxos monetários não são permissíveis às manipulações decorrentes da discricionariedade associada à contabilidade criativa, ao permitirem que o preparador da informação possa seguir os mais diversos critérios de reconhecimento e mensuração de ativos e passivos. Assim, o CFROI tem assumido nos últimos tempos uma importância crescente, ao basear-se, não nas tradicionais medidas contabilísticas, mas nos fluxos de caixa. O facto de todas as suas variáveis se expressarem a preços reais e por isso estarem isentas das distorções já referidas, permite uma comparação direta dos valores ao longo do tempo e entre empresas de diferentes setores e/ou localizações geográficas. Não sendo possível encontrar um modelo de análise do valor de aplicação universal, parece incontestável que as medidas baseadas nos fluxos de caixa têm vindo a assumir um papel preponderante, apresentando melhores correlações com as verdadeiras taxas de retorno e com o comportamento dos mercados.

Inúmeros são os fatores que determinam as reações do mercado entre os quais destacamos a qualidade da informação, os momentos e os canais em que a mesma é divulgada e a perceção que cada investidor tem do risco. Tornou-se evidente que os mercados reagem com muito mais prudência acerca dos fluxos de caixa, crescimento ou custo do capital do que no passado.

A gestão baseada no valor é, pois, um processo de maximização contínua do valor da organização. Esta metodologia melhorará a comunicação bidirecional ao estabelecer uma linguagem comum no seio dessa organização. Para além da procura dos melhores indicadores que possam proporcionar uma visão integrada do desempenho organizacional, assumem também gradual importância os sistemas que permitem a divulgação desses indicadores. É nesse contexto que assumem especial relevância os sistemas de controlo de gestão, cujos desenvolvimentos se apresentam no capítulo 5 desta obra.

A Figura 2.4. pretende ilustrar, de forma integrada e numa lógica de causa e efeito, os diversos pilares de avaliação da performance, tendo por base as demonstrações financeiras que compõem o relato empresarial, associada ao valor de mercado da entidade, quer seja determinado por um mercado ativo, quer seja determinado por mecanismos de avaliação por profissionais independentes (v.g. Revisores Oficiais de Contas).

Ao longo deste ponto, procurámos identificar um conjunto de indicadores de desempenho, embora conscientes de estarmos longe de proporcionarmos uma lista exaustiva, que pudessem servir de referência à avaliação da performance numa perspetiva externa, baseada nos pilares

Figura 2.4. – Síntese de Indicadores (Setor Não Financeiro)

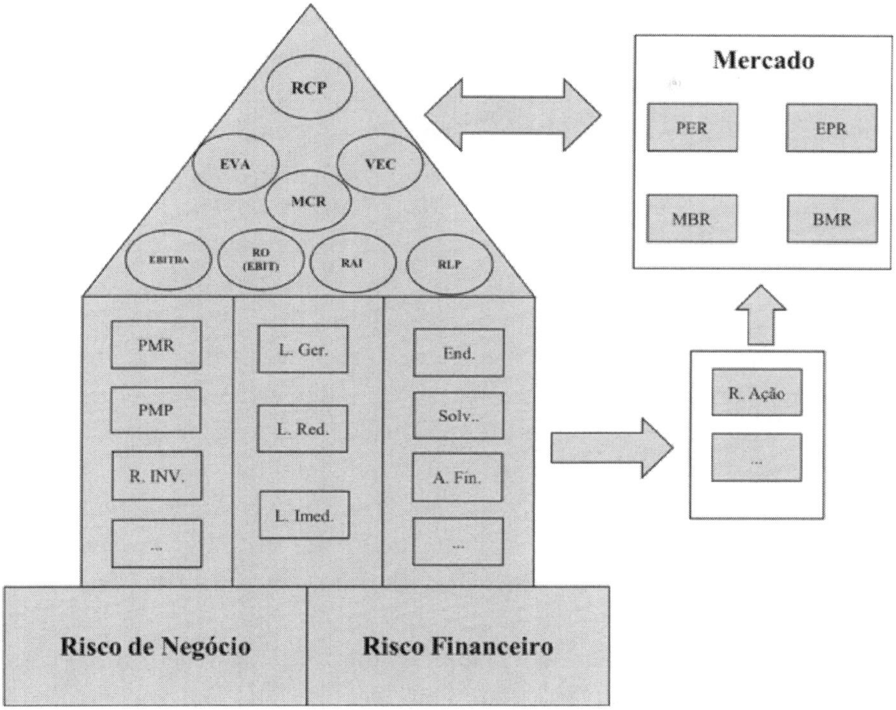

estruturantes de risco de negócio (económico) e de risco financeiro, mas fundamentalmente integrada. A escolha dos indicadores por parte dos gestores em geral e/ou dos controladores de gestão em particular, é uma etapa da definição de um sistema de controlo de gestão que se revela crítica e determinante na eficácia desse sistema. Devem por isso os responsáveis da organização selecionar os indicadores que melhor se alinhem com os objetivos da organização, sejam eles de natureza estratégica ou operacional. A monitorização dos indicadores de gestão deve ser dinâmica e efetuada de forma tempestiva, cuja flexibilidade deve dar resposta a eventuais estratégias emergentes que possam vir a ocorrer, quer no seio da cadeia de valor, quer no próprio sistema de valor em que a organização se insere.

2.2.3. Indicadores de desempenho do setor financeiro

Uma obra desta natureza não ficaria completa sem uma abordagem expressa, ainda que complementar, aos indicadores de gestão das instituições de crédito e das sociedades financeiras (a partir deste ponto designadas por entidades do setor financeiro). Em linha com o que tem sido referido até ao momento, também as entidades do setor financeiro, preparam as suas demonstrações financeiras com base nos normativos contabilísticos aplicáveis, sendo as suas demonstrações financeiras adaptadas tanto na terminologia como na forma de desagregação.

O setor financeiro tem sido, desde sempre e com maior incidência na última década, palco de inúmeras transformações, nem sempre pelos melhores motivos. A atuação e exigência dos reguladores tem vindo a ser gradualmente mais exigente, levando a que as entidades do setor financeiro implementem mecanismos de controlo interno mais eficientes, para além da monitorização mais apertada ao nível do controlo de gestão. Pese embora possamos inferir para o setor financeiro, os indicadores de desempenho que abordámos no ponto anterior, a especificidade setorial convoca-nos a enumerar, neste contexto, exigências específicas no que concerne à informação que venha a ser divulgada junto do público. Nesse sentido, para além dos indicadores já referenciados no ponto anterior, as instituições financeiras terão de divulgar, numa lógica de complementaridade, tal como definido em instruções regulatórias específicas (v.g. Instrução n.º16/2004, do BdP), informação adicional enquadrada em cinco pilares distintos:

- SOLVABILIDADE: 1. Rácio de Adequação de Fundos Próprios; 2. Rácio de Adequação dos Fundos Próprios de base; e 3. Rácio *Core Tier* 1[7].

[7] De acordo com o BdP, o rácio *Core Tier* 1 estabelece um nível mínimo de capital que as instituições devem ter em função dos requisitos de fundos próprios decorrentes dos riscos associados à sua atividade. Como tal, este rácio é apurado através do quociente entre o conjunto de fundos próprios designado de "core" e as posições ponderadas em função do seu risco. O conjunto de fundos próprios "core" compreende o capital de melhor qualidade da instituição, em termos de permanência e capacidade de absorção de prejuízos, deduzido de eventuais prejuízos e de certos elementos sem valor de realização autónomo, numa perspetiva de continuidade da atividade de uma instituição. Por seu lado, as posições ponderadas em função do seu risco representam uma medida dos riscos decorrentes da atividade financeira, designadamente dos riscos de crédito e de mercado.

- Qualidade de Crédito: 1. Crédito com Incumprimento; 2. Crédito com Incumprimento, líquido; 3. Crédito em Risco; 4. Crédito em Risco, líquido.
- Rendibilidade: 1. Quociente entre o Resultado Antes de Impostos (e de interesses minoritários, se for em base consolidada) e o Ativo Líquido Médio; 2. Quociente entre o Produto Bancário e o Ativo Líquido Médio; 3. Quociente entre o Resultado Antes de Impostos (e de interesses minoritários, se for em base consolidada) e os Capitais Próprios Médios (incluindo interesses minoritários).
- Eficiência: 1. Quociente entre o somatório dos Custos de Funcionamento com as amortizações, e o Produto Bancário; 2. Quociente entre os Custos com o Pessoal e o Produto Bancário.
- Transformação: 1. Quociente entre o Crédito Total, deduzido de provisões e imparidades específicas para crédito e os Depósitos de Clientes.

Pela sua relevância e pertinência, apresentamos de seguida um conjunto de indicadores que proporcionam uma visão integrada a diversos níveis: Negócio; Rendibilidade; Capital e Risco.

Indicador de desempenho (KPI)	Fórmula
Cost-to-Income	Custos de estrutura/(Produto global da atividade + Resultados de empresas reconhecidas pelo MEP)
Cobertura NPE (Exposições não Produtivas)	(Imparidades acumuladas de títulos de dívida + Crédito + Exposições extrapatrimoniais)/Total das exposições não produtivas brutas
Cobertura de NPL (Crédito Não Produtivo)	Imparidades acumuladas em crédito/Total de crédito não produtivo bruto
Custo do Risco de Crédito	Imparidade do crédito do período (líquida)/Saldo médio do crédito a clientes (bruto)
Custos de Estrutura	Custos com o pessoal + Gastos gerais administrativos + Depreciações e amortizações do período
Margem Financeira Estrita	Juros e rendimentos similares – Juros e encargos similares
Margem Financeira Alargada	Margem Financeira estrita + Rendimentos de instrumentos de capital
Resultados de Serviços e Comissões	Rendimentos de serviços e comissões – Encargos com serviços e comissões
Resultados Operacionais	Resultado bruto de exploração – Provisões e imparidades
Produto Bancário *Core*	Margem Financeira + Comissões

A *Gestão dos Riscos*[8] é, no setor financeiro, uma função de controlo (incluída na 2.ª linha de defesa da ICSF) crítica, porquanto se trata de um setor vulnerável a riscos de múltiplas naturezas. Nesse sentido, para além das exigências regulamentares, o controlo de gestão assume neste contexto uma relevância determinante. Em linha com as políticas de riscos estabelecidas pela organização, devem os mesmos ser monitorizados, em base continuada e prudencial, dos quais são exemplos ilustrativos: Risco de taxa de juro; Risco de liquidez; Risco de mercado; Risco cambial; Risco de crédito de contraparte; Risco de crédito (análise individual e análise coletiva).

Figura 2.5. – Síntese de Indicadores (Setor Financeiro)

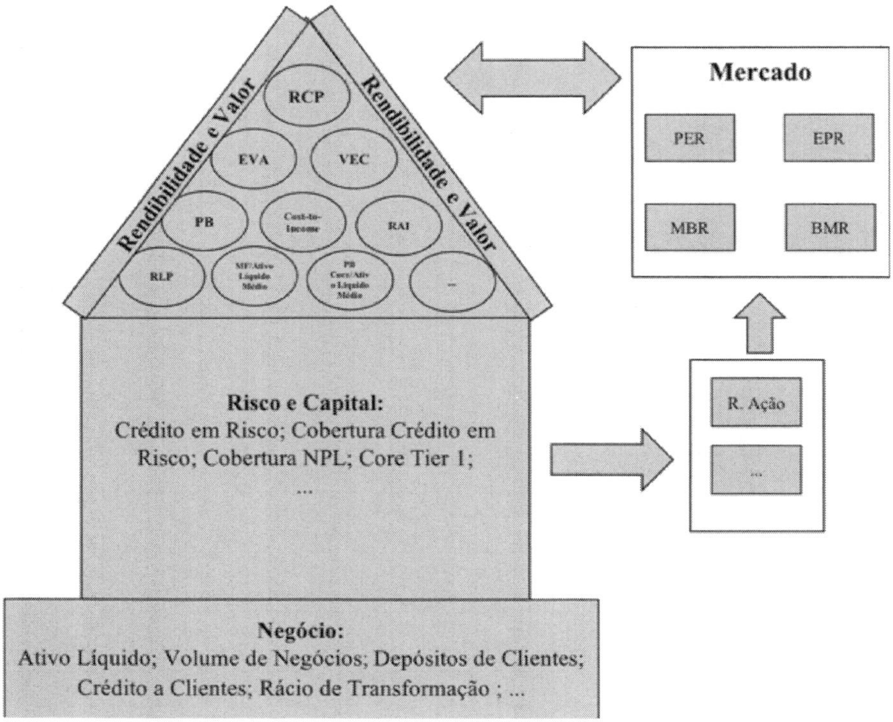

[8] É de notar que no setor financeiro são identificadas três funções de controlo: Função de Gestão dos Riscos (2.ª linha de defesa da ICSF), Função de "*Compliance*" (2.ª linha de defesa da ICSF) e Função de Auditoria Interna (3.ª linha de defesa da ICSF).

A abordagem efetuada até ao momento tem na sua génese as demonstrações financeiras que compõem o reporte financeiro de uma organização. Os indicadores a partir delas calculados são fundamentalmente indicadores de base histórica, embora a sua evolução temporal permita inferir tendências com suficiente fiabilidade, exceto em períodos de choque económico-financeiro ou qualquer outra crise provocada por fatores de ordem interna ou externa.

2.3. EXERCÍCIOS RESOLVIDOS E PROPOSTOS

2.3.1. Exercícios resolvidos

Exercício A

A empresa *ENERGY2030, S.A.* é uma sociedade cotada a operar no ramo das energias renováveis. Encontra-se numa fase de procurar indicadores económico-financeiros para integrar no seu sistema de controlo de gestão.

Em anexo são apresentadas as demonstrações financeiras dos últimos dois períodos económicos [(N e N−1)], preparadas de acordo com o Sistema de Normalização Contabilística.

Foi possível recolher as seguintes informações:

- Os financiamentos obtidos vencem juros à taxa anual efetiva de 8,5%;
- As compras totalizaram 2.650.000 u.m. e 2.580.000 u.m. nos anos N e N-1, respetivamente;
- De acordo com os referenciais do setor, a rendibilidade média dos capitais próprios foi de 18,6% no ano N e de 16,4% no ano N−1;
- Para efeitos de avaliação da performance, os investidores estão dispostos a considerar um custo de oportunidade anual de 3% acrescido de um *spread* de 0,65%;
- A taxa de IRC, incluindo derrama municipal, é de 27,5%;
- O capital subscrito da empresa encontra-se representado por 600.000 ações cuja cotação se cifrou em 8,18 u.m. e 6,32 u.m., no final dos anos N e N−1, respetivamente;
- A entidade é sujeito passivo de IVA à taxa de 23%.

Pretende-se que calcule os seguintes indicadores de gestão, identificando as variações ocorridas entre os dois anos em análise:

a) Fundo de Maneio líquido, Necessidades em fundo de Maneio, Tesouraria Líquida e Ativo Económico;
b) Indicadores de atividade (prazos médios e rotações);
c) Análise integrada da rendibilidade dos capitais próprios;
d) Indicadores da estrutura económico-financeira;
e) Indicadores de liquidez;
f) Indicadores de criação de valor;
g) Indicadores de mercado;
h) Outros indicadores de gestão.

BALANÇO DA EMPRESA *ENERGY2030, S.A.* u.m.

RUBRICAS	N	N-1
ATIVO NÃO CORRENTE		
Ativos fixos tangíveis	2.340.000,00	2.710.000,00
Propriedades de investimento	230.000,00	200.000,00
Ativos intangíveis	180.000,00	200.000,00
Participações financeiras	400.000,00	560.000,00
	3.150.000,00	**3.670.000,00**
ATIVO CORRENTE		
Inventários	830.000,00	620.000,00
Clientes	1.150.000,00	860.000,00
Adiantamentos a fornecedores	120.000,00	30.000,00
Outras contas a receber	45.000,00	72.000,00
Diferimentos	0,00	5.000,00
Instrumentos financeiros	23.000,00	18.000,00
Depósitos bancários	212.000,00	167.000,00
Caixa	3.200,00	4.100,00
	2.383.200,00	**1.776.100,00**
Total do Ativo	**5.533.200,00**	**5.446.100,00**
CAPITAL PRÓPRIO E PASSIVO		
CAPITAL PRÓPRIO		
Capital subscrito	1.500.000,00	1.500.000,00
Prémios de emissão	300.000,00	300.000,00
Reservas legais	420.000,00	367.000,00
Outras reservas	220.000,00	190.000,00

RUBRICAS	N	N-1
Resultados transitados	432.000,00	180.000,00
Excedentes de revalorização	180.000,00	230.000,00
Resultado líquido do período	841.200,00	483.100,00
Total do Capital Próprio	**3.893.200,00**	**3.250.100,00**
PASSIVO NÃO CORRENTE		
Financiamentos obtidos	720.000,00	1.100.000,00
Outras contas a pagar	52.000,00	0,00
	772.000,00	**1.100.000,00**
PASSIVO CORRENTE		
Fornecedores	620.000,00	514.000,00
Estado e Outros Entes Públicos	123.000,00	318.000,00
Acionistas	32.000,00	87.000,00
Financiamentos obtidos	50.000,00	150.000,00
Outras contas a pagar	43.000,00	27.000,00
	868.000,00	1.096.000,00
Total do Passivo	**1.640.000,00**	**2.196.000,00**
Total do Capital Próprio + Passivo	**5.533.200,00**	**5.446.100,00**

**DEMONSTRAÇÃO DOS RESULTADOS DA EMPRESA *ENERGY2030, S.A.*
(em u.m.)**

RENDIMENTOS E GASTOS	N	N-1
Vendas e prestações de serviços	6.245.468,75	6.552.986,00
Custo das mercadorias vendidas	2.808.000,00	2.899.000,00
Fornecimentos e serviços externos	670.000,00	732.000,00
Gastos com o pessoal	900.000,00	1.221.000,00
Imparidades em dívidas a receber	210.000,00	78.000,00
Provisões	80.000,00	132.000,00
Aumentos de justo Valor	30.000,00	0,00
Outros rendimentos e ganhos	53.000,00	42.000,00
Outros gastos	84.000,00	93.000,00
Resultados antes de depreciações, gastos de financiamento e impostos	**1.576.468,75**	**1.439.986,00**
Gastos de depreciação e amortização	352.000,00	412.000,00
Imparidades em inv. depreciáveis	45.000,00	230.000,00
Resultado operacional (antes de gastos de financiamento e impostos)	**1.179.468,75**	**797.986,00**

RENDIMENTOS E GASTOS	N	N-1
Juros e rendimentos similares obtidos	34.000,00	38.500,00
Juros e gastos similares suportados	106.000,00	184.000,00
Resultado antes de impostos	**1.107.468,75**	**652.486,00**
Imposto sobre o rendimento do período	266.268,75	169.386,00
Resultado líquido do período	**841.200,00**	**483.100,00**

Resolução

Nota prévia: A resolução do caso foi efetuada por recurso a folhas de cálculo pelo que, os resultados obtidos estão influenciados pelos possíveis arredondamentos daí decorrentes.

a) Fundo de Maneio líquido, Necessidades em fundo de Maneio, Tesouraria Líquida e Ativo Económico

O cálculo de indicadores de gestão implica que sejam por vezes considerados um conjunto de pressupostos para que a análise integrada não surja distorcida. Nesse sentido, no cálculo das necessidades em fundo de maneio foram considerados os diferimentos pois considerou-se que os mesmos representam necessidades cíclicas de exploração. Contudo, não foram considerados os financiamentos obtidos de curto prazo por integrarem a tesouraria passiva.

Indicador de desempenho (KPI)	N	N-1	Variação
Fundo de Maneio Líquido	1.515.200,00 u.m.	680.100,00 u.m.	122,79%
Necessidades em Fundo de Maneio	1.327.000,00 u.m.	641.000,00 u.m.	107,02%
Tesouraria Líquida	188.200,00 u.m.	39.100,00 u.m.	381,33%
Ativo Económico	3.847.000,00 u.m.	3.551.000,00 u.m.	8,34%

b) Indicadores de atividade (prazos médios e rotações)[9]

Indicador de desempenho (KPI)	N	N-1	Variação
Prazo Médio de Recebimentos	55 dias	39 dias	41,03%
Prazo Médio de Pagamentos	69 dias	59 dias	16,95%
Rotação de Inventários	108 dias	78 dias	38,46%
Ciclo de Tesouraria *(ou de Caixa)*	93 dias	58 dias	62,07%

[9] Volumes arredondados à unidade de medida do KPI (dias). Caso se recorra a meios eletrónicos, devem ser tomados em conta os devidos ajustamentos.

c) Análise integrada da rendibilidade dos capitais próprios

Indicador de desempenho (KPI)	N	N-1	Variação
Rendibilidade dos Capitais Próprios	21,61%	14,86%	45,36%
Rendibilidade Económica (Alavanca económica)	30,66%	22,47%	36,43%
Rendibilidade Bruta das Vendas	55,04%	55,76%	-1,29%
Efeito dos Gastos de Estrutura (Fixos)	34,31%	21,84%	57,12%
Rotação do Ativo Económico	1,62	1,85	-12,03%
Alavanca Financeira	92,78%	89,34%	3,86%
Efeito dos Encargos Financeiros	93,90%	81,77%	14,83%
Estrutura do Financiamento	0,99	1,09	-9,56%
Efeito da Tributação	75,96%	74,04%	2,59%

d) Indicadores da estrutura económico-financeira

Indicador de desempenho (KPI)	N	N-1	Variação
Endividamento	0,30	0,40	-26,49%
Estrutura do endividamento	0,53	0,50	6,05%
Solvabilidade	2,37	1,48	60,40%
Autonomia Financeira	0,70	0,60	17,90%

e) Indicadores de liquidez

Indicador de desempenho (KPI)	N	N-1	Variação
Liquidez Geral	2,75	1,62	69,43%
Liquidez Reduzida	1,79	1,05	69,64%
Liquidez Imediata	0,27	0,17	59,05%

f) Indicadores de criação de valor (em u.m.)

Calculámos, neste âmbito, apenas os indicadores *Economic Value Added* (EVA) e *Margem de Contribuição Residual* (MCR), tendo considerado uma taxa de 3,65% de custo de oportunidade de capital para o investidor. Nesse sentido a taxa do custo médio ponderado do capital foi de 4,451% {k_1= [(720.000 u.m. + 50.000 u.m.) * 0,085 + 3.893.200 u.m. * 0,0365]/(720.000 u.m. + 50.000 u.m. + 3.893.200 u.m.)} para o ano N e de 4,997% para o ano anterior {k_2= [(1.100.000 u.m. + 150.000 u.m.) * 0,085 + 3.250.100 u.m. * 0,0365]/(1.100.000 u.m. + 150.000 u.m. + 3.250.100 u.m.)}.

Indicador de desempenho (KPI)	N	N−1	Variação
Economic Value Added	741.976,00 u.m.	451.147,70 u.m.	64,46%
Margem de Contribuição Residual	1.008.244,75 u.m.	620.535,70 u.m.	62,48%

g) Indicadores de mercado (em u.m.)

Indicador de desempenho (KPI)	N	N−1	Variação
Price Earnings Ratio	0,17	0,13	34,53%
Earnings Price Ratio	5,83	7,85	−25,67%
Market to Book Ratio	1,26	1,17	8,05%
Book to Market Ratio	0,79	0,86	-7,45%

h) Outros indicadores de gestão

Os indicadores a evidenciar neste âmbito poderão ser diversos. Porém a nossa opção recai exclusivamente sobre aqueles que evidenciámos no desenvolvimento teórico [1. Retorno do ativo; 2. Resultado operacional após tributação; 3. Retorno do capital investido; 4. Taxa de cobertura dos gastos operacionais; 5. Resultados antes de depreciações, gastos de financiamento e impostos (EBITDA) e 6. Resultados antes de gastos de financiamento e impostos (EBIT)].

Indicador de desempenho (KPI)	N	N−1	Variação
Retorno do Ativo	15,20%	8,87%	71,38%
Resultado Operacional Após Impostos	855.114,84 u.m.	578.539,85 u.m.	47,81%
Retorno do Capital Investido	18,34%	12,86%	42,64%
Taxa de Cobertura dos Gastos Operacionais	42,66%	35,06%	21,67%
EBITDA	1.576.468,75 u.m.	1.439.986,00 u.m.	9,48%
EBIT	1.179.468,75 u.m.	797.986,00 u.m.	47,81%

Os indicadores que acabámos de apresentar deverão ser enquadrados numa análise integrada de avaliação de desempenho, comparando numa base sistemática com os padrões do setor em que a organização se insere. A comparação dos indicadores ao longo do tempo proporcionará uma avaliação dinâmica, permitindo em determinadas circunstâncias, efetuar adequadas extrapolações de tendência.

Exercício B

A empresa *BBB, S.A.* dedica-se a serviços de consultoria técnica na área das novas tecnologias. Do relato financeiro integrado dos períodos N−4 a N, foi possível obter o extrato das suas demonstrações de fluxos de caixa (preparadas pelo método direto), cujo resumo se apresenta de seguida (valores expressos em u.m.).

RUBRICAS	NOTAS	PERÍODOS				
		N	N−1	N−2	N−3	N−4
Fluxos de caixa das atividades operacionais - método direto						
Recebimentos de clientes		523.000	636.900	342.000	486.700	634.900
Pagamentos a fornecedores		(245.000)	(186.400)	(143.500)	(174.300)	(289.300)
Pagamentos ao pessoal		(176.000)	(234.500)	(202.000)	(215.000)	(242.000)
Caixa gerada pelas operações		102.000	216.000	(3.500)	97.400	103.600
Pagamento/recebimento do imposto sobre o rendimento		(34.000)	0	(17.300)	(23.000)	(24.800)
Outros recebimentos/ pagamentos		45.000	5.000	(19.300)	7.800	(10.700)
Fluxos de caixa das atividades operacionais		113.000	221.000	(40.100)	82.200	68.100

Foi ainda possível compilar as seguintes informações:

- A taxa de capitalização/desconto a considerar ao longo do período é de 3,75%;
- Outras informações contabilísticas e financeiras:

Descrição	N	N−1	N−2	N−3	N−4
R. Operacional (u.m.)	214.600	432.800	(76.000)	197.000	267.400
Ativo Económico (u.m.)	493.500	822.320	519.000	634.000	573.000
Custo Médio Ponderado do Capital (%)	9,5%	8,4%	7,3%	9,7%	10,6%
Imposto sobre o Rendimento (u.m.)	10.200	34.000	6.800	0	17.300

Sabendo que a entidade procura indicadores baseados no valor para integrar no seu sistema de controlo de gestão, pede-se que calcule os seguintes indicadores para os anos N−4 a N:

a) *Economic Value Added* (EVA) e Margem de Contribuição Residual (MCR);
b) Valor Económico Criado (VEC).

Resolução

a) *Economic Value Added* e Margem de Contribuição Residual (em u.m.)

O indicador EVA é dado pela expressão *Resultado Operacional – k%* × *Ativo Económico – Imposto sobre o rendimento*, em que k% traduz o custo médio ponderado do capital. A margem de contribuição residual difere deste indicador por não incorporar o efeito fiscal.

Indicador	N	N−1	N−2	N−3	N−4
EVA (u.m.)	157.517,50	329.725,12	−113.887,00	118.202,00	183.262,00
MCR (u.m.)	167.717,50	363.725,12	−113.887,00	135.502,00	206.262,00

O valor criado ao longo dos cinco períodos poderá ser obtido pela capitalização dos indicadores EVA, utilizando a taxa de 3,75%. Assim, poderemos afirmar que entre o ano N-4 e o ano N, a empresa *BBB, S.A.* criou valor no montante de 721.359,85 u.m.

$EVA_{[(N-4)-N]} = 157.517{,}50 \times (1+0{,}0375)^0 + 329.725{,}12 \times (1+0{,}0375)^1 - 113.887{,}00 \times (1+0{,}0375)^2 + 118.202{,}00 \times (1+0{,}0375)^3 + 183.262{,}00 \times (1+0{,}0375)^4$; $EVA_{[(N-4)-N]} = 721.359{,}85$ u.m.

b) Valor Económico Criado (VEC)

O valor económico criado ao longo dos últimos cinco anos resulta da capitalização dos fluxos de caixa operacionais gerados em cada ano. Assim, de forma similar ao procedimento seguido para o cálculo do EVA, o valor económico criado no período em referência foi de 469.826,32 u.m.

$VEC_{[(N-4)-N]} = 113.000,00 \times (1 + 0,0375)^0 + 221.000,00 \times (1 + 0,0375)^1 - 40.100,00 \times (1 + 0,0375)^2 + 82.200,00 \times (1 + 0,0375)^3 + 68.100,00 \times (1 + 0,0375)^4$; $VEC_{[(N-4)-N]} = 469.826,32$ u.m.

Como se pode inferir pela análise dos dois indicadores, o valor criado com base nos fluxos monetários é inferior ao valor criado com base nos fluxos reais.

Exercício C

A sociedade financeira *BANCO TRANSNATION, S.A.* é uma sociedade cotada, classificada como Entidade de Interesse Público, e encontra-se numa fase de aferir os principais indicadores económico-financeiros para melhorar o seu sistema de controlo de gestão.

Em anexo são apresentadas as demonstrações financeiras individuais dos últimos dois exercícios económicos [(N e N-1)], preparadas de acordo com as Normas Internacionais de Contabilidade do IASB (IFRS). São ainda conhecidas as seguintes informações:

- O capital social da entidade está representado por 200.000.000 ações ordinárias;
- As ações ordinárias admitidas à cotação tinham um valor de mercado unitário, na data de referência das demonstrações financeiras, de 4,87 u.m. e de 5,83 u.m., para os anos N e N-1, respetivamente;
- Durante o ano N os capitais próprios médios foram os seguintes (em milhares u.m.): 1.º Trimestre: 912.420; 2.º Trimestre: 1.003.435; 3.º Trimestre: 936.458; 4.º Trimestre: 1.049.324;
- Durante o ano N−1 os capitais próprios médios foram os seguintes (em milhares de u.m.): 1.º Trimestre: 876.390; 2.º Trimestre: 912.567; 3.º Trimestre: 912.220; 4.º Trimestre: 953.894;
- No ano N o Ativo Líquido Médio (em milhares de u.m.) ascendeu a 13.195.200 e no ano N−1 a 11.356.312.

Pretende-se que:

1. Calcule alguns indicadores nos seguintes pilares estruturantes, comentando a variação entre os dois anos em análise:

a. Rendibilidade;
b. Eficiência;
c. Custo do Risco de Crédito;
d. Margem Financeira;
e. Produto Bancário

2. Identifique outros aspetos que possam ser relevantes para aferir a sustentabilidade económico-financeira da sociedade financeira.

DEMONSTRAÇÃO DA POSIÇÃO FINANCEIRA DO *BANCO TRANSNATION, S.A.* EM 31 DE DEZEMBRO DO ANOS N E N-1

RUBRICAS	Ativo Bruto	Imparidades, Depreciações e Amortizações	Ativo Líquido 31.12.N	Ativo Líquido 31.12.N−1
ATIVO				
Caixa e disponibilidades em Bancos Centrais	739.584		739.584	549.770
Disponibilidades em outras instituições de crédito	253.880		253.880	71.214
Ativos financeiros detidos para negociação	64		64	82
Outros ativos financeiros ao JV através de resultados	33.542		32.342	32.598
Ativos financeiros disponíveis para venda	3.040.154	(37.996)	3.002.158	2.515.428
Aplicações em instituições de crédito	1.060.872		1.060.872	1.343.014
Crédito a clientes	8.924.274	(578.890)	8.345.384	7.886.394
Investimentos detidos até à maturidade	525.244		525.244	353.014
Ativos não correntes detidos para venda	6.682	(730)	5.952	6.088
Outros ativos tangíveis	187.440	(76.700)	110.740	113.354
Ativos intangíveis	8.608	(5.324)	3.284	8.106
Ativos por impostos diferidos	23.158		23.158	12.422
Outros ativos	82.312	(3.160)	79.152	67.614
TOTAL DO ATIVO	**14.884.614**	**(702.800)**	**14.181.814**	**12.953.098**
PASSIVO E CAPITAL PRÓPRIO				
PASSIVO				
Recursos de Bancos Centrais			1.002.368	708.324
Passivos financeiros detidos para negociação			348	128
Recursos de outras instituições de crédito			885.130	543.852
Recursos de clientes e outros empréstimos			10.699.620	10.278.578
Provisões			55.888	68.000

RUBRICAS	Ativo Bruto	Imparidades, Depreciações e Amortizações	Ativo Líquido 31.12.N	Ativo Líquido 31.12.N-1
Passivos por impostos correntes			30.866	3.054
Passivos por impostos diferidos			24.584	12.074
Outros passivos subordinados			189.716	189.868
Outros passivos			243.970	195.326
TOTAL DO PASSIVO			**13.132.490**	**11.999.204**
CAPITAL PRÓPRIO				
Capital			820.860	820.600
Prémios de emissão			13.580	13.580
Reservas de reavaliação			74.942	29.590
Outras reservas e resultados transitados			89.884	135.222
Resultado líquido do período			50.058	(45.338)
TOTAL DO CAPITAL PRÓPRIO			1.049.324	953.894
TOTAL DO PASSIVO E DO CAPITAL PRÓPRIO			**14.181.814**	**12.953.098**

DEMONSTRAÇÃO DOS RESULTADOS DO *BANCO TRANSNATION, S.A.*
EM 31 DE DEZEMBRO DO ANOS N E N-1

RENDIMENTOS E GASTOS	N	N-1
Juros e rendimentos similares	336.840	368.238
Juros e encargos similares	(72.992)	(113.724)
MARGEM FINANCEIRA	**257.848**	**254.752**
Rendimentos de instrumentos de capital	52	354
Rendimentos de serviços e comissões	90.440	80.682
Encargos com serviços e comissões	(26.082)	(23.000)
Resultados de ativos e passivos avaliados ao JV através de resultados	580	(920)
Resultados de ativos financeiros disponíveis para venda	3.684	17.974
Resultados de reavaliação cambial	5.888	6.750
Resultados de alienação de outros ativos	204	246
Outros resultados de exploração	6.922	1.866
PRODUTO BANCÁRIO	**339.536**	**338.704**
Custos com o pessoal	(137.236)	(109.798)
Gastos gerais administrativos	(80.298)	(81.624)
Depreciações e amortizações do período	(5.996)	(5.774)
Provisões líquidas de reposições e anulações	5.248	(6.254)
Imparidade para crédito a clientes	(75.194)	(89.162)
Imparidade de outros ativos financeiros líquida de reversões e recuperações	24.732	(80.048)
Imparidade de outros ativos líquida de reversões e recuperações	(898)	(508)

RENDIMENTOS E GASTOS	N	N-1
RESULTADOS ANTES DE IMPOSTOS	**69.894**	**(34.464)**
Impostos sobre lucros		
Correntes	(31.236)	(10.528)
Diferidos	11.400	(346)
	(19.836)	**(10.874)**
RESULTADO LÍQUIDO DO PERÍODO	**50.058**	**(45.338)**

DEMONSTRAÇÃO DOS FLUXOS DE CAIXA DO *BANCO TRANSNATION, S.A.*
(em milhares de u.m.)

RUBRICAS	N	N-1
FLUXOS DE CAIXA DAS ATIVIDADES OPERACIONAIS		
Recebimento de juros e comissões	428.756	454.118
Pagamento de juros e comissões	(104.340)	(136.454)
Pagamento ao pessoal e fornecedores	(196.058)	(194.836)
Resultados cambiais e outros resultados operacionais	9.060	6.314
Recuperação de créditos incobráveis	356	98
RESULTADOS OPERACIONAIS ANTES DAS ALTERAÇÕES NOS ATIVOS OPERACIONAIS	**137.774**	**129.240**
(Aumentos)/diminuições de ativos operacionais		
Ativos financeiros detidos para negociação e outros ativos ao JV	852	(2.500)
Ativos financeiros disponíveis para venda	(420.496)	(346.756)
Aplicações em instituições de crédito	282.454	1.013.934
Crédito a clientes	(537.866)	88.098
Investimentos detidos até à maturidade	(159.716)	(193.000)
Ativos não correntes detidos para venda	1.352	3.090
Outros ativos	(10.086)	(5.480)
	(843.506)	**557.386**
Aumentos/(diminuições) de passivos operacionais		
Recursos de bancos centrais	297.204	(187.478)
Passivos financeiros detidos para negociação	220	(2.522)
Recursos de instituições e crédito	341.194	(567.008)
Recursos de clientes e outros empréstimos	429.760	(270.504)
Outros passivos	22.954	(26.174)
	1.091.332	**(1.053.686)**
CAIXA LÍQUIDA DAS ATIVIDADES OPERACIONAIS ANTES DE IMPOSTOS SOBRE O RENDIMENTO	**385.600**	**(367.060)**
Impostos sobre os lucros	(3.422)	(17.504)
CAIXA LÍQUIDA DAS ATIVIDADES OPERACIONAIS	**382.178**	**(384.564)**

RUBRICAS	N	N-1
FLUXOS DE CAIXA DAS ATIVIDADES DE INVESTIMENTO		
Aquisições de ativos tangíveis e intangíveis	(6.172)	(34.620)
Alienações de ativos tangíveis e intangíveis		
CAIXA LÍQUIDA DAS ATIVIDADES DE INVESTIMENTO	(6.172)	(34.620)
FLUXOS DE CAIXA DAS ATIVIDADES DE FINANCIAMENTO		
Aumento de capital		140.028
Remuneração paga relativa a passivos subordinados	(3.526)	(3.742)
CAIXA LÍQUIDA DAS ATIVIDADES DE FINANCIAMENTO	**(3.526)**	**136.286**
Aumento/(diminuição) de caixa e seus equivalentes	372.480	(282.898)
Caixa e seus equivalentes no início do período	620.984	903.882
CAIXA E SEUS EQUIVALENTES NO FIM DO PERÍODO	**993.464**	**620.984**

Resolução

1. Calcule alguns indicadores nos seguintes pilares estruturantes, comentando a variação entre os dois anos em análise:

a) Rendibilidade

A Rendibilidade dos Capitais Próprios Médios[10] [(Resultado antes de impostos (e de interesses minoritários, se for em base consolidada)/ Capitais próprios médios (incluindo interesses minoritários)] representa a taxa de retorno global, sendo um indicador muito relevante na ótica do acionista e de quaisquer outros utilizadores externos. Por ser um indicador agregado, a sua utilidade do ponto de vista interno é questionável, devendo identificar-se a magnitude dos seus impulsionadores específicos.

Indicador (KPI)	N	N-1	VAR. (%)
Rendibilidade dos Capitais Próprios Médios (em %)	7,19	(3,77)	290,7
Rendibilidade do Ativo Líquido Médio (em %)	0,53	(0,30)	276,7
Rendibilidade do Produto Bancário (em %)	2,57	2,98	(13,8)

[10] De acordo com as respetivas instruções do regulador do setor financeiro, o cálculo do ativo líquido médio e dos capitais próprios médios, para além dos valores daquelas rubricas nos extremos do intervalo, deve incluir, no mínimo, os valores registados em cada um dos trimestres intermédios.

No caso concreto, o *Banco Transnation, S.A.*, alcançou uma rendibilidade dos capitais próprios de 7,19% no ano N e de (3,77%) no ano N-1. É de salientar que estes valores devem ser lidos à luz do setor de atividade em geral e com os concorrentes diretos em particular. Contudo, é de salientar a variação positiva na rendibilidade dos capitais próprios entre os dois anos em análise.

b) Eficiência

Indicador (KPI)	N	N−1	VAR. (%)
Cost-to-Income	65,8	58,2	13,1
Custos com o Pessoal/Produto Bancário (em %)	40,4	32,4	24,7

Os indicadores apresentados anteriormente são apenas alguns exemplos específicos de rácios de eficiência, tal como previstos na regulamentação do setor financeiro. Em qualquer dos casos, regista-se uma evolução negativa pois os custos assumem, em qualquer dos casos, um maior peso no período económico N.

c) Custo do Risco de Crédito

O custo do risco de crédito é dado pelo quociente entre a imparidade do crédito do período (líquida) e o saldo médio do crédito a clientes (bruto). Ascendeu no ano N a 0,84%, valor que se enquadra em patamares bastante baixos.

d) Margem Financeira

A margem financeira estrita corresponde à diferença entre os juros e rendimentos similares e os juros e encargos similares. Em sentido alargado, são de incluir os rendimentos de instrumentos de capital, o que no caso concreto é bastante residual. Assim, a Margem Financeira Estrita foi de 257.848 milhares de u.m. no ano N e de 254.752 milhares de u.m. no ano N−1. A Margem Financeira Alargada foi de 257.900 milhares de u.m. e de 255.106 milhares de u.m., nos anos N e N−1, respetivamente.

e) Produto Bancário

Indicador (KPI)	N	N-1	VAR. (%)
Produto Bancário (em milhares de u.m.)	339.536	338.704	0,2
Produto Bancário *Core* (em milhares de u.m.)	322.206	312.434	3,1

O Produto Bancário é, em sentido lato, o somatório da Margem Financeira, dos rendimentos de instrumentos de capital, os rendimentos de serviços e comissões (deduzidos dos respetivos encargos), de resultados diversos (resultados de ativos e passivos avaliados ao JV através de resultados, resultados de ativos financeiros disponíveis para venda, dos resultados de reavaliação cambial e outros resultados de exploração). O Produto Bancário Core traduz o somatório da Margem Financeira com os Rendimentos de serviços e comissões, igualmente deduzidos de eventuais encargos. No caso concreto, apesar de haver uma evolução positiva em ambos os indicadores, a variação é mais acentuada e favorável no Produto Bancário *Core.*

2. Identifique outros aspetos que possam ser relevantes para aferir a sustentabilidade económico-financeira da sociedade financeira.

Múltiplos são os aspetos que podem ser analisados, devidamente suportados por indicadores de desempenho adequados, para aferir a sustentabilidade económica e financeira da organização. Nesse âmbito, elencam-se de seguida aqueles que no nosso entendimento requerem maior focalização e análise:

- Rácio de fundos próprios principais de nível 1 *(Common Equity Tier 1),* comparando a evolução desse valor com os requisitos mínimos previstos pelos órgãos de regulação e supervisão;
- Para além do Rácio *Tier 1* identificado anteriormente, calcular e monitorizar os rácios de adequação dos fundos próprios, comparando-os com os mínimos exigíveis pelos órgãos de regulação e supervisão;
- Relativamente à qualidade do crédito, recomendam-se os seguintes indicadores:

Indicador (KPI)	Unidade de Medida
Crédito *non-performing* (NPL)	u.m.
Crédito em risco	u.m.
Crédito com incumprimento	u.m.
Provisões e imparidade de crédito	u.m.
Crédito *non-performing*/Crédito total	%
Crédito *non-performing*, líquido/Crédito total	%
Crédito em risco/Crédito total	%
Crédito em risco, líquido/Crédito total	%
Crédito em incumprimento/Crédito total	%
Cobertura do crédito *non-performing*	%
Cobertura do crédito em risco	%
Cobertura do crédito com incumprimento	%
Cobertura do crédito total	%

- Relativamente ao pilar de transformação, deverá ser analisado o quociente entre o crédito total (deduzido de eventuais provisões e imparidades de crédito) e os depósitos de clientes.

Exercício D

Considere as demonstrações financeiras consolidadas da empresa SEO-VOX, S.A., com referência aos períodos económicos de N e N−1. Pretende-se que, através do cálculo de indicadores que considere adequados, apresente as considerações que entenda por pertinentes relativas à sustentabilidade económica e financeira do referido grupo empresarial, nomeadamente nos seguintes pilares estruturantes:

- Rendibilidade;
- Liquidez;
- Estrutura económico-financeira;
- Atividade (funcionamento);
- Outros.

DEMONSTRAÇÃO DA POSIÇÃO FINANCEIRA CONSOLIDADA DA EMPRESA SEOVOX, S.A. EM 31.12.N E 31.12.N−1 (em €)

RUBRICAS	31.12.N	31.12.N−1
ACTIVO NÃO CORRENTE		
Goodwill	611 997	611 997
Ativos intangíveis	412 847	1 077 832
Ativos fixos tangíveis	97 821 610	86 264 400
Propriedades de investimento	16 363 198	17 903 011
Ativos financeiros disponíveis para venda	3 732 500	3 483 128
Ativos por impostos diferidos	2 313 378	2 194 438
Clientes	169 252	26 048
Total Ativo Não Corrente	**121 424 782**	**111 560 854**
ACTIVO CORRENTE		
Inventários	96 002 214	82 791 897
Clientes	52 022 943	57 894 408
Outras dívidas a receber	6 541 709	4 151 819
Imposto sobre o rendimento a recuperar	0	99 372
Outros ativos correntes	5 221 453	4 723 329
Caxa e equivalentes de caixa	17 267 570	14 556 190
Total Ativo Corrente	177 055 889	164 217 015
Total do Ativo	298 480 671	275 777 869
CAPITAL PRÓPRIO E PASSIVO		
CAPITAL PRÓPRIO		
Capital social	35 000 000	35 000 000
Reserva legal	7 498 903	7 498 903
Reservas de reavaliação	6 195 184	6 195 184
Reservas de conversão cambial	−1 695 238	−1 695 238
Reservas de justo valor	651 818	402 446
Outras reservas	73 723 263	73 024 661
Resultado consolidado líquido do período	9 338 305	5 950 756
Interesses não controlados	1 387 418	1 294 261
Total do Capital Próprio	132 099 653	127 670 973
PASSIVO NÃO CORRENTE		
Financiamentos obtidos	26 914 001	32 894 408
Responsabilidades por planos de benefícios	8 981 000	8 434 420
Provisões	514 525	407 105
Passivos por impostos diferidos	1 635 144	1 717 275
Passivo Não Corrente	38 044 670	43 453 208

RUBRICAS	31.12.N	31.12.N-1
PASSIVO CORRENTE		
Financiamentos obtidos	53 024 793	36 326 297
Fornecedores	40 256 759	35 509 231
Outras dívidas a terceiros	13 207 610	11 417 744
Imposto sobre o rendimento a pagar	1 716 581	0
Outros passivos correntes	20 130 605	20 680 411
Responsabilidades por planos de benefícios	0	691 580
Instrumentos financeiros derivados	0	28 425
Passivo Corrente	**128 336 348**	**104 653 688**
Total do Passivo	**166 381 018**	**148 106 896**
Total do Capital Próprio + Passivo	**298 480 671**	**275 777 869**

DEMONSTRAÇÃO DOS RESULTADOS DA EMPRESA SEOVOX, S.A. RELATIVA AOS PERÍODOS N e N-1 (em €)

RENDIMENTOS E GASTOS	N	N-1
Vendas	365 763 558	316 199 986
Prestações de serviços	24 271 153	20 756 436
Outros rendimentos operacionais	46 543 561	43 214 520
Variação na produção	3 164 485	-340 128
Custo das vendas	-321 111 526	-274 923 739
Fornecimentos e serviços externos	-43 229 565	-37 106 246
Gastos com o pessoal	-38 634 544	-39 365 006
Perdas por imparidade	27 128	-113 831
Outros gastos operacionais	-2 541 205	-2 958 588
Resultados antes de depreciações, gastos de financiamento e impostos	**34 040 054**	**25 105 698**
Amortizações, depreciações e imparidades	-18 611 512	-15 540 732
Resultado operacional (antes de gastos de financiamento e impostos)	**15 428 542**	**9 564 966**
Gastos e perdas financeiros	-2 608 769	-2 643 285
Rendimentos e ganhos financeiros	33 363	346 531
Resultado antes de impostos	**12 853 136**	**7 268 212**
Imposto sobre o rendimento do período	-3 421 674	-1 265 026
Resultado líquido do período (Empresa Mãe)	**9 338 305**	**5 950 756**
Resultado líquido do período (Com Interesses Minoritários)	**9 431 462**	**6 003 186**

Resolução[11]

A análise da sustentabilidade económico-financeira deve tomar em consideração os diversos pilares de análise, bem como o enquadramento setorial. Nesse sentido, apresentam-se de seguida os principais indicadores elencados e descritos ao longo deste capítulo para o setor não financeiro, assim como algumas notas relativas à evolução do posicionamento económico-financeiro da organização.

Indicadores de Desempenho (KPI)	N	N-1	Var.
FUNDO DE MANEIO LÍQUIDO	48 719 541 €	59 563 327 €	-18,21%
NECESSIDADES EM FUNDO DE MANEIO	71 269 154 €	69 944 115 €	1,89%
TESOURARIA LÍQUIDA	-22 549 613 €	-10 380 788 €	117,22%
ATIVO ECONÓMICO	172 598 238 €	160 118 830 €	7,79%
PRAZO MÉDIO DE RECEBIMENTOS (em dias)	60	77	-22,37%
PRAZO MÉDIO DE PAGAMENTOS (em dias)	37	38	-2,94%
ROTAÇÃO DE STOCKS (em dias)	109	110	-0,72%
CICLO DE CAIXA (em dias)	132	149	-11,38%
RENDIBILIDADE DOS CAPITAIS PRÓPRIOS	7,07%	4,66%	51,67%
RENDIBILIDADE ECONÓMICA	8,94%	5,97%	49,64%
RENDIBILIDADE BRUTA DAS VENDAS	18,33%	18,33%	0,03%
EFEITO DOS CUSTOS FIXOS	21,40%	15,50%	38,04%
ROTAÇÃO DO ACTIVO ECONÓMICO	2,28	2,10	8,36%
ALAVANCA FINANCEIRA	108,85%	95,30%	14,22%
EFEITO DOS ENCARGOS FINANCEIROS	83,31%	75,99%	9,63%
ESTRUTURA DO FINANCIAMENTO	1,31	1,25	4,18%
EFEITO FISCAL	72,65%	81,87%	-11,26%
ENDIVIDAMENTO	0,56	0,54	3,79%
ESTRUTURA DO ENDIVIDAMENTO	0,77	0,71	9,16%
SOLVABILIDADE	0,79	0,86	-7,90%
AUTONOMIA FINANCEIRA	0,44	0,46	-4,40%
LIQUIDEZ			
GERAL	1,38	1,57	-12,08%
REDUZIDA	0,63	0,78	-18,83%
IMEDIATA	0,13	0,14	-3,26%
RETORNO DO ATIVO	3,16%	2,18%	45,16%
EBITDA	34 040 054,00 €	25 105 698,00 €	35,59%
EBIT	15 428 542,00 €	9 564 966,00 €	61,30%

[11] Recorreu-se a folha de cálculo para efeitos de resolução do caso pelo que os valores apresentados são influenciados pelos eventuais arredondamentos considerados em cada etapa.

Principais notas:

- Ciclo de caixa muito desequilibrado (deve ser valorizado no contexto do setor, devendo ser ponderado o peso dos fornecimentos e serviços externos nas dívidas a pagar de natureza corrente);
- Fraca rendibilidade económica, ainda que com evolução moderadamente estável nos diversos impulsionadores;
- Principal fonte de financiamento: capital alheio; Equilíbrio entre o endividamento de curto prazo e de médio e longo prazo;
- Adequados níveis de liquidez, os quais não se revelam compatíveis com a duração do ciclo de caixa.

2.3.2. Exercícios propostos

Exercício E

Considere as demonstrações financeiras da empresa OURO&PRATA, S.A., com referência aos períodos findos em 31 de dezembro dos anos N e (N−1).

BALANÇO DA EMPRESA OURO&PRATA, S.A. u.m.

RUBRICAS	31.12.N	31.12.(N−1)
ACTIVO NÃO CORRENTE		
Ativos fixos tangíveis	256.009.328,45	253.873.748,34
Ativos intangíveis	95.502.329,71	95.747.666,08
Participações financeiras	1.473.179,62	1.545.560,98
	352.984.837,78	351.166.975,40
ACTIVO CORRENTE		
Inventários	7.709.088,11	7.358.159,58
Clientes	82.372.785,89	50.855.614,86
Outras contas a receber	40.406.204,06	33.547.969,76
Meios financeiros líquidos	20.680.683,91	34.818.560,99
	151.168.761,97	126.580.305,19
Total do Ativo	504.153.599,75	477.747.280,59
CAPITAL PRÓPRIO E PASSIVO		
CAPITAL PRÓPRIO		
Capital subscrito	95.542.254,00	88.500.000,00
Ações próprias	−205.804,04	0,00

RUBRICAS	31.12.N	31.12.(N-1)
Prémios de emissão	61.795.792,91	47.729.917,86
Reservas	36.494.418,42	19.646.945,26
Resultados transitados	-30.029.231,27	-28.197.942,09
Resultado líquido do período	19.614.143,49	115.533.085,00
Total do Capital Próprio	183.211.573,5	143.212.006,03
PASSIVO NÃO CORRENTE		
Financiamentos obtidos	169.285.077,18	167.241.464,29
Provisões	8.304.075,78	7.940.056,52
Outras contas a pagar	693.025,98	1.278.121,54
	178.282.178,94	176.459.642,35
PASSIVO CORRENTE		
Fornecedores	28.173.687,22	23.618.889,06
Estado e outros entes públicos	61.257.156,24	54.581.217,40
Acionistas	0,00	0,00
Financiamentos obtidos	51.787.865,67	77.145.679,40
Outras contas a pagar	1.441.138,17	2.729.846,35
	142.659.847,30	158.075.632,21
Total do Passivo	320.942.026,24	334.535.274,56
Total do Capital Próprio + Passivo	504.153.599,75	477.747.280,59

DEMONSTRAÇÃO DOS RESULTADOS DA EMPRESA OURO&PRATA, S.A.

u.m.

RENDIMENTOS E GASTOS	N	N-1
Vendas e prestações de serviços	399.315.005,67	371.051.493,03
Custo das mercadorias vendidas	57.150.433,63	51.436.144,65
Fornecimentos e serviços externos	181.596.961,72	167.513.140,18
Gastos com o pessoal	102.819.076,05	94.595.983,03
Imparidades em dívidas a receber	720.046,38	-497.620,66
Provisões	364.019,26	60.814,69
Aumentos/reduções de justo valor	0,00	0,00
Outros rendimentos e ganhos	2.279.342,41	2.534.907,31
Outros gastos e perdas	1.934.442,09	1.508.860,09
Resultados antes de depreciações, gastos de financiamento e impostos	**57.009.368,95**	**58.969.078,36**
Gastos de depreciação e amortização	26.445.803,81	28.100.452,33
Imparidades em investimentos depreciáveis	0,00	0,00
Resultado operacional (antes de gastos de financiamento e impostos	**30.563.565,14**	**30.868.626,03**

RENDIMENTOS E GASTOS	N	N-1
Juros e rendimentos similares obtidos	463.654,17	698.983,93
Juros e gastos similares suportados	8.010.231,91	11.049.029,81
Resultado antes de impostos	**23.016.987,40**	**20.518.580,15**
Imposto sobre o rendimento do período	4.917.077,94	6.466.977,89
Resultado líquido do período	**18.099.909,46**	**14.051.602,26**

Pretende-se que, através do cálculo de indicadores que considere adequados, apresente as considerações que entenda por pertinentes relativas à sustentabilidade económica e financeira da empresa *OURO&PRATA, S.A.*

Exercício F

Tome como base as demonstrações financeiras do grupo empresarial *HORIZONTE 2100, S.A.*, apresentadas de seguida. Pretende-se que, através do cálculo de indicadores que considere adequados, apresente as considerações que entenda por pertinentes relativas à sustentabilidade económica e financeira do referido grupo empresarial, nomeadamente nos seguintes pilares estruturantes:

- Rendibilidade;
- Liquidez;
- Estrutura económico-financeira;
- Atividade (funcionamento).

RUBRICAS	31.12.N	31.12.N-1
ACTIVO NÃO CORRENTE		
Goodwill	113 453 854	113 453 854
Intangível	287 379 794	287 542 503
Tangível	107 720 461	94 064 309
Outros investimentos financeiros	106 595	87 363
Dívidas comerciais de longo prazo a receber	1 654 823	1 789 072
Outros ativos não correntes	372 050	92 500
Ativos por impostos diferidos	1 125 092	2 191 874
Total Ativo Não Corrente	**511 812 669**	**499 221 475**
ACTIVO CORRENTE		
Inventários	36 602 311	40 339 768

RUBRICAS	31.12.N	31.12.N-1
Dívidas comerciais de curto prazo a receber	63 171 056	57 223 190
Ativos por impostos correntes	2 215 726	3 357 726
Outros ativos correntes	6 022 918	7 414 985
Caixa e depósitos bancários	26 391 254	16 991 761
Total Ativo Corrente	**134 403 264**	**125 327 430**
Total do Ativo	**646 215 934**	**624 548 905**
CAPITAL PRÓPRIO E PASSIVO		
CAPITAL PRÓPRIO		
Capital	60 499 364	60 499 364
Ações próprias (Valor nominal)	-168	-168
Ações próprias (Descontos e prémios)	-64	-64
Excedentes de revalorização	12 316 863	12 316 863
Reservas legais	1 566 533	1 566 533
Reserva cambial	-704 192	-872 403
Outras reservas	-9 744 005	-5 012 448
Alterações nos interesses	34 020 359	34 020 359
Resultados retidos	10 500 288	2 775 858
Resultado líquido do período	7 043 437	7 269 492
Dividendos antecipados	0	-2 495 000
interesses não controlados	79 422 198	69 076 775
Total do Capital Próprio	**194 920 613**	**179 145 161**
PASSIVO NÃO CORRENTE		
Empréstimos de longo prazo	183 160 697	189 508 710
Dívidas comerciais de longo prazo a pagar	573 649	3 862 935
Passivos por impostos diferidos	5 364 706	3 900 476
Provisões	70 445 422	64 523 408
Passivo Não Corrente	**259 544 475**	**261 795 529**
PASSIVO CORRENTE		
Empréstimos de curto prazo	33 184 431	33 741 793
D°ividas comerciais de curto prazo a pagar	69 900 597	79 667 597
Passivos por impostos correntes	5 484 513	4 977 299
Outras contas de curto prazo a pagar	21 515 503	19 431 940
Outros passivos financeiros	26 093 004	22 912 420
Equivalentes a caixa (Descobertos bancários)	35 572 798	22 877 166
Passivo Corrente	**191 750 846**	**183 608 214**
Total do Passivo	**451 295 321**	**445 403 744**
Total do Capital Próprio + Passivo	**646 215 934**	**624 548 905**

DEMONSTRAÇÃO CONSOLIDADA DOS RESULTADOS DO GRUPO EMPRESARIAL *HORIZONTE 2100, S.A.* PARA OS PERÍODOS N e N-1

RENDIMENTOS E GASTOS	N	N-1
Rédito	356 131 220	355 799 831
Outros Rendimentos	13 305 273	15 103 842
Gasto das vendas	-151 156 751	-147 977 427
Gastos com o pessoal	-42 751 596	-42 138 836
Fornecimentos e serviços externos	-110 436 942	-107 565 719
Provisões e perdas por imparidade	-2 029 129	-3 263 148
Outros gastos e perdas operacionais	-14 792 635	-17 842 836
Resultados antes de depreciações, gastos de financiamento e impostos	**48 269 440**	**52 115 708**
Amortizações, depreciações e imparidades	-17 204 837	-16 117 105
Resultado operacional (antes de gastos de financiamento e impostos)	**31 064 603**	**35 998 603**
Ganhos (perdas) em associadas	-82 837	0
Outros resultados financeiros	-16 183 752	-20 010 612
Ganhos (perdas) monetários líquidos	991 380	0
Resultado antes de impostos	**15 789 394**	**15 987 990**
Imposto sobre o rendimento do período	-6 550 557	-5 528 301
Resultado líquido do período (Empresa Mãe)	7 043 437	7 269 492
Resultado líquido do período (Com Interesses Minoritários)	9 238 837	10 459 690

3
A Dimensão Interna do Controlo de Gestão

3.1. A PERSPETIVA ANALÍTICA DA INFORMAÇÃO DE GESTÃO

A dimensão analítica da informação proporciona, *strictu sensu,* a perspetiva mais crítica do Controlo de Gestão, por representar aquela que é utilizada numa abordagem interna pelo gestor, para além de poder constituir um recurso diferenciador no contexto do setor em que a organização se insere. Muito associada aos sistemas de contabilidade analítica (ou de gestão), traduz-se no "*processo de identificação, mensuração, acumulação, análise, preparação, interpretação e comunicação de informação (tanto financeira como operacional) usada pela gestão para planear, avaliar, e controlar dentro de uma organização e para assegurar o uso e a responsabilização dos seus recursos*" (Recomendação Internacional de Contabilidade de Gestão n.º 1). Nesse sentido, a utilidade desta tipologia de informação pode ser sintetizada em seis vetores diferenciadores, mas complementares, nomeadamente:

- Controlo das atividades correntes da organização;
- Planeamento das futuras estratégias, táticas e operações;
- Otimização do uso de recursos;
- Mensuração e avaliação do desempenho;
- Redução da subjetividade no processo de tomada de decisões;
- Melhoria da comunicação interna e externa.

A classificação, e consequente gestão dos *Custos*[1], associada às abordagens de custeio dos produtos e/ou serviços, constitui um mecanismo

[1] O conceito de Custo tem sofrido ao longo dos tempos, em resultado da evolução dos processos de normalização contabilística, uma evolução no âmbito da sua

crítico no âmbito da política comercial, de uma organização, mormente a política de "*Pricing*" e as políticas e estratégias comerciais em geral. Assim, a dimensão interna que norteia este capítulo, surge intimamente associada aos processos e atividades de uma organização, orientada numa lógica de descentralização e desagregação pelos mais diversos *Centros de Responsabilidade*[2], independentemente da sua tipologia e abrangência. É esta lógica de desagregação contabilística que, do ponto de vista analítico, deve estar alinhada com a estrutura da organização e com os sistemas de controlo de gestão que suportam o ciclo de gestão. Por se tratar de um sistema que produz informação desagregada para suportar as decisões dos gestores, a tempestividade e detalhe com que essa informação é preparada e divulgada aos utilizadores, é um dos fatores diferenciadores da gestão da informação. Tal como referido no capítulo 1, a revolução dos conceitos de tempo e de espaço, resultado da sofisticação dos mercados e das maiores exigências de informação por parte dos utilizadores, determinam que uma adequada gestão de custos e de resultados, constitua um alicerce diferenciador da designada gestão moderna.

As estruturas hierárquicas das organizações, tal como já referido, têm sofrido ao longo dos tempos múltiplas modificações, tanto como ação

---

abrangência. Nesse sentido, o conceito de "Custo" tem hoje uma natureza puramente económica que corresponde ao valor dos recursos utilizados numa organização. Do ponto de vista normativo, um "Gasto" corresponde a uma diminuição dos benefícios económicos futuros relacionados com uma diminuição num ativo ou com o aumento de um passivo e que possam ser mensurados com fiabilidade. Regra geral, podemos associar a noção de gasto ao consumo de um recurso ou à diminuição do seu valor, decorrente da sua utilização. Ao longo deste capítulo, exceto nos casos em que uma alternativa se justifique, adotaremos genericamente a terminologia de "Custo", embora em muitos contextos nos estejamos a referir ao consumo ou à perda de valor de um ativo decorrente da sua utilização, o que contabilisticamente corresponde ao conceito de "Gasto".

[2] Um centro de responsabilidade é entendido, neste contexto, como uma unidade contabilística, de imputação de custos/gastos (Centro de Custos) e/ou de rendimentos (Centro de Rendimentos ou Centro de Resultados) e/ou de gestão de recursos (Centro de Investimentos). Tratando-se de uma desagregação contabilística tradicional, encontramos hoje nas organizações outros modelos de desagregação analítica ao nível da contabilidade como sejam a desagregação em atividades, em processos, por projeto, entre outras.

reativa em resultado de estratégias emergentes, como por necessidades internas de gestão, no sentido de garantir a eficiência das atividades e das operações, como garante da eficácia das decisões estratégicas definidas. A crescente orientação para a criação de valor, tem vindo a reclamar a implementação de mecanismos muito apertados e rigorosos ao nível da gestão dos custos, capazes de colocar as organizações num posicionamento estratégico e financeiro que garantam a sua sustentabilidade económica e financeira. A informação desagregada (segmentada) constitui, do ponto de vista do controlo de gestão operacional e estratégico, uma matéria prima onerosa na sua produção e gestão, e difícil de imitar, contrariamente ao observado para a informação agregada e geral, intimamente indexada às regras estabelecidas pelos normativos contabilísticos no contexto da normalização nacional e internacional.

No que respeita à avaliação dos Centros de Responsabilidade, são definidos os seguintes critérios de avaliação da performance financeira, tendo por denominador comum o princípio da controlabilidade, ou seja, o nível de resultado gerado vs. o nível de resultado estimado, a eficácia na realização dos objetivos e a eficiência na utilização dos recursos. Assim, para cada uma das tipologias de centros de responsabilidade, são definidos os seguintes critérios de performance financeira bem como o consequente impacto financeiro das decisões dos gestores.

- Centro de Custo: o impacto financeiro das decisões dos gestores focaliza-se apenas nos gastos/custos incorridos, pelo que as principais métricas de desempenho são baseadas nos gastos/custos diretos, em preços de transferência interna, e em indicadores de natureza não financeira. Esta avaliação basear-se-á na medição e acompanhamento dos gastos/custos dos recursos consumidos e diretamente controláveis pelo gestor, apresentando tipicamente um resultado negativo (ou eventualmente nulo no caso da organização ter implementado um mecanismo de PTI);
- Centro de Resultados: o impacto financeiro das decisões verifica-se tanto a nível de gastos/custos como a nível de rendimentos. Assim, deverão ser avaliados pela diferença entre os rendimentos por si gerados (externos e internos) e os gastos/custos diretos e

controláveis pelo responsável do centro. As medidas de avaliação da performance são, regra geral, baseadas no resultado, na margem bruta, no resultado antes de impostos, no resultado líquido ou na margem de contribuição;

- Centro de Investimento: o impacto financeiro das decisões dos gestores assenta em três dimensões distintas: rendimentos; gastos/custos; ativos económicos. A sua avaliação deve relacionar o montante dos resultados gerados com o investimento realizado pelo centro. As métricas de análise estão normalmente associadas ao resultado contabilístico após gastos financeiros, ao retorno do investimento (taxa de rendibilidade dada pela margem de contribuição sobre o investimento), à margem de contribuição e ao *Economic Value Added*.

Ao longo dos próximos pontos daremos corpo à temática do custeio dos produtos e/ou serviços, à gestão dos custos e dos recursos da organização, assim como à avaliação dos centros de responsabilidade. Para além da tipificação dos custos (numa lógica funcional e por natureza), trataremos de forma específica os sistemas de custeio, a importância do relato por segmentos e a relevância da adoção de sistemas baseados em preços de transferência interna.

3.2. OS CUSTOS E A SUA CLASSIFICAÇÃO

Os custos podem ser agrupados e classificados utilizando as mais diversas perspetivas. Numa lógica puramente funcional ou de atividade, podem ser classificados em seis categorias:

- Custos de Aprovisionamento: associados ao funcionamento dos armazéns de matérias e de produtos acabados e semiacabados. Os primeiros são normalmente considerados custos do produto/serviço, enquanto os segundos podem ser considerados custos do período[3];

[3] O Custo do Produto/Serviço corresponde ao montante que lhe é atribuído para efeitos de valorização do respetivo inventário. Deste valor, apenas o custo referente às

- Custos de Produção ou Industriais: identificam-se com a valorização dos recursos utilizados na fabricação dos produtos ou consumidos na prestação dos serviços. Referimo-nos, regra geral, a matérias diretas e aos custos de conversão/transformação (somatório dos custos com a mão de obra direta com os restantes gastos gerais de produção, globalmente identificados na literatura de contabilidade de gestão como "Gastos Gerais de Fabrico". São regra geral custos do produto/serviço;
- Custos de Distribuição: estão relacionados com o funcionamento da estrutura comercial da organização, sendo também de incluir nesta categoria os custos de marketing. São, regra geral, custos imputáveis ao período em que ocorrem;
- Custos Administrativos: resultam do funcionamento da estrutura administrativa da organização, sendo considerados custos do período em que ocorrem;
- Custos de Investigação e Desenvolvimento: respeitam às atividades relacionadas com a pesquisa de novos produtos, serviços, tecnologias e métodos. Do ponto de vista da normalização contabilística, enquanto os custos de pesquisa são custos do período (reconhecidos na demonstração dos resultados), os custos de desenvolvimento são normalmente capitalizáveis (reconhecidos como ativos intangíveis no balanço ou na demonstração da posição financeira);
- Custos Financeiros: não correspondem ao funcionamento de qualquer estrutura da organização, identificando-se com o custo associado à utilização de capitais alheios. São, regra geral, custos do período, embora nos casos previstos na IAS 23 ou na NCRF 10, possam ser objeto de capitalização.

Relativamente aos custos do produto/serviço, importa sublinhar a sua agregação do ponto de vista analítico: 1. Matérias diretas (MD);

---

unidades vendidas deve ser imputado ao período económico, sendo como tal, considerado um Custo do Período. Ou seja, são todos aqueles que afetam o resultado num determinado intervalo de tempo (período económico considerado), incorporando o Custo Industrial dos Produtos Vendidos (CIPV) e os custos das restantes funções que ocorram nesse mesmo período.

2. Mão de Obra Direta (MOD); 3. Gastos Gerais de Produção (GGP). Para efeitos de informação de gestão, e sempre que se revelar pertinente tal agregação, o agrupamento das MD com a MOD é designado de Custo Primo ou Custo Direto, enquanto a junção da MOD com os GGP é designada por Custos de Conversão. Importa ainda referir, neste contexto, que o Custo Complexivo é considerado um custo do período, o qual corresponde ao somatório de todos os custos que afetaram o resultado de um determinado período económico (Custo industrial dos produtos vendidos ou do serviço prestado + custos de distribuição + custos administrativos + custos financeiros). O custo complexivo é equivalente ao preço de venda abaixo do qual a organização terá prejuízo. Se excluirmos o custo industrial do somatório, apuramos o genericamente designado Custo Comercial.

Contudo, uma das classificações mais utilizada, ainda que de natureza limitada e simplificada, talvez seja a distinção entre Custos Fixos (ou de estrutura) e Custos Variáveis. Os primeiros são aqueles que não dependem do nível de atividade (Figura 3.1.), embora observem uma

Figura 3.1. – Custos fixos e custos variáveis (Perspetiva de Curto Prazo)

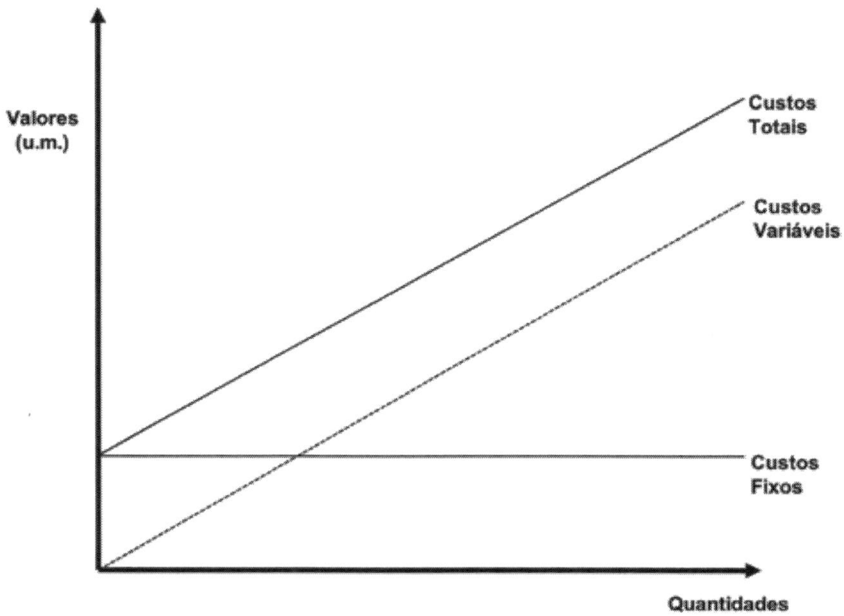

evolução por patamares sempre que existe expansão da capacidade instalada (Figura 3.2.). Os custos variáveis dependem do nível de atividade, embora nem sempre tenham uma evolução proporcional, mas sim progressiva ou degressiva (esta última a mais usual e aderente à realidade empresarial). O comportamento dos custos fixos e dos custos variáveis deve ser analisado numa perspetiva de curto prazo ou de médio e longo prazo, envolvendo esta última a dimensão estratégica das organizações.

A figura anterior pretende ilustrar a evolução dos custos globais de uma organização numa perspetiva de curto prazo. Por simplificação, assumiu-se o comportamento proporcional para os custos variáveis e a não variabilidade dos custos fixos, indexados a determinado patamar de atividade. Este comportamento já não é observável numa perspetiva de médio e longo prazo, na qual os custos fixos são uma função do nível de atividade em que a organização opera, e por consequência apresentam um comportamento ondulatório, resultante dos patamares observados e dos comportamentos progressivos ou degressivos.

Figura 3.2. – Custos fixos e custos variáveis (Perspetiva de M/L Prazo)

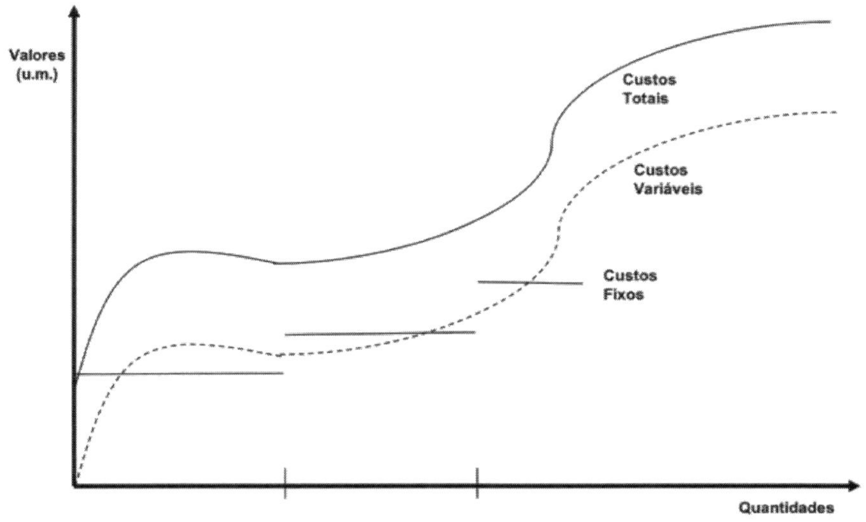

Outra classificação dos custos, talvez uma classificação que ao longo dos tempos tem vindo a ganhar relevância e importância no atual

contexto de gestão analítica e segmentada, é a distinção entre Custos Diretos e Custos Indiretos. Os primeiros podem ser fácil e objetivamente identificados com os objetos de custeio (produto, serviço, centro de responsabilidade, função, atividade, processo, etc.), os custos indiretos não são imediatamente atribuídos a um objeto de custeio específico. Estes custos, caso a opção recaia sobre a sua imputação aos objetos de custeio, requerem a identificação e ponderação de bases e critérios de repartição que sejam aderentes à especificidade da organização. Abordaremos esta temática no ponto 3.3. do presente capítulo.

Para além das classificações anteriormente apresentadas, elencamos de seguida outras tipologias cuja classificação poderá assumir alguma relevância, em função do contexto e do enquadramento em que a análise seja efetuada.

- **Em relação aos centros de responsabilidade:**
  - Custos Controláveis e Custos Não Controláveis: os primeiros dependem da ação do gestor enquanto os segundos emergem da política global da organização ou então resultam de aplicação legislativa ou normativa;
  - Custos *Standard* (Básicos) e Custos Reais: os custos standard são custos teóricos, definidos a priori, podendo ser custos orçamentados ou custos padrão. Os custos reais correspondem aos custos efetivos observados em determinado período económico, cuja temporalidade do seu apuramento e divulgação pode ser questionável do ponto de vista da utilidade para a gestão interna.

- **Em relação às decisões:**
  - Custos Relevantes e Custos Não Relevantes: os primeiros são aqueles que alteram a orientação da decisão, quer na sua dimensão quantitativa (materialidade) quer na sua dimensão qualitativa (natureza). Os custos não são relevantes quando não condicionam, direta ou indiretamente, as decisões dos gestores. Importa ainda referir a existência por vezes de *Sunk Costs*,

os quais não podem ser recuperados a partir da alienação dos ativos, mas sim mediante a depreciação, amortização, ou exaustão, relativa à efetiva aplicação do ativo na atividade industrial;

- Custos Totais e Custos Unitários: os custos totais são uma função do volume e, por isso, requerem algum cuidado sempre que possam suportar decisões empresarias. Nesse sentido, a análise deve tomar em consideração o custo unitário, carecendo de desagregação sempre que tal se revele exequível e desejável.

- **Em relação à adoção da gestão por cenários (simulação):**
  - Custos Diferenciais[4]: associados à diferença de custos entre dois cenários diferentes, em que normalmente o cenário de base corresponde à situação inicial (C_0). Utilizado fundamentalmente no âmbito da simulação de impactos de decisões e análises de sensibilidade.

- **Em relação à natureza incremental e potencial**
  - Custo Marginal: é o custo diferencial provocado pela variação de uma unidade no nível de atividade. Ou seja, o incremento de uma unidade poderá elevar o valor dos custos fixos para um patamar diferente de atividade;
  - Custo de Oportunidade (ou Custos Figurativos): corresponde ao retorno associado à alternativa pela qual o gestor não optou. Está por isso associado à opção que impede a alocação de recursos em decisão alternativa.

A diversidade de categorizações anteriormente apresentada não é exaustiva, dependendo dos contextos específicos das organizações, em particular os setores de atividade em que operam e a complexidade e natureza das suas operações. Independentemente do sistema de custeio utilizado no apuramento do custo dos produtos e/ou dos serviços, podemos afirmar que, genericamente, o Custo Industrial dos Produtos Acaba-

[4] Conceito igualmente extensível aos conceitos de Réditos, Rendimentos, Resultados, entre outros.

dos (CIPA) corresponde ao somatório das matérias diretas com os custos gerais de produção, incluindo o efeito da variação da eventual produção em vias de fabrico. Na mesma linha de raciocínio, o CIPV corresponde à soma algébrica do CIPA com a respetiva variação da produção (Inventário Inicial de Produtos Acabados - Inventário final de Produtos Acabados)[5]. Importa ainda sinalizar, no âmbito do controlo de gestão, a importância atribuída à monitorização da CIPA unitário (função da quantidade produzida) e do CIPV unitário (função da quantidade vendida).

Uma das análises mais tradicionais e consagrada na literatura da contabilidade e controlo de gestão, ainda que de aplicação bastante limitada, é a análise do ponto crítico das vendas, ou limiar de rendibilidade. Por ser um ponto cujas coordenadas são a quantidade vendida e o preço de venda unitário (Figura 3.3.), traduz o limiar entre o prejuízo e o lucro, ou seja, o ponto em que a função custos totais interseta a função rendimentos totais.

Figura 3.3. – Ponto Crítico das Vendas (Limiar de Rendibilidade)

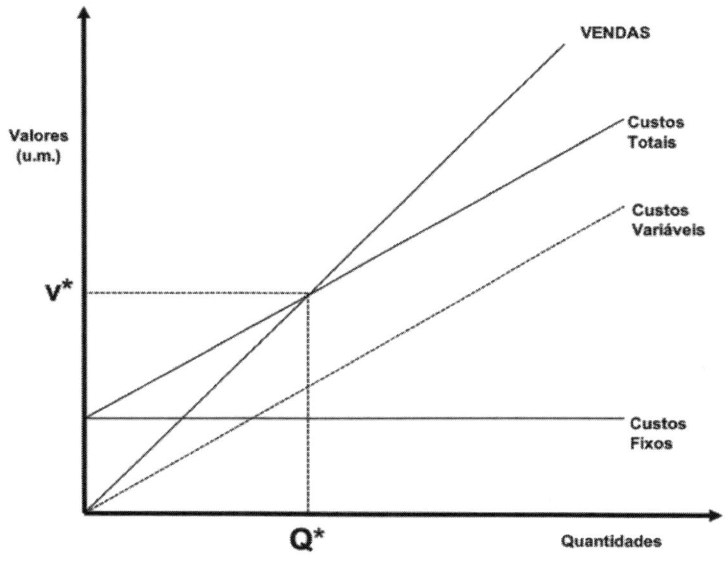

[5] Ou outra tipologia de inventários, nomeadamente: Produtos intermédios; Subprodutos, desperdícios, resíduos e refugos.

Considerando os Custos Fixos (CF) totais, o Preço de Venda unitário (PVu) e o Custo Variável unitário (CVu) as referidas coordenadas (Q*;V*) são dadas, analiticamente, pelas seguintes fórmulas: Q* = [CF /(PVu – CVu)] e V* = [CF/(PVu – CVu)/PVu]. Sendo o ponto de inversão entre a zona de prejuízo e a zona de lucro, corresponde ao nível de atividade em que os custos totais absorvem na sua totalidade a Margem de Contribuição (Vendas – Custos Variáveis Totais). Porém, do ponto de vista de controlo de gestão, deve ser tomada especial atenção aos seguintes indicadores:

Margem de Contribuição Unitária (m) = PVu – CVu

Margem de Contribuição Global (MC) = Q × m

A primeira representa o contributo de cada unidade vendida para a cobertura dos custos fixos ou custos de estrutura, enquanto a margem de contribuição global traduz o contributo de um determinado nível de atividade para a cobertura dos custos de estrutura. Estes indicadores podem ser expressos em % (m') através das seguintes fórmulas:

$$m' = [(V - CV)/V] \times 100$$
ou
$$m' = [(PVu - CVu)/PVu] \times 100.$$

Esta análise Custo –Volume – Resultado (CVR) assenta numa perspetiva de curto prazo (dentro de determinado intervalo relevante[6]) e está baseada num conjunto de pressupostos que lhe poderão retirar aplicabilidade ou incutir-lhe limitações de análise. São pressupostos de base desta abordagem, o facto do preço de venda, do custo variável e dos custos fixos totais se manterem constantes ao longo do período económico, e ao facto das variações de inventários serem consideradas irrelevantes. Por outro lado, no caso de organizações multiproduto

---

[6] O Intervalo Relevante corresponde ao intervalo de nível de atividade, dentro de determinada capacidade instalada, em que é possível verificar os pressupostos subjacentes a esta análise Custo –Volume – Resultado.

(efeito *mix*), pressupõe-se que o peso relativo do volume de vendas de cada produto nas vendas globais se mantém constante. Neste sentido, ainda que reconheçamos a importância e relevância desta análise em determinados contextos, não cremos que a mesma possa assumir utilidade significativa nos casos em que a organização opera com múltiplos produtos e em múltiplos mercados.

Decorrente da análise anterior, podemos identificar o indicador Margem de Segurança (MS) que traduz o afastamento da atividade real face ao ponto crítico, ou seja, é um indicador de risco que mede a proximidade ou afastamento de um determinado nível de vendas relativamente ao limiar de rendibilidade. Nesse sentido, pode ser calculado numa base quantitativa ou numa base de valor, tal como ilustrado na Figura 3.4.

$$MS = [(Q_R - Q^\star)/Q^\star] \times 100$$

ou

$$MS = [(V_R - V^\star)/V^\star] \times 100.$$

Figura 3.4. – Margem de Segurança

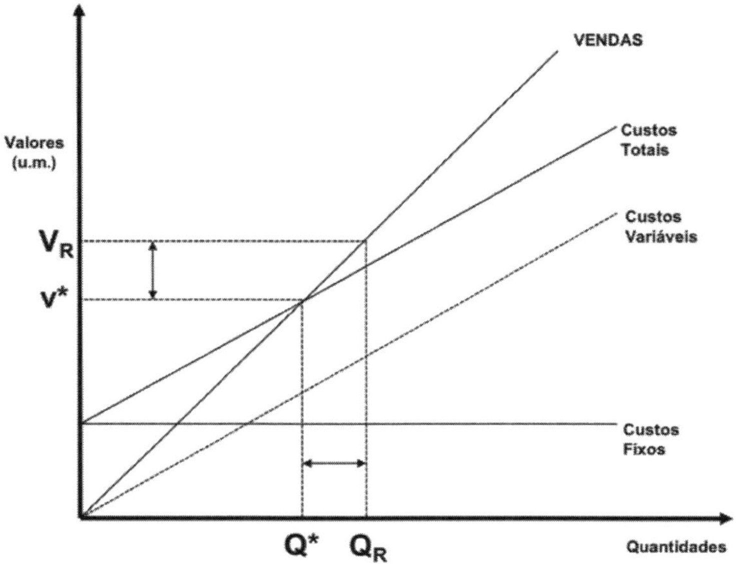

Tal como o próprio nome indica, trata-se de um indicador de polaridade positiva, embora variando inversamente ao nível de risco, tal como ilustrado na Figura 3.5. Refira-se ainda que em organizações multiproduto estão intrinsecamente associados múltiplos pontos críticos e consequentemente múltiplas margens de segurança. A análise por segmentos assume nesse contexto especial relevância e pertinência.

Figura 3.5. – Risco e Margem de Segurança

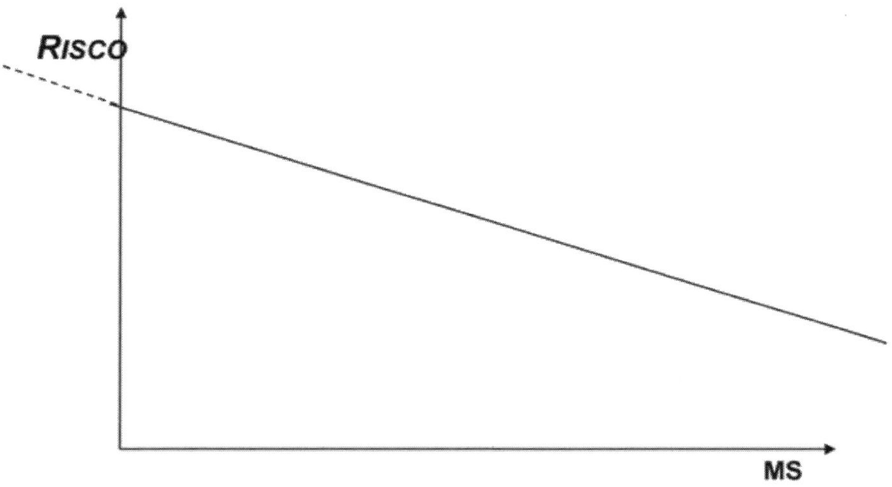

Relativamente ao comportamento dos réditos, os mesmos podem ser analisados tanto numa perspetiva de curto prazo como de médio e longo prazo. Numa perspetiva de médio e longo prazo, os mesmos tendem a observar incrementos progressivamente decrescentes pois aumenta o número de unidades vendidas, mas diminui o preço de venda unitário. Porém, numa perspetiva de curto prazo, os incrementos nos réditos tendem para a proporcionalidade pois aumenta o número de unidades vendidas, mantendo-se o preço de venda constante. Para melhor compreensão da importância dos custos na formação dos preços, e consequentemente na formação do resultado, apresentamos a Figura 3.6., tal como genericamente divulgada e consagrada em Pereira e Franco (1994:55).

Figura 3.6. – A importância dos custos na formação dos preços

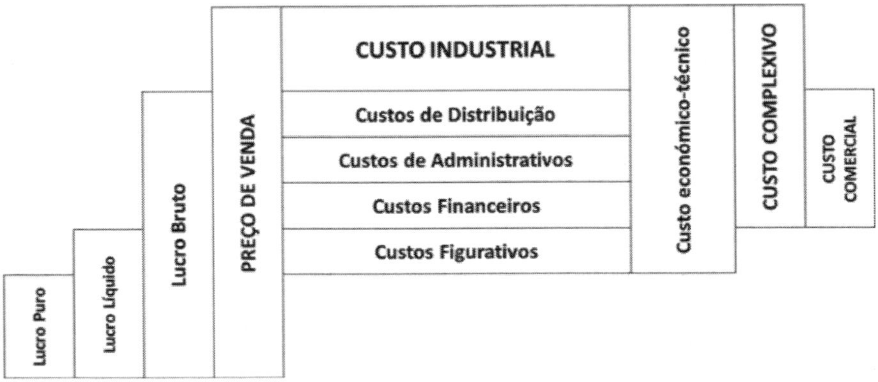

Pereira e Franco (1994).

Este ponto não ficaria completo sem uma referência expressa à possibilidade e utilidade de estimar os resultados a partir das variáveis que concorrem para a determinação do ponto crítico. A utilidade desta abordagem, e da estruturação do pensamento a partir dela obtida, é de extrema relevância no contexto da simulação empresarial e da análise por cenários. Assim sendo, e considerando que:

$$\text{Resultado Nível de Atividade N } (R_N) = Q \times PVU - Q \times CVU - CF$$

$$R_N = Q \times m - CF$$

pelo que:

$$R_N (Q) = (Q - Q^\star) \times m$$

Ou

$$R_N (V) = (V - V^\star) \times m'$$

A estimativa de resultados a partir de alterações discretas nas variáveis que integram a análise CVR, permite que as organizações possam percecionar, ainda que por vezes de forma elementar e não estruturada, os impactos que daí resultam ao nível da análise diferencial. Não tomando em consideração variáveis exógenas (sejam de natureza quantitativa e/ou qualitativa) nem constituam em si mesmo variáveis de efeitos conjugados e agregados, o cálculo de rubricas contabilísticas diferenciais (rendimentos, custos, resultados) para cada alternativa (cenário) pode ser uma análise de grande utilidade e pertinência em determinados contextos empresariais.

3.3. O CUSTEIO DOS PRODUTOS E DOS SERVIÇOS

O apuramento do custo de produção de determinado produto ou da prestação do serviço depende do tipo de critério de mensuração utilizado. Ainda que estejamos a falar de imputações internas, a capitalização, ou não, de determinadas despesas, pode afetar o valor dos inventários, e consequentemente o resultado líquido do período. Ao longo das últimas décadas, várias têm sido as abordagens que, ainda hoje, estão consagradas na literatura da contabilidade de gestão e que são objeto das mais diversas linhas de investigação. O foco do debate parece residir na importância relativa que os sistemas de custeio assumem entre eles, nomeadamente entre os sistemas baseados numa lógica de absorção face aos sistemas baseados numa lógica de contribuição.

3.3.1. Do sistema de custeio total ao sistema de custeio variável

Tomando como referência a distinção dos custos industriais, em função da sua variabilidade (custos fixos vs. custos variáveis), podemos identificar três sistemas de custeio distintos:

- Sistema de Custeio Total (ou sistema de custeio baseado na absorção): tanto os custos variáveis como os custos fixos industriais são incluídos no custo de produção do produto ou da prestação do serviço. Ao serem incorporados no CIPA, o valor dos inventários integra a totalidade dos custos industriais, independentemente da sua classificação em fixo ou variável;
- Sistema de Custeio Racional: os custos variáveis industriais são na sua totalidade imputados ao custo de produção dos produtos ou da prestação dos serviços, mas apenas uma parcela de custos fixos industriais é imputada. Essa parcela corresponde ao nível da capacidade instalada efetivamente utilizada. Exemplos: 1. Se uma fábrica estiver a laborar a 50% da sua capacidade, apenas 50% dos

custos fixos industriais seriam imputáveis ao produto; 2. Se numa companhia aérea, os resultados forem apurados por rota ou por voo, e a ocupação da aeronave for de 70%, apenas 70% dos custos fixos industriais são imputáveis para efeitos de apuramento dos resultados;

- **Sistema de Custeio Variável** (ou sistema de custeio baseado na contribuição): apenas os custos variáveis industriais são considerados como custos do produto ou do serviço, sendo os custos fixos industriais diretamente reconhecidos na demonstração dos resultados como "Custos Industriais não Incorporados" (ou designação equivalente), ou seja, são considerados custos do período e não custo do produto.

A escolha do sistema de custeio não deve ser aleatória e deve ser temporalmente consistente, sob pena de se colocar em causa a sua utilidade e a sua comparabilidade para efeitos de controlo de gestão. É nosso entendimento que a escolha do sistema de custeio deve tomar em consideração, entre outros, os seguintes aspetos:

- Estrutura organizacional (v.g. por funções, por projetos; por segmentos; etc.);
- Natureza e complexidade da atividade (v.g. existência ou não de sazonalidade);
- Nível de utilização da capacidade instalada;
- Imposição normativa ou regulamentar.

Se tomarmos por base a distinção entre custos diretos e custos indiretos, e em função dos aspetos anteriormente enumerados, poderá ser mais ajustado a adoção do "Sistema de Custeio Direto". Neste caso, os produtos e/ou os serviços serão onerados apenas pelos custos diretos associados ao objeto de custeio (v.g. produto; serviço; atividade; processo; segmento; etc.). Caso seja opção da gestão, ainda assim, a imputação dos custos indiretos (independentemente de serem fixos ou variáveis), torna-se necessário encontrar uma base de repartição que seja aderente e ajustada. É neste âmbito que são usualmente indicadas duas metodologias de imputação dos custos indiretos:

- CRITÉRIO DE IMPUTAÇÃO DE BASE ÚNICA: neste caso, os custos indiretos, independentemente da sua natureza, são imputados em função de um único critério (v.g. através de determinada percentagem standard definida pela gestão; proporcionalmente aos rendimentos do objeto; proporcionalmente aos custos diretos; em função da variabilidade de outra qualquer grandeza definida pela gestão);
- CRITÉRIO DE IMPUTAÇÃO DE BASE MÚLTIPLA: contrariamente ao critério anterior, a adoção de uma base múltipla para imputação dos custos indiretos aos objetos pressupõe a identificação de tipologias de custos, aplicando-se uma base de repartição distinta para cada uma dessas tipologias.

Do ponto de vista da aderência à realidade económica, a adoção do critério de base múltipla apresenta vantagens acrescidas face ao critério de base única. Contudo, há que ponderar a todo o momento o custo/benefício decorrente da opção por um desses critérios.

3.3.2. O método das secções homogéneas

O método apresentado neste ponto é talvez o mais consagrado na literatura tradicional da contabilidade de gestão, ainda que de aplicação muito restrita a organizações industriais. Para melhor compreensão do método, enumeremos em primeiro lugar a tipologia de secções, ainda que o foco deste ponto esteja nas designadas secções industriais:

- Secções de Aprovisionamento: ligadas à gestão dos inventários, nomeadamente matérias diretas e indiretas, produtos acabados e intermédios, subprodutos, desperdícios, resíduos e refugos, para além das mercadorias nas empresas de natureza comercial;
- Secções Industriais (Principais ou Auxiliares): secções associadas à transformação e à produção, sendo de destacar aquelas que concorrem diretamente para a fabricação do produto (secções principais) daquelas que auxiliam a laboração das seções principais (secções auxiliares);
- Secções de Distribuição: associadas ao circuito comercial, incluindo também o esforço de venda a atividade decorrente da função de marketing;

- Secções administrativas: são secções de apoio e igualmente separadas da parte industrial (transformação), sendo-lhes normalmente associada a noção de geradores de gastos comuns aos diversos objetos;
- Secções de Investigação e Desenvolvimento: secções posicionadas a montante da produção cuja função é a pesquisa e desenvolvimento de novos produtos e novos serviços. Tal como já referido ao longo desta obra, os custos associados à fase de pesquisa são considerados custos do período, enquanto os custos associados à fase de desenvolvimento já podem ser capitalizados nos termos da NCRF 6 ou da IAS 38.

Figura 3.7. – A lógica das secções homogéneas

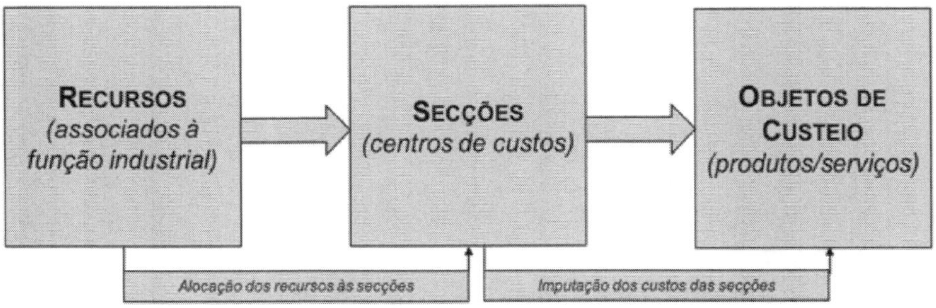

Tal como ilustrado na figura anterior, os recursos associados à função industrial (Mão de Obra Direta e Gastos Gerais de Produção, genericamente designados por gastos de conversão) são imputados numa primeira fase às secções industriais e numa fase posterior aos objetos de custeio, estes igualmente onerados pelas matérias diretas que lhe correspondem. Refira-se que os custos das secções auxiliares são, de forma intermédia, imputados às secções principais, antes da sua imputação aos referidos objetos de custeio. Desenvolvimentos adicionais sobre esta temática poderão ser encontrados em Pereira e Franco (1994) ou em Caiado (2015).

3.3.3. *Activity Based Costing e Time Driven Activity Based Costing*

O Sistema ABC (*Activity Based Costing*) é um método de medir o custo das atividades e objetos de custeio através de imputação de custos a atividades e, consequente e sequencialmente, a atribuição dos custos dessas atividades a objetos de custeio (produtos, serviços, segmentos, etc.). É esse processo de imputação de custos que ilustramos na Figura 3.8. Contudo, trata-se de um sistema que apresenta algumas vantagens associadas à sua implementação, mas também algumas dificuldades, por vezes determinantes dos potenciais benefícios daí decorrentes. São globalmente referidas como vantagens associados aos sistema ABC, a maior exatidão dos custos apurados por objeto de custeio, o incremento verificado na compreensão das causas dos custos e da necessidade de racionalização, o melhor controlo dos custos e da gestão dos recursos, a melhor perceção das atividades realizadas na organização, incluindo o seu contributo efetivo para a criação de valor, bem como o aumento da comunicação entre as várias áreas da organização (em resultado da lógica transversal que está subjacente ao sistema). Porém, para que se possa efetuar uma análise custo-benefício, por vezes determinante na decisão de optar por eventuais alternativas, há que enumerar as principais dificuldades que normalmente estão intrínsecas à gestão baseada numa lógica de contribuição. Este sistema de custeio está totalmente assente na noção de "*Atividade*" e na noção de "*Indutor de Custo*" (*Cost Driver*), que nada mais é do que a unidade de medida de cada atividade. São de sinalizar as seguintes dificuldades na implementação do Sistema ABC nas organizações:

- Encontrar informação disponível que permita quantificar os indutores de custo que se considerem mais adequados para operacionalizar o sistema;
- Envolve normalmente um intenso dispêndio de recursos humanos e financeiros;
- As atividades nem sempre são claramente identificáveis e separáveis. A sua transversalidade à organização, estendendo-se para lá das fronteiras departamentais, dificulta ou mesmo impossibilita a implementação do sistema;
- Obriga a revisões periódicas das atividades e dos indutores de custo, como forma de aferir e garantir a qualidade da informação gerada e utilizada no suporte à decisão.

Figura 3.8. – A lógica do sistema de custeio ABC

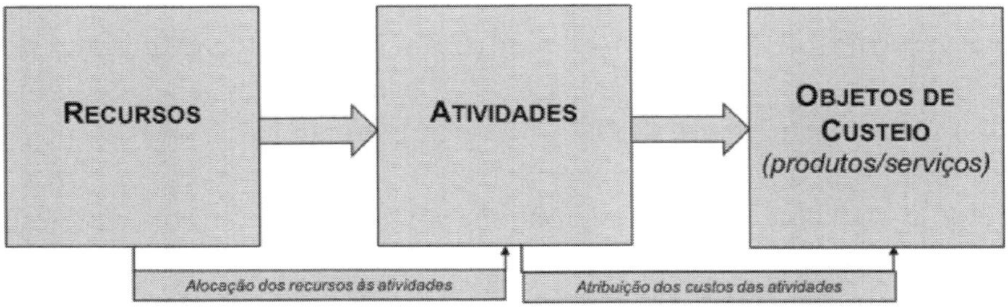

O Sistema tradicional ABC anteriormente descrito, baseia-se no custeio das atividades, as quais são posteriormente imputadas aos objetos de custeio que as utilizam. É nesse sentido que se afirma que estamos perante um sistema de custeio baseado na contribuição e/ou no custeio direto, ainda que a cada atividade possam ser imputados custos fixos e/ou custos variáveis. Porém, foi mais recentemente adicionada a este sistema uma nova variável – *a Duração da Atividade* – surgindo dessa forma o *Time Driven Activity Based Costing (*TDABC). Não cremos que se trata de um novo sistema, mas tão somente de um sistema já tradicionalmente consagrado nos mais diversos domínios, ao qual foi adicionado uma nova variável, neste caso a dimensão temporal da atividade. Desenvolvimentos adicionais e complementares sobre o sistema TDABC podem ser encontrados em Kaplan e Andersen (2007).

A lógica baseada nas atividades assume hoje em dia nas organizações, uma vasta amplitude, resultado da evolução natural do sistema ABC enquanto mero sistema de custeio. As organizações foram gradualmente extrapolando o conceito de atividade para outros domínios e contextos pelo que é hoje usual referenciar-se a gestão baseada na atividade (ABM – *Activity Based Management*), os resultados baseados na atividade (ABR – *Activity Based Results*) ou ainda a orçamentação baseada na atividade (ABB – *Activity Based Budgeting*). Não se tratam de alternativas, mas simplesmente do alargamento da utilização da lógica subjacente ao tradicional sistema de custeio ABC para outros domínios da gestão. Contudo, as vantagens e as limitações subjacentes a esta lógica permanecem os mesmos, independentemente da sua abrangência e amplitude.

3.4. RELATO E ANÁLISE POR SEGMENTOS

O apuramento de resultados por segmentos pode ser visto tanto numa perspetiva interna como numa perspetiva externa, pese embora seja a primeira que maior relevância assume no âmbito do controlo de gestão.

Do ponto de vista externo, o relato por segmentos encontra-se previsto na IFRS 8, a qual estipula que uma organização deve divulgar informações que permitam aos utilizadores das suas demonstrações financeiras avaliar a natureza e os efeitos financeiros decorrentes das atividades de negócio em que está envolvida, bem como a diversidade de ambientes económicos em que opera. Neste âmbito, pode ser considerado um segmento toda a componente de uma organização que cumpra os seguintes critérios:

- Desenvolva atividades de negócio, das quais fluam réditos e existam gastos/custos associados;
- Os resultados operacionais sejam regulamente revistos pelo principal responsável pela tomada de decisões operacionais da organização no processo de tomada de decisões sobre imputação de recursos a cada segmento e da consequente avaliação do seu desempenho;
- Existência de informação financeira distinta que esteja disponível.

A existência de segmentos relatáveis pressupõe, no entanto, a observância de diversos critérios quantitativos, embora a entidade possa sempre proceder à divulgação de informação por segmentos a título voluntário. É neste contexto que consideramos que a importância da análise por segmentos assume uma maior relevância do ponto de vista da gestão interna, ou seja, enquanto a divulgação externa assenta em normativo contabilístico (e consequentemente, enquadrável nas divulgações obrigatórias), a utilidade da informação por segmentos a nível interno é inquestionável e insubstituível. Para além de indispensável à gestão corrente e à monitorização da sustentabilidade económica e financeira, é necessária para efeitos de diversificação e diferenciação estratégicas.

Regra geral, o primeiro passo reside na identificação dos segmentos a relatar, tendo em conta que devem ser divulgadas informações separadas sobre cada segmento operacional que tenha sido identificado como tal ou então que resulte da agregação de dois ou mais segmentos. Para além disso, há que aferir quais os segmentos que superam os patamares quantitativos previstos no normativo contabilístico, em particular a IFRS 8. Importa referir que a agregação de segmentos deve ter em conta a natureza dos produtos e/ou serviços transacionados no segmento, a natureza dos processos de produção, as metodologias de gestão utilizadas nesses segmentos e, nos casos aplicáveis, o ambiente regulador que os norteiam. Para melhor compreensão da temática, elencamos de forma estruturada os critérios quantitativos que a organização deve observar sobre um segmento operacional para que o mesmo se revele relatável. Assim, um segmento é relatável desde que cumpra pelo menos um dos seguintes critérios:

- O rédito do segmento, incluindo não só as vendas a clientes externos como também as eventuais transferências inter-segmentos, deve ser superior ou igual a 10% do rédito combinado, interno e externo, de todos os segmentos operacionais da organização;
- O lucro ou prejuízo do segmento deve ser igual ou superior a 10% do maior dos seguintes valores, em termos absolutos:
  - Os lucros combinados de todos os segmentos operacionais que não relatam prejuízos;
  - Os prejuízos combinados de todos os segmentos que relataram prejuízos.
- Os ativos do segmento devem ser superiores ou iguais a 10% dos ativos combinados de todos os segmentos operacionais;
- A informação relatada deve representar uma parte significativa do negócio, ou seja, o rédito externo total relatado pelos segmentos operacionais identificados deve representar uma percentagem igual ou superior a 75% do rédito da entidade. Caso o rédito externo relatado pelos segmentos operacionais represente uma percentagem inferior a 75% do rédito da entidade, devem ser identificados outros segmentos operacionais como segmentos relatáveis

até que a percentagem mínima exigível esteja assegurada (mesmo que não se verifiquem os critérios específicos de materialidade do segmento).

É de referir que os segmentos que não ultrapassem o patamar quantitativo podem ser considerados relatáveis, caso os órgãos de governo societário da organização entendam que essa informação é útil para os utilizadores da informação. Porém, é também de apontar que a utilidade da informação pode ser reduzida nos casos em que são relatados segmentos operacionais em excesso[7], situação que poderia evidenciar uma excessiva dispersão de informação.

Independentemente da obrigatoriedade de efetuar o relato por segmentos, de acordo com as normas internacionais de contabilidade do IASB, a avaliação do desempenho de cada segmento operacional que integra uma organização é de especial relevância quer no âmbito da monitorização da sua sustentabilidade individual, quer do ponto de vista das suas orientações estratégicas.

Pela sua importância e pertinência, apresentamos na tabela seguinte os principais indicadores de natureza financeira que devem servir de base à avaliação do desempenho de cada segmento, sem, contudo, esquecer a relevância que os indicadores de natureza não financeira representam para a análise integrada do desempenho.

Indicador de desempenho (KPI)
Rédito Líquido do segmento
Resultado Líquido do Período do segmento
Retorno do Investimento do segmento
Custos Diretos do segmento
Margem de Contribuição
Margem de Contribuição Residual
Economic Value Added

[7] A IFRS 8 aponta, no seu parágrafo 19, para um máximo de dez segmentos. Contudo, do ponto de vista interno, consideramos que a organização deve possuir informação segmentada independentemente de quaisquer patamares quantitativos.

Os indicadores financeiros indicados na tabela não constituem uma lista exaustiva, os quais devem ser ponderados em função das características específicas de cada segmento. Os órgãos de governo societário devem incluir no seu sistema de controlo de gestão aqueles que cumpram uma dupla função: sejam um mecanismo de informação, mas também um mecanismo de avaliação. Neste último domínio, relembramos uma vez mais a necessidade de se garantir tanto a coerência horizontal como a coerência vertical dos indicadores. Só dessa forma se poderá implementar uma lógica de agregação *(drill-up)* ou desagregação *(drill-down)*, característica elementar nos modernos sistemas de controlo de gestão.

3.5. PREÇOS DE TRANSFERÊNCIA INTERNA

O preço de transferência interna é um instrumento utilizado pela gestão, embora em contextos específicos e selecionados, com eventuais implicações fiscais, para valorizar os fluxos reais de bens e serviços entre centros de responsabilidade. Para além de constituírem um mecanismo de avaliação dos centros de responsabilidade e dos seus responsáveis, traduzem-se num conjunto de regras e procedimentos para imputar rendimentos e gastos/custos conjuntamente originados ou realizados entre os diversos centros de responsabilidade.[8] Tem como objetivos gerais motivar os gestores na tomada de decisões, proporcionar informação correta por forma a que seja assegurada a equidade nas avaliações realizadas, constitui um instrumento estratégico ao serviço dos órgãos de governo societário, dando ênfase ao autocontrolo das atividades e da gestão.

Importa distinguir igualmente a noção de preço de transferência interna da noção de prestação interna. Enquanto o PTI é em si mesmo um mecanismo de valorização de fluxos reais e consequente imputação aos centros de responsabilidade que usufruem desses fluxos, uma prestação interna surge sempre que secções auxiliares trabalham em benefício de outras secções. O seu custo total (orçamentado ou real) é repartido

[8] Neste contexto, a noção de Centro de Responsabilidade é apresentada em sentido amplo pois pode constituir um segmento operacional, uma unidade de negócio, uma unidade geográfica, entre outras.

pelas secções para que trabalham em função das prestações previstas ou realizadas (reembolsos). Trata-se por isso de um mecanismo de contabilidade de gestão para imputar os custos das secções aos objetos de custeio, normalmente os produtos e/ou os serviços.

A abordagem efetuada a esta temática nesta obra encontra-se bastante circunscrita. Ou seja, não engloba a problemática das transações intra-grupo, as quais têm impactos contabilísticos e fiscais distintos, efeitos a analisar no âmbito da consolidação de contas e no âmbito da tributação, respetivamente. Ainda que a lógica possa ser semelhante em termos de gestão descentralizada e consequente avaliação da performance, os impactos referidos estão para além do foco do controlo de gestão e dos objetivos que o norteiam.

A fixação dos preços de transferência interna deve estar assente em vários princípios norteadores, capazes de garantir a sua estabilidade no tempo e a sua aceitabilidade por parte dos responsáveis pela gestão, em particular os responsáveis pelos centros de responsabilidade. Neste âmbito, enunciam-se os seguintes princípios fundamentais:

- Apenas as operações relevantes que possam constituir interesse estratégico para a organização, devem ser valorizadas;
- Os preços, independentemente do método utilizado na sua fixação, devem ser fixados a priori, normalmente revistos numa base anual (ou sempre que as circunstâncias o determinem), para que os clientes internos os possam conhecer;
- Os PTI devem ser negociados e aceites pelas partes envolvidas (fornecedores e clientes internos), avaliando-se o custo/benefício decorrente da sua aceitabilidade. Torna-se por isso relevante determinar o intervalo de relevância, ou seja, o intervalo em que o PTI é vantajoso para ambas as partes e dentro do qual o mesmo deve ser negociado;
- O PTI deve refletir o justo valor económico do fluxo real que o mesmo pretende mensurar. É neste contexto que as abordagens de fixação dos preços, baseadas no custo ou baseadas no mercado, assumem especial relevância e até controvérsia;

- A adoção de mecanismos, ou práticas de preços de transferência interna, não deve constituir um mero exercício contabilístico-financeiro. Deve acima de tudo, influenciar o gestor nas suas opções e na sua motivação, ainda que do nosso ponto de vista essa liberdade seja, na maior parte dos casos, um mero pressuposto teórico. Não nos parece exequível que, na maioria dos contextos, os decisores tenham a liberdade de opção entre aceitar ou rejeitar o bem ou serviço que lhe é internamente proposto. Caso assim fosse, poderíamos estar perante o esvaziamento de algumas atividades internas e da sua consequente eliminação. Ainda que vejamos bondade e interesse nesta vertente, como mecanismo de eliminação de atividades que não geram valor, a prática mostra-nos uma realidade mais complexa na qual as decisões são tomadas de forma integrada, após ponderação de todos os seus efeitos. Contudo, os PTI devem motivar o gestor a optar pela operação interna em detrimento das operações externas, ainda que enquadrados em cenários de racionalidade e de natureza estratégica.

A figura seguinte tem como objetivo identificar os principais métodos de fixação dos preços de transferência interna, processo esse que deve estar devidamente documentado, quer do ponto de vista de controlo interno, quer para efeitos de natureza fiscal. A fixação dos preços pode assentar em duas perspetivas distintas, mormente a indexação do PTI ao custo do fluxo objeto de valorização ou a sua indexação ao preço de mercado praticado para fluxos iguais ou semelhantes, caso existam. Na primeira perspetiva, o PTI pode corresponder ao custo real, situação que na nossa perspetiva não é desejável por motivos de tempestividade informativa, refletir um custo padrão que seja fixado em cada ano e revisto sempre que tal se revele necessário, ou traduzir um custo teórico com determinada margem associada, situação que é por nós questionável por questões de "empresarialização" interna de centros de responsabilidade dispersos. Ainda que compreendamos a orientação e a lógica subjacente à fixação de margens, não nos parece relevante a criação de margens intermédias no interior da cadeia de valor, sob pena de se poder vir a perder o foco que deve estar no efeito de sinergia da cadeia de valor e não na sua desagregação excessiva. Caso se opte por fixar o PTI com base no preço de mercado, abordagem considerada mais justa por alguns autores, há sempre necessidade de ajustar o seu valor por forma a que o mesmo reflita as diferenças entre o mercado interno e o mercado externo (v.g. poupanças de custos financeiros; poupanças de encargos com a distribuição, entre outros).

Figura 3.9. – Preços de Transferência Interna

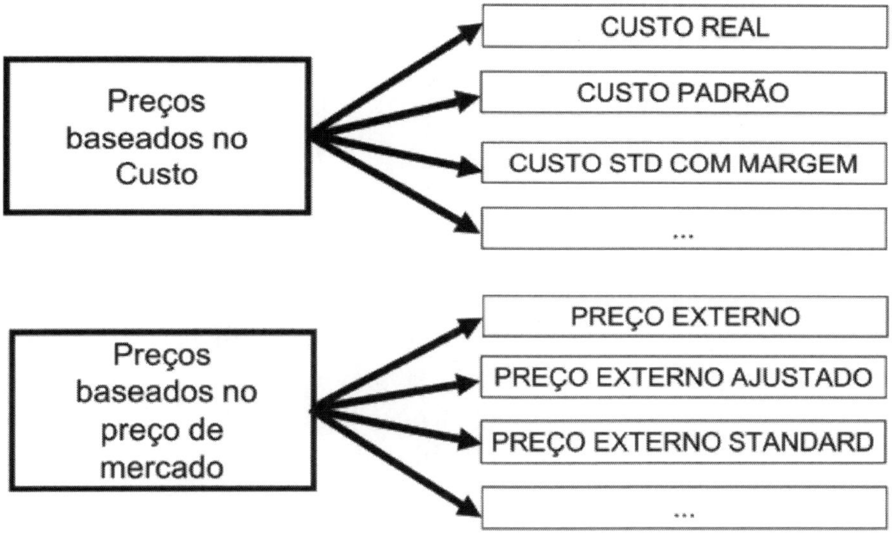

A adoção de preços de transferência interna surge associada à própria evolução das estruturas organizacionais e ao seu grau de descentralização e autonomia dos centros de responsabilidade. A evolução dessas estruturas impeliu as organizações para estruturas mais descentralizadas, cuja avaliação individual do desempenho empresarial se tem revelado mais premente. Nesse sentido, a criação de unidades descentralizadas com cariz empresarial e de foco orientado para a criação de valor descentralizado, conduziu a que o PTI constitua um mecanismo mais justo e equitativo de avaliar a sustentabilidade dos centros de responsabilidade, ou mesmo dos segmentos operacionais. Porém, não se deve esquecer que a decisão de implementar preços de transferência interna deve passar pela identificação, numa primeira fase, dos fluxos de produtos e/ou serviços transacionáveis entre os centros de responsabilidade e verificar se existe interesse e se é exequível a sua quantificação do ponto de vista financeiro. Numa segunda fase, há que determinar o preço para esses fluxos reais, escolhendo o método que melhor se enquadre nos objetivos gerais da organização. Há que tomar em consideração que, não sendo o PTI um mero instrumento contabilístico, mas sim um instrumento de avaliação, a sua adoção deve garantir a sua estabilidade temporal e a sua aceitabilidade por parte de quem tem a responsabilidade pela sua gestão e pela sua monitorização.

3.6. OUTROS INDICADORES DE GESTÃO OPERACIONAL

A Figura 3.10. ilustra o caminho já percorrido até este ponto da obra. Tendo por base os sistemas de custeio subjacentes à valorização dos produtos e/ou serviços, os indicadores de gestão podem ser apresentados de forma agregada ou desagregada, consoante as exigências informativas da organização, as quais dependem do nível hierárquico em que estejamos a efetuar a análise. A análise por segmentos assume neste contexto uma relevância primordial, quer do ponto de vista da criação de valor, quer no seu consequente impacto ao nível da análise estratégica. Daí que os indicadores até agora apresentados sejam fundamentalmente indicadores de base económico-financeira, embora alguns sejam

Figura 3.10. – Do apuramento do custo à análise da performance

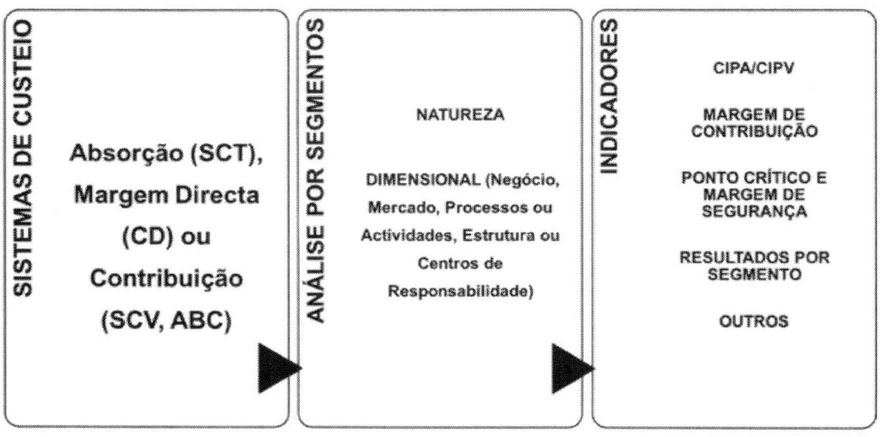

orientados para o exterior enquanto outros tenham uma função crítica no âmbito da gestão interna.

Em complemento do anteriormente exposto, incluímos na Figura 3.11. uma panóplia de indicadores que possam levar o gestor a avaliar a sua exequibilidade, enquanto potenciais integradores do sistema de controlo de gestão da organização. Por serem indicadores complementares aos já apresentados, embora de base não contabilístico-financeira, permitem a avaliação da performance dos processos internos da organização, pilar estruturante, embora a montante, da criação de valor.

Figura 3.11. – Outros indicadores de gestão

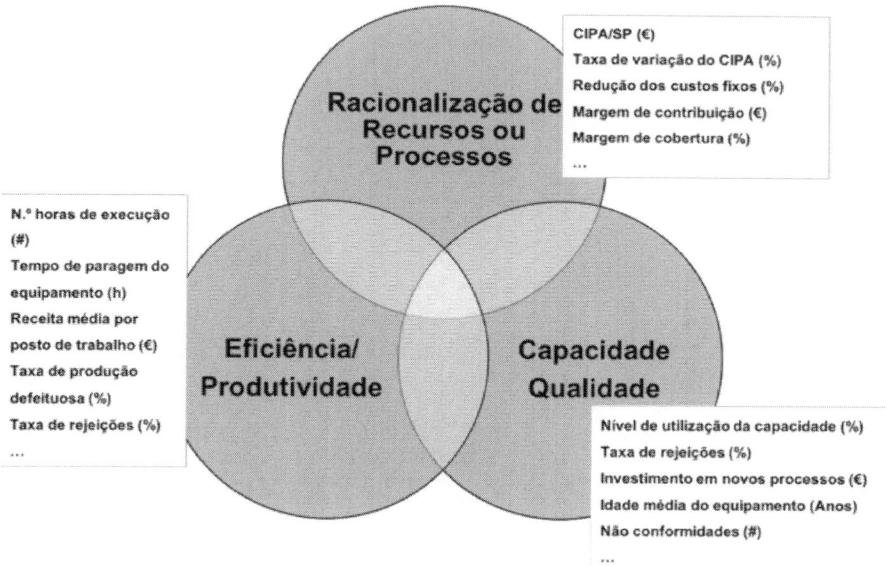

Identificámos no capítulo 1, ilustrado pela Figura 1.4., que constituem igualmente módulos do controlo de gestão, informação sobre mercados e sobre recursos humanos, os quais devem ser plasmados em métricas que possam medir essas dimensões. Não sendo enquadrável nos objetivos deste livro elaborar desenvolvimentos teóricos sobre orientações que norteiam a gestão destas funções organizacionais, limitar-nos-emos a elencar um conjunto de indicadores que possam vir a integrar os sistemas de controlo de gestão de uma organização. Não sendo uma listagem exaustiva de indicadores, apresentam-se aqueles que, pela sua pertinência e aderência à realidade empresarial, possam vir a constituir uma opção por parte dos gestores e/ou por parte dos controladores de gestão.

Apresentamos no quadro seguinte os principais indicadores da dimensão de mercado do controlo de gestão, distribuídos por cinco eixos distintos: 1. Satisfação; Contribuição; Estratégia; Processos; Capacidades.

Eixo	Indicador de desempenho (KPI)	Principais Unidade de medida
Satisfação	Satisfação dos clientes atuais	Índice
	Perceção dos clientes potenciais	Índice
	Benchmarks competitivos	*Scoring; Rating*
	Reclamações por categoria de cliente	#
	Volume de garantias acionadas no período	#
	Volume de devoluções	#; U.M (€; $; ...)
	Antiguidade média dos clientes por categoria	Anos
	...	
Contribuição	Rendibilidade por cliente	U.M (€; $; ...)
	Taxa de *churn* por categoria	%
	Volume de negócios repetidos	U.M (€; $; ...)
	Volume de negócios perdidos	U.M (€; $; ...)
	Taxa de crescimento das vendas para atuais clientes	%
	Sugestões efetuadas por clientes	#
	Volume de dívidas a receber de clientes com imparidades	U.M (€; $; ...)
	Cancelamentos de crédito em determinado período	#; U.M (€; $; ...)
	...	
Estratégia	Número de clientes	#
	Previsão de vendas e/ou Prestações de serviços	U.M (€; $; ...); %; Taxa de variação
	Previsão de negócios para clientes repetidos	U.M (€; $; ...); %; Taxa de variação
	Quota de mercado por segmento ou mercado	%; U.M (€; $; ...)
	Rendibilidade de clientes por mercado, por segmento ou por área geográfica	%; U.M (€; $; ...)
	...	

Eixo	Indicador de desempenho (KPI)	Principais Unidade de medida
Processos	Número de encomendas entregues no prazo	#
	Prazo médio de entrega	Dias
	Nível de stocks de segurança	#; U.M (€; $; ...)
	Investimento em publicidade e propaganda, por produto e por canal	U.M (€; $; ...); %; Taxa de variação
	Investimento no desenvolvimento de novos produtos e serviços	U.M (€; $; ...); %; Taxa de variação
	Rotação de inventários	Dias
	...	
Capacidades	Nível de procura vs. capacidade de resposta	%
	Segmentação de clientes	#
	Perceção e posicionamento de marcas	Índice
	Benchmarking de preços	*Scoring; Rating*
	Rendimentos por canal de venda	M (€; $; ...); %; Taxa de variação
	Gastos suportados com conquista de novos clientes	M (€; $; ...); %; Taxa de variação
	...	

Em linha com o procedimento adotado para a dimensão de mercado do controlo de gestão, apresentamos de seguida uma tabela na qual identificamos os principais indicadores e respetivas métricas da dimensão relacionada com os recursos humanos.

Eixo	Indicador de desempenho (KPI)	Principais Unidade de medida
Satisfação	Satisfação dos colaboradores	índice
	Índice de rotação do pessoal	Índice
	Número de saídas em determinado período	#
	Número de dias de greve por categorias	#
	Horas de formação média por colaborador	Horas
	...	
Contribuição	Vendas / Valor acrescentado por colaborador	U.M (€; $; ...)
	Produtividade por colaborador	U.M (€; $; ...); Índice
	Taxa de absentismo	%

Eixo	Indicador de desempenho (KPI)	Principais Unidade de medida
Contribuição (cont.)	Número de pedidos de formação	#
	Melhorias de performance sugeridas vs. Implementadas	#
	Human economic Value Added[8]	U.M (€; $; ...); %; Taxa de variação
	Human Capital Value Added[9]	U.M (€; $; ...); %; Taxa de variação
	Human Capital Return on Investment[10]	%
	Human Capital Market Value[11]	U.M (€; $; ...); %; Taxa de variação
	...	
Estratégia	Número de colaboradores efetivos vs. temporários	#
	Taxa de execução do plano de recrutamento	%
	Parcela variável do package salarial	%; U.M (€; $; ...)
	Comissões e incentivos pagos no período	U.M (€; $; ...)
	Taxa de observância da paridade de género	%
	...	
Processos	Tempo médio de recrutamento	Dias; Meses; ...
	Taxa de aceitação de emprego	%
	Ausência média para formação	Dias
	Ausência média por baixa médica	Dias
	Avaliações de desempenho concluídas	#; %
	Mudança funcional	#; %
	...	
Capacidades	Evolução dos gastos com o pessoal	U.M (€; $; ...); %; Taxa de variação
	número de candidaturas recebidas	#
	Número de horas de formação por ano e por empregado	#
	Benchmarking salarial e de incentivos	Scoring; Rating
	Processos disciplinares instaurados	#
	Nível de acidentes de trabalho	Dias; #
	...	

[8] Resultado Operacional Após Impostos – Custo do Capital)/ETC, em que ETC corresponde a "Equivalente a Tempo Completo".

[9] (Rendimentos – Gastos com o Pessoal)/ETC.

[11] (Resultado Operacional + Gastos com o Pessoal)/Gastos com o Pessoal.

[12] (Valor de Mercado – Valor Contabilístico)/ETC.

Os indicadores de desempenho nas dimensões e nos eixos anteriormente apresentados, dependem fundamentalmente do tipo de organização (incluindo a sua dimensão), da natureza e da complexidade das suas atividades. O sistema de controlo de gestão implementado ou a implementar em cada organização deve incluir uma panóplia de indicadores diversificados, de natureza financeira e não financeira, e que possam abranger todos os módulos do controlo de gestão, independentemente da perspetiva (económico-financeira; mercado; processos; recursos) em que se enquadre.

3.7. EXERCÍCIOS RESOLVIDOS E PROPOSTOS

3.7.1. Exercícios Resolvidos

Exercício G

A empresa *Creative Learning*, S.A. dedica-se à formação para executivos, sendo cada ação de formação gerida como um projeto específico. Assim sendo, a performance de cada ação é monitorizada tanto numa perspetiva histórica como prospetiva.

Relativamente à ação de formação sobre "*Controlo de Gestão*", são conhecidos os seguintes elementos:

Descrição	Valores
N.º de horas total do curso	50 horas
Preço médio do curso	400 u.m./formando
Custos diversos:	
Materiais pedagógicos (dossier, fotocópias, certificados, etc.)	40 u.m./formando
Coffee breaks	15 u.m./formando
Promoção do curso *(quota imputável)*	275 u.m.
Honorários dos formadores	2.800 u.m.
Aluguer de salas	500 u.m.
Eletricidade/Água/Comunicações *(quota imputável)*	70 u.m.
Outras despesas administrativas	150 u.m.

Sabendo que estão a frequentar o curso 15 formandos, pretende-se que:

1. Calcule a Margem de Contribuição, o Ponto Crítico, a Margem de Segurança e o Resultado do curso (Nota: relativamente à quantidade crítica, considere o número inteiro imediatamente inferior uma vez que a unidade de medida é "N.º de formandos";
2. Calcule o resultado diferencial proporcionado por cada uma das seguintes opções estratégicas:

   a. Cenário A: redução do preço médio do curso em 20%;
   b. Cenário B: disponibilização dos materiais apenas em suporte digital, economizando os custos com os materiais pedagógicos em 50%;
   c. Cenário C: renegociação do valor dos honorários com os formadores, esperando-se uma redução de 10%;
   d. Cenário D: Efeito integrado de todas as opções anteriores.

3. Elabore a Demonstração dos Resultados do projeto, para cada um dos cenários apresentados, no pressuposto de que as opções se tornaram efetivas em cada um deles.

Resolução

Análise por Cenários

SITUAÇÃO ATUAL (C_0 – SITUAÇÃO INICIAL)	VALOR (U.M.)
PREÇO DE VENDA	400,00
CUSTO VARIÁVEL INDUSTRIAL UNITÁRIO	55,00
CUSTO VARIÁVEL NÃO INDUSTRIAL UNITÁRIO	0,00
CUSTO FIXO INDUSTRIAL	3.300,00
CUSTO FIXO NÃO INDUSTRIAL	495,00
MARGEM DE CONTRIBUIÇÃO	345,00
QUANTIDADE REAL	15
PONTO CRÍTICO (EM QUANTIDADE)	11
PONTO CRÍTICO (EM VALOR)	4.400,00
RESULTADO SIMULADO	1.380,00
MARGEM DE SEGURANÇA	36,36%

CENÁRIO A	VALOR (U.M.)
PREÇO DE VENDA	320,00
CUSTO VARIÁVEL INDUSTRIAL UNITÁRIO	55,00
CUSTO VARIÁVEL NÃO INDUSTRIAL UNITÁRIO	0,00
CUSTO FIXO INDUSTRIAL	3.300,00
CUSTO FIXO NÃO INDUSTRIAL	495,00
MARGEM DE CONTRIBUIÇÃO	265,00
QUANTIDADE REAL	15
PONTO CRÍTICO (EM QUANTIDADE)	14
PONTO CRÍTICO (EM VALOR)	4.480,00
RESULTADO SIMULADO	265,00
MARGEM DE SEGURANÇA	7,14%
RESULTADO DIFERENCIAL	(1.115,00)

CENÁRIO B	VALOR (U.M.)
PREÇO DE VENDA	400,00
CUSTO VARIÁVEL INDUSTRIAL UNITÁRIO	35,00
CUSTO VARIÁVEL NÃO INDUSTRIAL UNITÁRIO	0,00
CUSTO FIXO INDUSTRIAL	3.300,00
CUSTO FIXO NÃO INDUSTRIAL	495,00
MARGEM DE CONTRIBUIÇÃO	365,00
QUANTIDADE REAL	15
PONTO CRÍTICO (EM QUANTIDADE)	10
PONTO CRÍTICO (EM VALOR)	4.000,00
RESULTADO SIMULADO	1.825,00
MARGEM DE SEGURANÇA	50,00%
RESULTADO DIFERENCIAL	445,00

CENÁRIO C	VALOR (U.M.)
PREÇO DE VENDA	400,00
CUSTO VARIÁVEL INDUSTRIAL UNITÁRIO	55,00
CUSTO VARIÁVEL NÃO INDUSTRIAL UNITÁRIO	0,00
CUSTO FIXO INDUSTRIAL	3.020,00
CUSTO FIXO NÃO INDUSTRIAL	495,00
MARGEM DE CONTRIBUIÇÃO	345,00
QUANTIDADE REAL	15
PONTO CRÍTICO (EM QUANTIDADE)	10

CENÁRIO C	VALOR (U.M.)
PONTO CRÍTICO (EM VALOR)	4.000,00
RESULTADO SIMULADO	1.725,00
MARGEM DE SEGURANÇA	50,00%
RESULTADO DIFERENCIAL	345,00

CENÁRIO D (ANÁLISE INTEGRADA)	VALOR (U.M.)
PREÇO DE VENDA	320,00
CUSTO VARIÁVEL INDUSTRIAL UNITÁRIO	35,00
CUSTO VARIÁVEL NÃO INDUSTRIAL UNITÁRIO	0,00
CUSTO FIXO INDUSTRIAL	3.020,00
CUSTO FIXO NÃO INDUSTRIAL	495,00
MARGEM DE CONTRIBUIÇÃO	285,00
QUANTIDADE REAL	15
PONTO CRÍTICO (EM QUANTIDADE)	12
PONTO CRÍTICO (EM VALOR)	3.840,00
RESULTADO SIMULADO	855,00
MARGEM DE SEGURANÇA	25,00%
RESULTADO DIFERENCIAL	(525,00)

O cálculo do indicador Ponto Crítico (em quantidade) foi arredondado para a unidade imediatamente inferior pelo facto da unidade de medida da variável central ser discreta (# - número de formandos). Nesse sentido, os resultados obtidos em cada cenário, bem como os resultados diferenciais são por esse facto influenciados. Assim, neste contexto são de efetuar as seguintes considerações:

- A variável que apresenta maior sensibilidade está associada ao Cenário A, a qual se refere à redução do preço de venda;
- Todos os cenários apresentam um resultado positivo, o qual é minimizado no Cenário A com um resultado simulado de 265 u.m.;
- A estratégia mais favorável é a prevista no Cenário B, a qual se traduz na redução dos custos com os materiais pedagógicos (resultado diferencial positivo);
- O Cenário D proporciona um resultado diferencial negativo de 525 u.m. devido aos efeitos mistos que caraterizam os cenários A a C.

Demonstração de Resultados por Cenários (valores reais em u.m.)

DESCRIÇÃO	CENÁRIO A	CENÁRIO B	CENÁRIO C	CENÁRIO D (ANÁLISE INTEGRADA)
RENDIMENTOS (PRESTAÇÕES SERVIÇOS)	4.800,00	6.000,00	6.000,00	4.800,00
CUSTOS VARIÁVEIS	825,00	525,00	825,00	525,00
MARGEM DE CONTRIBUIÇÃO	3.975,00	5.475,00	5.175,00	4.275,00
CUSTOS FIXOS INDUSTRIAIS	3.300,00	3.300,00	3.020,00	3.020,00
CUSTOS FIXOS NÃO INDUSTRIAIS	495,00	495,00	495,00	495,00
RESULTADO REAL	180,00	1.680,00	1.660,00	760,00 €
RESULTADO DIFERENCIAL REAL	(1.200,00)	300,00	280,00	(620,00)

Nota: A diferença verificada entre os resultados simulados e os resultados reais (incluindo os resultados diferenciais) reside no facto da variável de atividade ser discreta (# – N.º de formandos), sendo a quantidade crítica arredondada para o valor inteiro imediatamente inferior.

Exercício H

Determinada empresa dedica-se à fabricação de um determinado produto X, o qual é vendido no mercado interno. Da estrutura de custos da empresa, são conhecidos os seguintes valores relativos ao ano N:

Descrição	Consumo Unitário/Un.	Custo Unitário (u.m.)	Custo Global (u.m.)
Matérias-primas	2,5	7,0	
MOD (variável)	3,0	10,0	
GGF (variáveis)	5,0	5,0	
GGF (fixos)			2.109.488
Custos de distribuição variáveis		1,5	
Custos de distribuição fixos			740.500
Custos administrativos fixos			300.000

Outras informações:

(1) O ponto crítico da empresa é de 68.478 unidades;

(2) A empresa trabalha em sistema de *Just-In-time* para quaisquer tipologias de inventário;

(3) A empresa tem uma margem de segurança positiva de 27%.

A empresa ensaia três cenários distintos em função da avaliação da conjuntura económica e das suas potencialidades internas.

- **Cenário A:** considera que é possível aumentar as vendas em 15% e uma vez que a procura se tem revelado algo elástica, considera que tal só é possível com uma redução do preço em 3%. Contudo, estima-se que os custos não industriais fixos aumentem 15%.
- **Cenário B:** Através de novas negociações ao nível das compras de matérias-primas, a empresa considera que é possível reduzir o custo variável industrial em 4%. Contudo, a empresa equaciona a possibilidade de renovar a sua frota de distribuição adquirindo novas viaturas no valor total de 200.000 u.m. Estas aquisições serão financiadas pelo sistema de *Leasing* a uma taxa anual de 6%. A vida útil estimada para estas viaturas é de 4 anos.
- **Cenário C:** a retração da procura poderá conduzir a uma quebra nas vendas de 10% e ao despedimento de trabalhadores industriais especializados cujos encargos anuais ascendem a 100.000 u.m. Apesar da manutenção do preço, a empresa prevê que os custos de

distribuição variáveis possam sofrer um acréscimo de 1 u.m. por unidade transportada.

Pede-se:

1. Qual o cenário que proporciona um maior resultado diferencial para a empresa? Comente os resultados obtidos.
2. Elabore a demonstração de resultados para os três cenários apresentados.

Resolução

Análise por Cenários

Situação Atual (C_0)	Valor	Cenário A	Valor
Preço de Venda	120,00	Preço de Venda	116,40
Custo Variável Industrial Unitário	72,50	Custo Variável Industrial unitário	72,50
Custo Variável Não Industrial Unitário	1,50	Custo Variável Não Industrial Unitário	1,50
Custo Fixo Industrial	2.109.488,00	Custo Fixo Industrial	2.109.488,00
Custo Fixo Não Industrial	1.040.500,00	Custo Fixo Não Industrial	1.196.575,00
Quantidade Real	86.967,00	Quantidade Real	100.012,05
Quantidade Crítica	68.478,00	Quantidade Crítica	77.973,18
RESULTADO	**850.494,00**	**RESULTADO**	**934.447,92**
		RESULTADO DIFERENCIAL	**83.953,92**

Cenário B	Valor	Cenário C	Valor
Preço de Venda	120,00	Preço de Venda	120,00
Custo Variável Industrial Unitário	69,60	Custo Variável Industrial Unitário	72,50
Custo Variável Não Industrial Unitário	1,50	Custo Variável Não Industrial Unitário	2,50
Custo Fixo Industrial	2.171.488,00	Custo Fixo Industrial	2.009.488,00
Custo Fixo Não Industrial	1.040.500,00	Custo Fixo Não Industrial	1.040.500,00
Quantidade Real	86.967,00	Quantidade Real	78.270,30
Quantidade Crítica	65.684,83	Quantidade Crítica	67.777,51
RESULTADO	**1.040.698,30**	**RESULTADO**	**472.175,50**
RESULTADO DIFERENCIAL	**190.204,30**	**RESULTADO DIFERENCIAL**	**(378.318,50)**

O cenário que apresenta um maior resultado diferencial é o Cenário C, embora seja o menos favorável (Resultado diferencial negativo de 378.318,50 u.m.). Contudo, o cenário mais favorável (Cenário B) está associado à redução do custo industrial variável e à realização de investimentos (ativos fixos tangíveis) com financiamento a 4 anos.

Demonstração de Resultados por Cenários (valores reais em u.m.)

DESCRIÇÃO	CENÁRIO A	%	CENÁRIO B	%	CENÁRIO C	%
VENDAS	11.641.402,62	100,00	10.436.040,00	100.00	9.392.436,00	100.00
CUSTO DAS VENDAS	9.360.361,62	80,41	8.224.391,20	78,81	7.684.084,75	81,81
RESULTADO BRUTO	2.281.041,00	19,59	2.211.648,80	21,19	1.708.351,25	18,19
Gastos Distribuição – Variáveis	150.018,08	1,29	130.450,50	1,25	195.675,75	2,08
Gastos Distribuição – Fixos	851.575,00	7,32	740.500,00	7,10	740.500,00	7,89
RESULTADO OPERACIONAL	1.279.447,92	10,99	1.340.698,30	12,85	772.175,50	8,22
Gastos Administrativos e Financeiros	345.000,00	2,96	300.000,00	2,87	300.000,00	3,19
RESULTADO ANTES DE IMPOSTOS	934.447,92	8,03	1.040.698,30	9,97	472.175,50	5,03

Exercício I

A empresa *COLMAT, S.A.* iniciou a atividade a 2 de janeiro de 2010, dedicando-se à comercialização de diversas marcas de tintas, diluentes, colas e outros produtos similares. A empresa opera em três mercados regionais (Mercado A, Mercado B e Mercado C). Cada uma das regiões encontra-se sob a responsabilidade de um Diretor, por forma a ser possível determinar os respetivos desempenhos.

O presidente da empresa, que tinha planeado para o ano N um resultado antes de impostos francamente positivo, viu-se confrontado com os resultados negativos apurados pela empresa. Decidiu solicitar aos seus departamentos de *Planeamento e Controlo de Gestão* e *Contabilidade,* uma conta de resultados por segmentos[13] (mercados). O seu objetivo é tentar perceber qual ou quais os mercados que ficaram aquém das expetativas. Relativamente ao exercício findo em 31 de Dezembro de N, recolheram-se os seguintes elementos da empresa:

RUBRICAS	MERCADO A	MERCADO B	MERCADO C	SERVIÇOS COMUNS
Unidades vendidas	40.000	32.000	38.000	
Preço de venda unitário (médio) – u.m.	100	125	50	
Margem bruta s/ Preço de Venda	35%	35%	42%	
Comissões nas vendas	5,0%	4,5%	4,0%	
Outros gastos comerciais da região – u.m.	412.000	349.000	283.000	
N.º de vendedores	7	8	10	
CUSTOS DOS SERVIÇOS CENTRAIS – U.M.				
Custos comerciais (1)				925.000
Custos administrativos (2)				691.000
Custos de financiamento (3)				356.500

[13] Independentemente do estipulado pela IFRS 8 (Relato por Segmentos), a empresa pretende elaborar informação segmentada para efeitos de controlo de gestão e análise de performance.

Rubricas	Mercado A	Mercado B	Mercado C	Serviços Comuns
Crédito a clientes (dias)	60	75	75	
Crédito de fornecedores (dias)	45	45	45	
Duração média de inventários (dias)	60	45	45	
Instalações, equipamentos, mobiliário, viaturas, etc – u.m.	750.000	700.000	250.000	225.000
Taxa de depreciação (média)	12,5%	12,5%	12,5%	12,5%

(1) Dizem respeito aos gastos de estrutura comercial, os quais incluem remunerações, deslocações e estadas, despesas de representação, comunicação e publicidade dos produtos (exceto a nível local que é feita na região), estudos de mercado, etc, que foram considerados comuns às três regiões.

(2) Correspondem aos gastos de administração e dos serviços administrativos.

(3) Os gastos de financiamento dizem respeito sobretudo a descontos de pagamento concedidos e a juros de empréstimos bancários.

Questão A: Caso a empresa avalie os resultados de cada região através do resultado contabilístico após imputação dos gastos comuns, identifique a região que durante o ano N apresentou uma maior rendibilidade, tendo em conta as seguintes bases de repartição:

1. Imputação dos custos comuns em função dos rendimentos de cada região;
2. Imputação dos custos comuns em função do número de vendedores afetos a cada região;
3. Imputação dos custos comuns em função dos custos diretos da região.

Questão B: Apure a Margem de Contribuição Residual e o *Economic Value Added*, por Segmento, tendo por base a seguinte informação:

- Ativo Económico:
  - Mercado A – 1.355.208 u.m.;
  - Mercado B – 1.389.583 u.m.;
  - Mercado C – 594.240 u.m.;
- Financiamento:
  - Capital próprio: 1.600.000 u.m. à taxa anual de 5%;
  - Capital alheio: 1.092.188 u.m. à taxa anual de 8%.

Resolução

Questão A

Rubricas	Mercado A	Mercado B	Mercado C	Total
Rendimentos				
Vendas por Mercado	**4.000.000**	**4.000.000**	**1.900.000**	**9.900.000**
Custos Diretos				
Custo das mercadorias	2.600.000	2.600.000	1.102.000	6.302.000
Comissões nas vendas	200.000	180.000	76.000	456.000
Outros gastos comerciais	412.000	349.000	283.000	1.044.000
Depreciações	93.750	87.500	31.250	212.500
Total dos custos diretos	**3.305.750**	**3.216.500**	**1.492.250**	**8.014.500**
Margem de contribuição	**694.250**	**783.500**	**407.750**	**1.885.500**
ROS *(Return on Sales)*	**17,34%**	**19,59%**	**21,46%**	**19,05%**
Custos Indiretos:				
Imputação em % dos rendimentos	**808.333**	**808.333**	**383.959**	**2.000.625**
Resultados por Região	**(114.083)**	**(24.833)**	**23.791**	**(115.125)**
Custos Indiretos				
Imputação em % N.º vendedores	**560.175**	**640.200**	**800.250**	**2.000.625**
Resultados por Região	**134.075**	**143.300**	**(392.700)**	**(115.125)**
Custos Indiretos				
Imputação em % custos Diretos	**825.201**	**802.921**	**372.503**	**2.000.625**
Resultados por Região	**(130.951)**	**(19.421)**	**35.247**	**(115.125)**

De acordo com o quadro apresentado, a região que apresenta uma melhor margem de contribuição em valor absoluto é o Mercado B, embora seja o Mercado C que proporciona uma melhor taxa de retorno. Porém, os resultados por região dependem do critério de imputação dos gastos indiretos. Caso a imputação dos custos indiretos seja feita em função dos rendimentos do segmento (critério questionável pois penaliza o esforço comercial da atividade), o Mercado C é o que apresenta um melhor resultado, embora seja aquele que apresenta menor rédito. Se for usado um critério baseado na intensidade da força de trabalho (n.º de vendedores), verifica-se uma inversão total dos resultados, passando os mercados A e C a serem aqueles que apresentam melhor performance líquida. Contudo, no nosso entender o critério mais equilibrado é a repartição dos custos indiretos proporcionalmente aos custos diretos do segmento, embora os resultados mantenham a mesma tendência que o primeiro critério utilizado.

Questão B

Rubricas	Mercado A	Mercado B	Mercado C	Total
Rendimentos				
Vendas por Mercado	**4.000.000**	**4.000.000**	**1.900.000**	**9.900.000**
Custos Diretos				
Custo das mercadorias	2.600.000	2.600.000	1.102.000	6.302.000
Comissões nas vendas	200.000	180.000	76.000	456.000
Outros gastos comerciais	412.000	349.000	283.000	1.044.000
Depreciações	93.750	87.500	31.250	212.500
Total dos custos diretos	**3.305.750**	**3.216.500**	**1.492.250**	**8.014.500**
Margem de Contribuição	**694.250**	**783.500**	**407.750**	**1.885.500**
Custo Médio Ponderado do capital	**84.294**	**86.432**	**36.962**	**207.688**
Margem de Contribuição Residual	**609.956**	**697.068**	**370.788**	**1.677.812**
Economic Value Added	**457.467**	**522.801**	**278.091**	**1.258.359**

Observações: taxa de IRC estimadas de 25%.

Apesar de se concluir que em todos os casos houve criação de valor durante o período em análise, o Mercado B é aquele no qual, em valor absoluto, se verifica uma melhor performance. Contudo, tal facto e ordenação podem ser alterados caso se opte por introduzir uma lógica de custeio por absorção, por imputação dos custos indiretos (Custos dos Serviços Centrais).

Exercício J[14]

A sociedade *BioSaúde, S.A.* é uma empresa que se dedica à produção e comercialização de diferentes suplementos alimentares biológicos, a operar no mercado desde o início do séc. XXI. No início da última década sofreu uma reestruturação profunda, tendo sido decidido criar várias áreas de negócio atendendo simultaneamente à natureza dos produtos vendidos e aos diversos tipos de clientes e mercados geográficos

[14] Desenvolvimentos adicionais e complementares sobre o apuramento de resultados de acordo com a metodologia ABC podem ser encontrados em Rodrigues e Simões (2009a).

em que opera. Cada uma dessas áreas de negócio goza atualmente de uma grande autonomia de gestão.

A área de negócio *BioStarEco* é uma área de negócio diferenciada que se dedica à produção e comercialização de produtos de gama alta, comercializados em grandes e prestigiadas lojas internacionais, especializadas neste tipo de produto. As três principais variedades do seu produto de excelência são: *BioStarGold*; *BioStarSilver* e *BioStarPlatinum*;

A Contabilidade de Gestão desta área de negócios baseia-se no *Activity Based Costing* (sistema ABC), tendo sido identificadas na área as seguintes atividades e indutores de custo *(Cost Drivers)*:

ATIVIDADES	***COST DRIVERS***
A1 – Gestão Global	Linhas de Produtos
A2 – Planeamento e Gestão da Produção	Número de Ordens de Produção
A3 – Controlo de Qualidade	Número de lotes produzidos
A4 – Supervisão	Horas de Trabalho de Supervisão
A5 – Seleção e Mistura	Horas de Trabalho
A6 – Embalagem	Número de Embalagens
A7 – Faturação, cobranças e outras atividades de suporte	Número de Faturas

Relativamente ao primeiro semestre de N dispõem-se das seguintes informações:

a) Produção e consumo unitário de matérias

Descrição	***BioStarGold***	***BioStarSilver***	***BioStarPlatinium***
Matérias diretas (em u.m.)	3,20	2,75	3,60
Produção (em kg)	95.000	105.000	80.000

b) Distribuição dos Custos Indiretos pelas atividades (em u.m.):

Descrição	**A1**	**A2**	**A3**	**A4**	**A5**	**A6**	**A7**
Gastos com o Pessoal	41.515	51.102	19.208	4.481	11.296	5.011	6.409
Material de escritório	200	340	250	50			135
Comunicações	345	220	170	160			210
Materiais de embalagem						1.250	
Água	120	175	215				120
Eletricidade	345	310	270	320	630	710	250
Depreciações dos equipamentos	50	120	75	90	190	320	120

c) Afetação das atividades aos produtos

Descrição	*BioStarGold*	*BioStarSilver*	*BioStarPlatinium*
Linhas de Produtos	1	1	1
Nº de Ordens de Produção	30	36	42
Nº de Lotes	105	115	120
H. de Trabalho de Supervisão	215	235	200
Horas de Trabalho	800	800	1.000
N.º de Embalagens	950	1.050	800
N.º de Faturas	25	16	20

Pretende-se que com base nos dados apresentados determine o custo de produção, por produto, pelo sistema ABC.

Resolução

1.ª Etapa: Cálculo dos custos totais por atividade

Descrição	A1	A2	A3	A4	A5	A6	A7
Gastos com o Pessoal	41.515	51.102	19.208	4.481	11.296	5.011	6.409
Material de escritório	200	340	250	50			135
Comunicações	345	220	170	160			210
Materiais de embalagem						1.250	
Água	120	175	215				120
Eletricidade	345	310	270	320	630	710	250
Depreciações dos equipamentos	50	120	75	90	190	320	120
Total Custos	**42.575**	**52.267**	**20.188**	**5.101**	**12.116**	**7.291**	**7.244**

2.ª Etapa: Cálculo dos custos unitários de cada atividade *(em função do Cost Driver)*

Descrição	A1	A2	A3	A4	A5	A6	A7
1. Custos por Atividade	42.575	52.267	20.188	5.101	12.116	7.291	7.244
2. Volume do Cost Driver	3	108	340	650	2.600	2.800	61
3. C. Unitário das Atividades (1)/(2)	**14.192**	**483,95**	**59,95**	**7,85**	**4,66**	**2,604**	**118,754**

3.ª Etapa: Consumo de *Cost Drivers*

Cost Drivers	C unit (u.m.)	*BioStarGold*	*BioStarSilver*	*BioStarPlatinium*
Linhas de Produtos	14.192	1	1	1
Nº de Ordens de Produção	483,95	30	36	42
Número de Lotes	59,38	105	115	120
Horas de Trabalho de Supervisão	7,85	215	235	200
Horas de Trabalho	4,66	800	800	1.000
Nº de Embalagens	2,60	950	1.050	800
Nº de Faturas	118,75	25	16	20

4.ª Etapa: Cálculo do custo das atividades por produto

Atividades	C. unitário	*BioStarGold*	*BioStarSilver*	*BioStarPlatinium*
A1	14.192	14.192	14.192	14.191
A2	483,95	14.519	17.422	20.326
A3	59,38	6.235	6.828	7.125
A4	7,85	1.687	1.844	1.570
A5	4,66	3.728	3.728	4.660
A6	2,60	2.474	2.734	2.083
A7	118,75	2.969	1.900	2.375
Total Custos		**45.804**	**48.648**	**52.330**

5.ª Etapa: Cálculo do custo de produção global e unitário de cada produto

Descrição	*BioStarGold*	*BioStarSilver*	*BioStarPlatinium*
1. Matérias Diretas	304.000	288.750	288.000
2. C. das Atividades	45.804	48.648	52.330
3. CIPA	**349.804**	**337.398**	**340.330**
4. CIPA Unitário	**3,6821**	**3,2133**	**4,2541**

Exercício K

O *Banco Asian Pacific, S.A.* é um banco de crédito ao investimento, a operar fundamentalmente no segmento das empresas e que sofreu nos últimos anos uma reestruturação da qual faz parte a implementação do sistema *Activity Based Costing* (ABC).

As operações de depósito e de concessão de crédito ao investimento constituem um dos seus negócios principais. As empresas são remuneradas pelos seus saldos médios dos depósitos à taxa anual de 1,25%. Nos empréstimos que concede cobra juros à taxa anual de 6%, o que se traduz num spread médio efetivo de 4,75%.

Até ao momento, o banco tem cobrado 3 u.m. mensais para as contas com um saldo médio inferior a 2.000 u.m., para cobrir os custos dos muitos serviços que presta aos clientes, muitos deles ainda de forma gratuita. Contudo, o administrador com o pelouro da direção financeira mostra-se apreensivo com esta questão dado que, segundo este, o valor da comissão aplicada não é suficiente para cobrir os custos dos serviços prestados. Este facto é agravado pela redução do spread que na última década tem vindo a decrescer consideravelmente. Nesse sentido, foi deliberado em conselho de administração, recorrer a serviços de consultores externos com o objetivo de determinar o custo dos serviços prestados e identificar a rendibilidade por cliente.

Por simplificação, admita que os clientes do *Banco Asian Pacific, S.A.* são as empresas A, B e C, sendo os seus saldos médios bancários com referência ao ano N os que se apresentam de seguida:

Descrição	**Empresa A**	**Empresa B**	**Empresa C**
Saldo Médio das Contas dos Clientes (u.m.)	12.500	1.970	200.230

Informação adicional recolhida pelos consultores:

a) Custo das Atividades

Atividades	**Valor (u.m.)**
A1 – Depósito de cheques	2.640
A2 – Transferências bancárias	2.392,5
A3 – Pedidos especiais de informação bancária	1.107
A4 – Levantamentos de dinheiro na rede eletrónica	1.002
A5 – Pedidos de informação através do Call Center	1.560

b) *Cost Drivers*

Cost Drivers	**Volume**
N.º de minutos de informação prestados pela operadora	2.400
N.º de cheques depositados	480
N.º de pedidos de informação bancária	270
N.º operações realizadas na rede	1.670
N.º de transferências bancárias	330

c) Utilização dos serviços por cliente:

Descrição	**Empresa A**	**Empresa B**	**Empresa C**
A1 – Depósito de cheques	200	120	160
A2 – Transferências bancárias	90	110	130
A3 – Pedidos especiais de informação bancária	70	130	70
A4 – Levantamentos de dinheiro na rede eletrónica	520	5700	580
A5 – Pedidos de informação através do Call Center	800	600	1.000

Com base na informação fornecida e utilizando a abordagem ABC, pretende-se que determine a rendibilidade dos clientes do *Banco Asian Pacific, S.A.*

Resolução

Atividades	***Cost Drivers***
A1 – Depósito de cheques	N.º de Cheques depositados
A2 – Transferências bancárias	N.º de transferências bancárias
A3 – Pedidos especiais de informação bancária	N.º de pedidos de informação bancária
A4 – Levantamentos de dinheiro na rede eletrónica	N.º de operações realizadas na rede eletrónica
A5 – Pedidos de informação através do Call Center	N.º de minutos de informação prestados pela operadora

Atividades	**Custo Atividade (1)**	**Volume *Cost Driver* (2)**	**Custo Unitário (1/2)**
A1 – Depósito de cheques	2.640	480	5,50
A2 – Transferências bancárias	2.392,5	330	7,25
A3 – Pedidos especiais de informação bancária	1.107	270	4,10
A4 – Levantamentos de dinheiro na rede eletrónica	1.002	1.670	0,60
A5 – Pedidos de informação através do *Call Center*	1.500	2.400	0,65

Descrição	Empresa A	Empresa B	Empresa C
A1 – Depósito de cheques	1.100	660	880
A2 – Transferências bancárias	652,50	797,50	942,50
A3 – Pedidos especiais de informação bancária	287	533	287
A4 – Levantamentos de dinheiro na rede eletrónica	312	342	348
A5 – Pedidos de informação através do *Call Center*	520	390	650
TOTAL	**2.871,50**	**2.722,50**	**3.107,50**

Descrição	Empresa A	Empresa B	Empresa C
1. Rendimentos			
Resultantes do *Spread*	593,75	93,575	9.510,925
Comissão Bancária	0	36	0
Total de Rendimentos	593,75	129,575	9.510,925
2. Custos das Atividades	2.871,50	2.722,50	3.107,50
3. Resultado Bruto (1-2)	(2.277,75)	(2.592,93)	6.403,425

Exercício L

A empresa *Prospect, S.A.* está organizada em cinco segmentos operacionais, consoante a sua área geográfica de atuação (Portugal Norte; Portugal Centro; Portugal Sul; Madeira; Açores). O formato principal do relato de informação financeira por segmentos é por segmentos geográficos.

Relativamente aos segmentos operacionais, conhecem-se as seguintes informações referentes ao ano de N:

	Portugal Norte	Portugal Centro	Portugal Sul	Açores	Madeira	Total
Vendas Externas	75.000	80.000	45.000	5.000	15.000	220.000
Vendas Internas	0	0	10.000	0	32.000	42.000
Rédito Total	75.000	80.000	55.000	5.000	47.000	262.000
Gastos	43.000	92.000	25.000	7.000	35.000	202.000
Resultados	32.000	(12.000)	30.000	(2.000)	12.000	60.000
Ativos	100.000	80.000	80.000	10.000	100.000	370.000
Passivos	45.000	40.000	65.000	3.000	60.000	213.000

À luz da IFRS 8, identifique os segmentos relatáveis.

Resolução

1.ª Etapa: Identificar os segmentos reportáveis, tendo por base o critério de obterem a maior parte dos seus réditos através de clientes externos.

Segmento	% Rédito Externo	Elegível?
Portugal Norte	97,4%	Sim
Portugal Centro	95,2%	Sim
Portugal Sul	81,8%	Sim
Açores	100,0%	Sim
Madeira	31,9%	Não

2.ª Etapa: Assegurar que pelo menos 10% do total das vendas, dos resultados do segmento, ou total de ativos, provém dos segmentos identificados em 1).

Vendas: 0,1 × 268.000= 26.800 → Segmentos "*Portugal Norte*", "*Portugal Centro*"; "*Portugal Sul*".

Resultados: o máximo entre 0,1 × (32.000 + 30.000 + 12.000) ou 0,1 × (12.000 + 2.000) = 7.400 → Segmentos "*Portugal Norte*", "*Portugal Centro*"; "*Portugal Sul*".

Ativos = 0,1 × 370.000 = 37.000 → Segmentos "*Portugal Norte*", "*Portugal Centro*"; "*Portugal Sul*".

São relatáveis os segmentos identificados acima se réditos externos combinados representarem pelo menos 75% do rédito total da entidade.

3.ª Etapa: Rédito externo combinado

Réditos dos segmentos = 75.000 + 80.000 + 45.000
= 200.000 (200.000/262.000 → 76,3%).

Exercício M

A empresa *Delta, S.A.* organiza o seu negócio de acordo com os seguintes segmentos operacionais (valores expressos em milhares de euros):

Segmento	Total Rédito Externo	Total Rédito Interno	Resultado Operacional	Ativos
A	1.000	400	100	600
B	500	600	20	300
C	7.000	1.800	400	3.900
D	3.000	800	200	1.600
E	9.000	1.000	(190)	2.800
F	1.000	900	(20)	500
Total	**21.500**	**5.500**	**510**	**9.700**

À luz da IFRS 8, identifique os segmentos relatáveis.

Resolução

1.ª Etapa: Identificar os segmentos reportáveis, tendo por base o critério de obterem a maior parte dos seus réditos através de clientes externos.

Segmento	% Rédito Externo	Elegível?
A	71,4%	Sim
B	45,5%	Não
C	79,5%	Sim
D	78,9%	Sim
E	90,0%	Sim
F	52,6%	Sim

2.ª Etapa: Assegurar que pelo menos 10% do total das vendas, dos resultados do segmento, ou total de ativos, provém dos segmentos identificados em 1).

Vendas: 0,1 × 27.000 = 2.700 → Segmentos C; D; E

Resultados: o máximo entre 0,1 × (100+20+400+200) ou 0,1 × (190+20) = 72 → Segmentos A; C; D; E

Ativos = 0,1 × 9.700 = 970 → Segmentos C; D; E

São relatáveis os segmentos A; C; D; E, se réditos externos combinados representarem pelo menos 75% do rédito total da entidade.

3.ª Etapa: Rédito externo combinado

Réditos dos segmentos A, C, D, E = 1.000 + 7.000 + 3.000 + 9.000 = 20.000 (74,1%) → A empresa poderá adicionar o segmento F ao Relato por Segmentos.

Exercício N[15]

A sociedade *Telefuturo, S.A.* é uma empresa sedeada em Coimbra, que se dedica à produção e venda de equipamentos eletrónicos para instalação em obras de telecomunicações. Foi constituída em 2005, com um capital de 250.000 u.m. Conta atualmente com 93 colaboradores, incluindo dirigentes.

As suas atividades são asseguradas por duas grandes áreas de negócios com estabelecimentos localizados geograficamente em locais distintos, que distam entre si cerca de 100 km. A unidade de Negócios NORTE (UN1) produz e comercializa os equipamentos, cujo mercado é constituído por empresas que se dedicam à instalação desses equipamentos nas obras que realizam (vende atualmente em Portugal e Espanha). A unidade de Negócios SUL (UN2) é responsável por um conjunto de obras, nas quais poderá utilizar os equipamentos produzidos pela unidade NORTE ou então pode adquirir equipamentos similares a empresas concorrentes.

Do ponto de vista de gestão, cada uma das Unidades de Negócio (UN) goza de total autonomia. No domínio comercial cada uma define as condições de venda e de compra, incluindo os respetivos prazos de recebimento/pagamento. As UN podem vender os seus produtos ou adquirir as matérias quer a outras Unidades quer a fornecedores externos. A instalação de equipamentos é prática habitual na UN SUL. Estes são adquiridos internamente ou externamente. Neste último caso, os fornecedores externos concedem-lhe normalmente um prazo médio de recebimentos de 90 dias e um desconto especial médio de 5%. A UN NORTE também tem vantagens em vender os equipamentos à UN SUL na medida em que poupa 85% das despesas de transporte que suporta com os seus clientes externos.

---

[15] Em Rodrigues e Simões (2009b) podem ser encontrados desenvolvimentos adicionais e complementares sobre a problemática dos Preços de Transferência Interna.

Relativamente ao ano N, extraíram-se os seguintes elementos em relação às atividades de cada Unidade:

UNIDADE DE NEGÓCIOS NORTE

(Os preços unitários e valores são expressos em u.m.)

Rubricas	REAL		
	Q	Pu	Valor
Venda Externas de Equipamentos	210.000	145	30.450.000
Vendas à UN SUL	28.000	???	???
Stock inicial	18.000	105	2.088.000
Stock final	7.000	???	???
Prazo médio de recebimentos (dias)	60		
Compra de materiais (ton)	132.000	123	16.236.000
Stock médio de materiais (Ei = Ef)			2.850.000
Consumo de outras matérias			3.200.000
Prazo médio de pagamentos (dias)	90		
Remunerações do pessoal fabril			3.150.000
Depreciação de equipamentos (12,5%)			800.000
Outras despesas industriais			2.400.000
Comissões e intermediários			6% p.v.
Gastos de transporte nas vendas	195.000	4,75	926.250
Outros gastos administrativos e de venda			2.720.000

UNIDADE DE NEGÓCIO SUL

(Os preços unitários e valores são expressos em u.m.)

Rubricas	REAL		
	Q	Pu	Valor
Instalações (obras) realizadas			52.800.000
Stock inicial de obras em curso			7.600.000
Stock final de obras em curso			5.400.000
Prazo médio de recebimentos (dias)	60		
Compras à UN NORTE	15.000	???	???
Consumos de outros materiais			21.700.000
Stock médio de outras matérias (Ei=Ef)			3.100.000
Subcontratos			7.000.000
Prazo médio de pagamentos (dias)	90		
Remunerações do pessoal			5.500.000
Depreciações de equipamentos (12,5%)			700.000
Comissões de angariação			7% p.v.
Depreciações de veículos (25%)			600.000
Outros gastos da área de negócios			4.000.000

Sabe-se ainda que nenhuma das Unidades tinha planeado, nem realizou quaisquer investimentos durante o ano N e que, no início deste ano, restava uma vida útil média de 4 anos para os equipamentos e de 2 anos para as viaturas. O custo do capital estimado para N é de 9% e o critério adotado na movimentação de stocks é o critério FIFO.

PEDIDOS:

Questão A: Determine o preço de transferência que deveria ser praticado para o equipamento, sabendo que a opção recai sobre o preço máximo aceite para a unidade de negócio adquirente;

Questão B: Avalie o desempenho financeiro de cada uma das áreas de negócio elaborando para o efeito as respetivas demonstrações económico-financeiras reais.

Resolução

Questão A:

Para efeitos de determinação do Preço de Transferência Interna torna-se necessário proceder à identificação do intervalo no qual o PTI possa ser enquadrado, com vantagens para ambas as unidades envolvidas. O preço de venda praticado deve refletir os ajustamentos decorrentes das eventuais poupanças ou agravamentos que possam resultar decorrentes da opção de adquirir ou vender internamente.

Do ponto de vista da Unidade de Negócio Norte (Unidade Fornecedora), são os seguintes os ajustamentos a realizar ao preço de venda:

- Poupança financeira decorrente da concessão de crédito a clientes: Preço de Venda × Prazo Médio de Recebimentos × Custo do Capital → 145 u.m. × 60/365 × 0,09 = 2,15 u.m.;
- Poupança nos custos de transporte: 0,85 × 4,75 u.m. = 4,04 u.m.;
- Poupança nas comissões a intermediários: 0,06 × 145 u.m. = 8,7 u.m.

Decorre daqui que o preço mínimo a praticar pela Unidade de Negócios Norte é de 130,11 u.m., ou seja, abaixo deste valor é mais vantajoso vender para o exterior.

Relativamente à Unidade de Negócio Sul (Unidade Cliente), há que efetuar os seguintes ajustamentos ao preço:

- Perda financeira decorrente do crédito concedido por fornecedores: Preço de aquisição × Prazo Médio de Pagamentos × Custo do Capital → 145 u.m. × 90/365 × 0,09 = 3,22 u.m.;
- Perda de desconto especial concedido pelos fornecedores: 0,05 × 145 u.m. = 7,25 u.m.

Face ao exposto, o preço máximo aceitável para a unidade de negócio cliente é de 134,53 u.m., ou seja, acima deste preço é mais vantajoso adquirir no exterior do que internamente. Assim sendo, o PTI deverá ser fixado no seguinte intervalo:

[130,11 u.m. ; 134,53 u.m.]

No caso concreto, e face à informação expressa no enunciado, o PTI será fixado em 134,53 u.m.

QUESTÃO B:

Custo de Produção Total e Unitário do equipamento produzido pela Unidade de Negócios Norte:

- Consumo de materiais: 16.236.000 u.m.;
- Consumo de outras matérias: 3.200.000 u.m.;
- Remunerações do pessoal fabril: 3.150.000 u.m.;
- Depreciação equipamentos industriais: 800.000 u.m.;
- Outras despesas industriais: 2.400.000 u.m.

Custo Industrial dos Produtos Acabados (Total) = 25.786.000 u.m.
Quantidade produzida = Inv. Final + Vendas – Inv. Inicial → Quantidade produzida = 7.000 + (210.000 + 28.000) – 18.000 → Quantidade produzida = 227.000 unidades
$CIPA_{Unitário}$ = 113,59 u.m.
Variação da Produção de Produtos Acabados = 7.000 × 113,59 u.m. – 2.088.000 u.m. → Variação da Produção = (1.292.870 u.m.)

Componentes do Resultado	UNIDADE DE NEGÓCIOS NORTE	UNIDADE DE NEGÓCIOS SUL
RENDIMENTOS		
Vendas Externas	30 450 000,00	52 800 000,00
Vendas Internas à Unidade de Negócios Sul	3 766 840,00	
Variação de produção de Equipamentos	−1 292 870,00	
Variação da produção em curso		−2 200 000,00
Total dos Rendimentos	32 923 970,00	50 600 000,00
GASTOS DIRETOS		
Consumo de materiais	16 236 000,00	
Consumo de outras matérias	3 200 000,00	21 700 000,00
Compras Internas à Unidade de Negócios Norte		3 766 840,00
Remunerações do pessoal	3 150 000,00	5 500 000,00
Depreciações dos equipamentos	800 000,00	700 000,00
Subcontratos		7 000 000,00
Outras despesas industriais	2 400 000,00	
Comissões a intermediários e de angariação	1 827 000,00	3 696 000,00
Gastos de transporte nas vendas	926 250,00	
Depreciação de veículos		600 000,00
Outros gastos administrativos e de venda	2 720 000,00	4 000 000,00
Total dos Gastos Diretos	31 259 250,00	46 962 840,00
MARGEM DE CONTRIBUIÇÃO	1 664 720,00	3 637 160,00
Gastos de financiamento do ativo económico	830 480,85	1 644 750,00
MARGEM DE CONTRIBUIÇÃO RESIDUAL	834 239,15	1 992 410,00

em que:

ACTIVOS ECONÓMICOS	UNIDADE DE NEGÓCIOS NORTE	UNIDADE DE NEGÓCIOS SUL
Ativos Fixos Líquidos Médios	**4 000 000,00**	**5 300 000,00**
Ativos fixos brutos	6 400 000,00	8 000 000,00
Depreciações acumuladas médias	2 400 000,00	2 700 000,00
Necessidades em Fundo de Maneio	**5 227 565,00**	**12 975 000,00**
Crédito médio a clientes	5 075 000,00	8 800 000,00
Inventário médio de materiais	2 850 000,00	
Inventários médios de equipamentos	1 441 565,00	

ACTIVOS ECONÓMICOS	UNIDADE DE NEGÓCIOS NORTE	UNIDADE DE NEGÓCIOS SUL
Inventários médios de obras em curso		6 500 000,00
Inventários médios de outros materiais		3 100 000,00
Crédito médio de fornecedores	4 139 000,00	5 425 000,00
TOTAL DO ACTIVO ECONÓMICO	**9 227 565,00**	**18 275 000,00**

Exercício 0

A sociedade *Precision, Lda.* produz dois tipos de equipamentos de localização geográfica, o equipamento UltraPrecision e o equipamento NeoPrecision. Relativamente ao ano N, as vendas foram de 50.000 unidades do UltraPrecision e de 200.000 do NeoPrecision. A produção foi na totalidade vendida no espaço da União Europeia. Os custos diretos unitários foram os seguintes:

	UltraPrecision	NeoPrecision
Matérias diretas	90 u.m.	50 u.m.

Uma equipa de implementação do *Time Driven Activity Based Costing* (TDABC) recolheu a seguinte informação:

Atividade e condutor de custo	Tempo requerido	Quantidade condutor de custo		
		UltraPrecision	NeoPrecision	Total
A1 - Receção de matérias (n.º de receções)	1,5 horas	1.800	3.200	5.000
A2 - Preparação das máquinas (n.º de *setups*)	2 horas	3.000	1.000	4.000
A3 - Processar ordens de produção (n.º de ordens)	2,5 horas	400	800	1.200
A4 - Testes de produtos (n.º de testes)	1 hora	16.000	4.000	20.000

A empresa tem uma capacidade instalada (teórica) de 50.000 horas, utilizando na prática apenas 85% dessa capacidade.

Os custos indiretos do ano N totalizaram 10.200.000 u.m. e a empresa pretende utilizar o TDABC para os repartir pelas atividades.

Pretende-se que determine:

a) O custo de cada equipamento;
b) A capacidade não utilizada e quantifique o custo da inatividade.

Resolução

Cálculo do Quociente de Imputação (Custo) em função da capacidade prática

Capacidade prática = 0,85 × 50.000 → 42.500 Horas
Custo Unitário Cap. Prática = 10.200.000/42.500 → 240 u.m./Hora

Custeio das Atividades em função do tempo de execução

C. Unitário de A1 = 240 × 1,5 Horas = 360 u.m.
C. Unitário de A2 = 240 × 2 Horas = 480 u.m.
C. Unitário de A3 = 240 × 2,5 Horas = 600 u.m.
C. Unitário de A4 = 240 u.m.

Custo dos Produtos

UltraPrecision = 90 × 50.000 + 360 × 1.800 + 480 x 3.000 + 600 × 400 + 240 × 16.000 = 4.500.000 + 6.168.000 → Custo Unitário = 10.668.000/50.000 → 213,36 u.m.

NeoPrecision = 50 × 200.000 + 360 × 3.200 + 480 × 1.000 + 600 × 800 + 240 × 4.000 = 10.072.000 + 3.072.000 → Custo Unitário = 13.072.000/200.000 → 65,36 u.m.

Determinação da capacidade não utilizada

Capacidade Prática = 42.500 Horas
Capacidade Utilizada = 1,5 + 5.000 + 2 × 4.000 + 2,5 × 1.200 + 20.000
Capacidade Não Utilizada = 4.000 Horas

4.000 × 240 = 960.000 → *Custo de Inatividade*
ou Custos de Inatividade = Custos Indiretos – Custo das Atividades, ou seja, 10.200.000 – 6.168.000 – 3.072.000 = 960.000

3.7.2. Exercícios Propostos

Exercício P

A sociedade *AlémTejo, S.A.* dedica-se à fabricação de um determinado produto, o qual é vendido tanto no mercado interno como no mercado externo. Da estrutura de custos da empresa, são conhecidos os seguintes valores relativos ao ano N:

Descrição	Consumo Unitário/Un.	Custo Unitário (u.m.)	Custo Global (u.m.)
Matérias-primas	3,5	8,0	
MOD (variável)	2,5	7,0	
GGF (variáveis)	4,0	6,0	
GGF (fixos)			3.800.00
Custos de distribuição variáveis		1,5	
Custos de distribuição fixos			700.000
Custos administrativos fixos			372.000

Outras informações:

a) O preço de venda unitário é de 100 u.m. por unidade;
b) A empresa trabalha em sistema de *Just-In-time* para quaisquer tipologias de inventário;
c) A empresa tem atualmente uma margem de segurança positiva de 45%.

A empresa ensaia atualmente três cenários distintos em função da avaliação da conjuntura económica e das suas potencialidades internas.

- **Cenário A:** considera que é possível aumentar o volume de vendas em 20% embora tal estratégia implique uma flexibilização do preço, o qual poderá sofrer uma redução de 2,5%. Contudo, estima-se que os custos não industriais fixos aumentem 10%, principalmente pelo investimento a realizar em publicidade e propaganda.
- **Cenário B:** Através de novas negociações ao nível das compras de matérias-primas, a empresa considera que é possível reduzir o custo variável industrial em 8%. Contudo, a empresa equaciona a possibilidade de renovar o seu equipamento industrial, através da aquisição de duas novas máquinas. Essas máquinas terão um custo de aquisição total de 200.000 u.m. e serão depreciadas à taxa anual de 12,5%.
- **Cenário C:** a retração da procura num dos mercados revela-se bastante provável pelo que poderá conduzir a uma quebra no

volume de vendas de cerca de 15%, apesar de se prever reforçar os custos com publicidade nesse mercado em cerca de 100.000 u.m. Apesar de não estar prevista qualquer redução de preço, a empresa prevê que os custos de distribuição variáveis possam sofrer um acréscimo médio de 0,5 u.m. por unidade transportada (para todo o volume de vendas).

Pede-se:

a) Qual o cenário que proporciona um maior resultado diferencial para a empresa? Comente os resultados obtidos.

b) Elabore a demonstração de resultados para os três cenários apresentados.

Exercício Q

A empresa *Regional, S.A.* dedica-se à comercialização de diversas marcas de produtos dietéticos de origem biológica. A empresa opera em três segmentos (S_1, S_2 e S_3). Cada um dos segmentos encontra-se sob a responsabilidade de um diretor, por forma a ser possível determinar os respetivos desempenhos.

Relativamente ao período findo em 31 de Dezembro do ano N, decidiu-se efetuar uma análise da rendibilidade por segmentos, no intuito de virem a ser definidas medidas de natureza estratégica. Neste âmbito, recolheram-se os seguintes elementos:

Rubricas	S1	S2	S3	Custos Comuns aos Segmentos
Unidades vendidas	100.000	140.000	200.000	
Preço de venda unitário (médio) – u.m.	80	75	60	
Margem bruta s/ Preço de Venda	30%	28%	35%	
Comissões nas vendas	4,0%	3,0%	3,0%	
Outros gastos comerciais da região – u.m.	300.000	350.000	280.000	
N.º de vendedores	5	5	9	
Custos dos Serviços Centrais – u.m.				
Gastos comerciais [1]				900.000
Gastos administrativos [2]				800.000

Rubricas	S1	S2	S3	Custos Comuns aos Segmentos
Gastos de financiamento [3]				300.000
Crédito a clientes (dias)	30	60	60	
Crédito de fornecedores (dias)	60	60	90	
Inventários médios durante o período (u.m.)	305.000	500.000	600.000	
Instalações, equipamentos, mobiliário, viaturas, etc – u.m.	1.000.000	800.000	500.000	400.000
Taxa de depreciação (média)	12,5%	12,5%	12,5%	12,5%
Vida útil remanescente	5	6	4	
Custo do capital (taxa de juro anual)	5%	5%	5%	

[1] Dizem respeito aos gastos de estrutura comercial, os quais incluem remunerações, deslocações e estadas, despesas de representação, comunicação e publicidade dos produtos (excetuando as que são específicas do segmento), estudos de mercado, etc, que foram considerados comuns aos três segmentos.

[2] Correspondem aos gastos de administração e dos serviços administrativos.

[3] Os gastos de financiamento dizem respeito sobretudo a descontos de pagamento concedidos e a juros de empréstimos bancários.

Questão A:

Caso a empresa avalie os resultados de cada segmento através do resultado contabilístico após imputação dos gastos comuns, identifique o segmento que durante o ano N apresentou uma maior rendibilidade, tendo em conta as seguintes bases de repartição:

a) Imputação dos custos comuns em função dos rendimentos de cada segmento;
b) Imputação dos gastos comuns em função das unidades vendidas em cada segmento (efeito de volume);
c) Imputação dos custos comuns em função do número de vendedores afetos a cada segmento;
d) Imputação dos custos comuns em função dos custos diretos de cada segmento.

Questão B:

Apure a Margem de Contribuição Residual e o *Economic Value Added*, para cada um dos segmentos S_1 a S_3. Considere uma taxa de IRC de 20%

Exercício R

A empresa *ALFA, S.A.* é uma empresa diversificada que opera em cinco segmentos de negócio. A informação financeira que se apresenta de seguida refere-se ao período contabilístico findo em 31 de dezembro do ano N.

Informação sobre os Segmentos de Negócio *(em '000 u.m.)*

DESCRIÇÃO	CERVEJAS	VINHOS	HOTELARIA	RESTAURAÇÃO	DESPORTOS	TOTAL
VENDAS TOTAIS	1.249	1.244	4.894	4.815	7.552	19.754
– A CLIENTES EXTERNOS	909	543	4.229	4.521	6.211	16.413
– A OUT. SEGMENTOS	340	701	665	294	1.341	3.341
RESULTADOS	231	(131)	714	(401)	1.510	2.323
ATIVOS	2.977	2.175	5.253	1.072	8.258	23.035

Pretende-se que com base na informação apresentada, indique os Segmentos de Negócio que devem ser integrados no relato por segmentos, no âmbito da IFRS 8.

Exercício S

A empresa produz e vende um único produto Delta. Para se produzir uma unidade deste produto, consomem-se os seguintes fatores:

– Matérias Diretas, Mão de Obra Direta e Gastos Gerais de Fabrico

Tipo	Consumo unitário por unidade produzida	Custo Unitário das MD/MOD/GGF – em u.m.
Matéria-prima A	1,2	3
Matéria-prima B	1	2
MOD	0,4	8
GGF-Variáveis	1,5	3

- GGF fixos: 1.000.000 u.m. por ano.
- A empresa produziu 125.000 unidades estando a laborar a 85% da sua capacidade.
- A margem de contribuição é de 38 u.m.
- Os inventários iniciais e finais de produtos acabados são nulos (não há variação de *stocks*).
- OUTRAS INFORMAÇÕES:
  - Custos de distribuição: Variáveis: 7,50 u.m. Fixos: 915.000 u.m. por ano.

- Gastos administrativos fixos: 500.000 u.m. por ano. Gastos financeiros fixos: 300.000 u.m. por semestre.
- Acima da capacidade instalada, a empresa necessita de ampliar a sua linha de montagem pelo que o investimento adicional implica um acréscimo nos gastos gerais de fabrico fixos de 1.485.000,00 u.m. e de 3,6 u.m./unidade nos custos de distribuição variáveis para toda a quantidade colocada no mercado.

1. Pede-se a elaboração do mapa de produção para os seguintes níveis de atividade:

   i. Ponto crítico.
   ii. Capacidade instalada.
   iii. Atividade real.
   iv. 140% da capacidade instalada.

2. Demonstrações dos Resultados para os níveis de atividade identificados.

4
A Dimensão Prospetiva do Controlo de Gestão

A dimensão prospetiva do controlo de gestão é, como a própria amplitude terminológica o indica, a perspetiva mais volátil e incerta da gestão corrente das organizações. Volátil pelas alterações que podem ocorrer em ambientes cada vez mais hostis e dinâmicos, incerta pelo facto de a gestão previsional ser cada vez mais influenciada por variáveis que não se conseguem antever e às quais os modelos de previsão, enquanto analogias simplificadas da realidade, são cada vez mais permeáveis.

Focalizada nos extremos do ciclo de gestão (P-O-D-C), conforme Figura 1.2. (Capítulo 1), a dimensão que abordamos ao longo deste capítulo, para além de procurar mitigar os efeitos decorrentes de uma "*navegação à vista*", procura incutir na organização a responsabilidade de programar e conhecer as atividades, em linha com a missão e com os objetivos da organização, assim como avaliar o seu grau de concretização através de uma monitorização corrente e dinâmica. Na senda destes objetivos, emergem como pilares estruturantes a gestão e o controlo orçamental, aos quais daremos especial relevância e sinalização.

4.1. A GESTÃO ORÇAMENTAL

A necessidade de elaborar orçamentos resulta do dinamismo que caracteriza as economias em geral, e as organizações e o seu sistema de valor em particular. É igualmente influenciado pela incerteza que caracteriza o espetro micro e macroeconómico, bem como da complexidade e dispersão das atividades que as organizações desenvolvem. Assim, os orçamentos representam a forma mais comum de apresentar as previsões. A previsibilidade é um aspeto ligado à incerteza, pois existem mercados mais estáveis do que outros e por isso mais previsíveis. Quanto maior for a incerteza associada a um certo ambiente dinâmico, mais difícil se torna efetuar quaisquer previsões. Como a previsibilidade se afigura por vezes controlável, o aumento da fiabilidade e das possibilidades de previsão dependem dos recursos disponíveis, das estratégias adotadas, entre outros aspetos indispensáveis ao exercício de previsão.

O termo *Orçamento Anual* (designação apresentada em sentido lato e associada ao Ciclo 3 do planeamento, tal como identificado no capítulo 1), abrange todo o conjunto de programas e orçamentos, *strictu sensu*, elaborados para enquadrar as atividades de uma determinada organização em determinado período económico, definindo as operações a realizar, os recursos a utilizar, os gastos/custos, os rendimentos e resultados previstos, bem como os fluxos reais e monetários a realizar, culminando na sua agregação nas demonstrações financeiras que compõem o relato empresarial previsional (balanço ou demonstração previsional da posição financeira; demonstração previsional dos resultados; demonstração previsional do rendimento integral; demonstração previsional do outro rendimento integral; demonstração previsional dos fluxos de caixa). O termo *Programa* é usualmente utilizado na gestão orçamental para designar o mapa ou o conjunto de mapas que fixam exclusivamente em quantidades e prazos as atividades a desenvolver (v.g. Programa de Vendas; Programa de Compras; Programa de Stocks; Programa de Mão de Obra; Programa das Secções ou das Atividades, etc.). São exemplos de orçamentos (tradução monetária dos programas): 1. Orçamento de Vendas; 2. Orçamento de Compras; 3. Orçamento de Inventários; 4. Orçamento de Mão de Obra; 5. Orçamento das Secções ou Atividades; 6. Orçamento de Investimentos e Desinvestimentos; Etc..

Decorrente de toda esta panóplia de informação previsional, devem ser igualmente apresentados os indicadores de desempenho (KPI) igualmente de base previsional. Neste contexto, importa ainda distinguir os orçamentos quanto ao seu grau de flexibilidade. Assim:

- **Orçamento Rígido**: aquele que é definido somente para determinado volume ou nível e atividade. Regra geral, as organizações que laboram em ambientes mais estáveis, é esta a opção que tomam no seu processo periódico (regra geral anual) de gestão orçamental;

- **Orçamento Flexível**: aquele que é definido geralmente para diversos níveis de atividade, em linha com uma gestão previsional por cenários (v.g. Cenário Otimista; Cenário Normal; Cenário Pessimista).

À implementação do ciclo 3 do planeamento (orçamentação) estão normalmente associadas três funções distintas: 1. O planeamento e a fixação de objetivos, de base quantificada e de impacto financeiro; 2. A avaliação e o controlo do desempenho organizacional; 3. A utilização do orçamento periódico como instrumento de comunicação organizacional, motivação dos órgãos de governo societário e dos responsáveis descentralizados. O próprio orçamento anual, situado num patamar funcional acima da sua visão mecanicista enquanto processo, constitui um modelo de planeamento financeiro, podendo, com recurso às tecnologias de informação e comunicação, conhecerem-se de imediato os resultados e as implicações de diversas soluções alternativas. A flexibilidade orçamental, em complemento do que fora abordado no capítulo precedente, permite que os controladores de gestão possam ter uma visão mais dinâmica, de natureza antecipatória e tempestiva mais credível. Neste âmbito, e para melhor perceção da integração entre os diversos programas e orçamentos que compõem o orçamento anual, recorremos à ilustração proporcionada por Palma (1998), cuja génese se mantém atual, ainda que estejamos em pleno séc. XXI, apesar de todos os desenvolvimentos ocorridos e conhecidos ao nível dos mercados e do posicionamento das organizações e dos sistemas de valor em que estão inseridas.

O orçamento anual de qualquer organização, com as devidas adaptações decorrentes da natureza da sua atividade, da complexidade das suas operações, bem como da sua estrutura organizacional, deve proporcionar uma visão integrada através da identificação das ligações numa lógica de relação de causa-efeito, por forma a que se compreendam os impactos decorrentes da evolução das diversas variáveis que o integram e que o influenciam.

Figura 4.1. – Visão integrada de programas e orçamentos

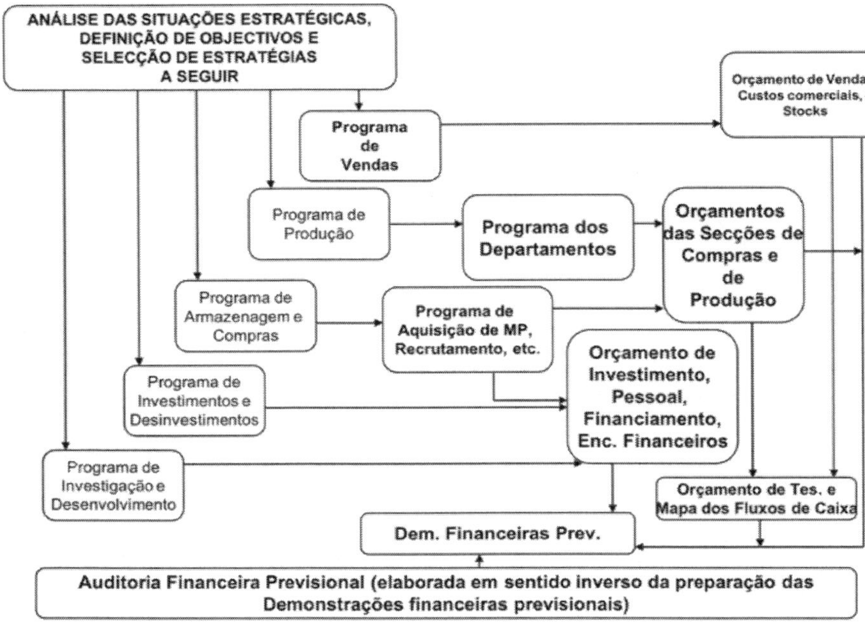

Fonte:Palma (1998)

O ponto de partida para a elaboração do orçamento periódico deve ser a elaboração de um programa de vendas, prestações de serviços, projetos, ou outras tipologias de objeto de custeio. Ainda que seja desejável este ponto de partida ter por base um diagnóstico interno e externo da organização, existem aspetos de natureza externa e interna que devem ser tomados em consideração:

- **Externos:** Evolução previsível do comportamento das economias e dos mercados em que a organização opera ou pretende vir a operar, e a sua relação com o consumo de produtos e/ou serviços da organização; Evolução previsível dos setores em que se insere e dos mercados de oferta e procura dos seus produtos e/ou serviços, comportamento da concorrência, o que normalmente tem subjacente a elaboração de estudos de mercado; Evolução de variáveis macroeconómicas, como por exemplo evolução previsível das taxas de juro das fontes de financiamento; Outros fatores.

- **Internos:** Evolução do volume de negócios no passado recente; Capacidade de produção; Força de vendas existente; Canais de distribuição disponíveis e sua importância relativa do ponto de vista histórico; Rendibilidade da carteira de produtos e/ou serviços; Constrangimentos financeiros; Apetência dos órgãos de governo societário para o risco; Políticas internas; Outros fatores.

A necessidade de ajustar o orçamento ao longo do seu horizonte temporal não deve ser confundida com a natureza flexível do orçamento, cujo conceito já fora anteriormente identificado e caracterizado. É expectável, e até desejável, que ao longo daquele período as organizações efetuem revisões periódicas dos seus orçamentos (Figura 4.2.), reajustando as rubricas orçamentais com os decorrentes impactos na análise dos desvios abordados no ponto seguinte deste capítulo. A frequência com que tais ajustamentos deverão ocorrer dependem, uma vez mais, da natureza da atividade, da complexidade das operações, e da instabilidade e incerteza que caracteriza os mercados em que a organização opera. Apelamos, contudo, para o facto deste procedimento se dever pautar por pressupostos de utilidade de gestão e não por meros princípios de natureza mecanicista. É nossa convicção de que a implementação de uma política interna de reajustamento periódico

Figura 4.2. – Ajustamentos orçamentais periódicos

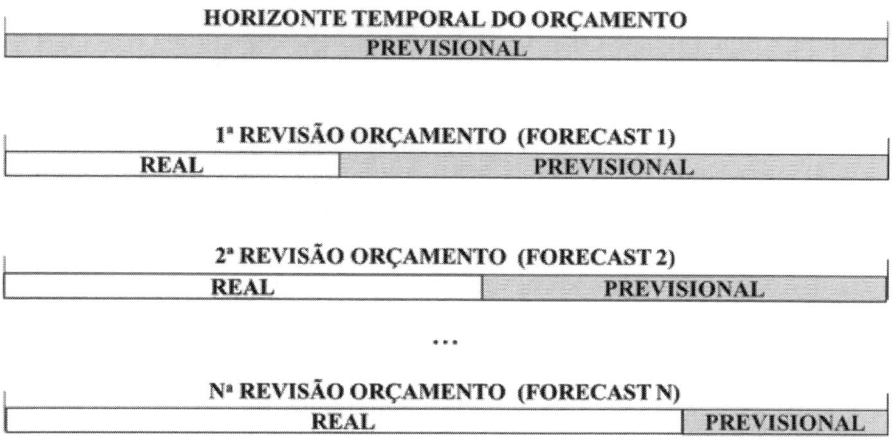

do orçamento, constitui um mecanismo de controlo de gestão que permite a obtenção de indicadores mais ajustados à realidade corrente da organização, para além de melhorar a fiabilidade da informação, incluindo a sua tempestividade.

Tal como ilustrado na figura anterior, a última revisão periódica do orçamento já deve proporcionar uma visão bastante fiel e ajustada à realidade das operações e ao seu impacto nas demonstrações financeiras. Tal como desenvolvidos no ponto seguinte, os ajustamentos efetuados no orçamento anual deverão ter consequências diretas na base de apuramento dos desvios, ainda que se possa sempre manter, cumulativamente, o apuramento dos desvios em relação ao orçamento inicial. Não vemos nesse procedimento qualquer redundância de análise, mas sim uma complementaridade, garantindo-se a manutenção do histórico e todo o processo de gestão e controlo orçamental.

4.2. CONTROLO ORÇAMENTAL E ANÁLISE DE DESVIOS

O controlo orçamental é um dos pilares mais elementares do controlo de gestão pois traduz-se, em termos práticos, no cálculo e análise dos desvios das diversas rubricas orçamentadas. Este processo de gestão corrente envolve os controladores de gestão na atividade de cálculo desses desvios, na procura de causas para a sua evolução junto dos responsáveis descentralizados, e na compilação de informação para efeitos de monitorização, avaliação e tomada de decisão. Trata-se de comparar as realizações (dados reais) com o orçamento anual (independentemente da periodicidade com que são efetuadas as revisões), apurando-se os desvios e identificando medidas corretivas efetivas ou potenciais.

O controlo orçamental, enquanto elemento de prognóstico, traduz uma análise crítica da gestão histórica, procurando identificar e reconhecer os fatores que afetam a atividade do gestor, identificando situações caraterizadas pela sua normalidade ou pela sua excecionalidade. Para além disso, deve identificar os diversos tipos de gastos/custos, rendimentos, resultados, por forma a melhorar o trabalho de previsão e de controlo, independentemente da complexidade e sofisticação incutida nesse processo. Enquanto elemento potenciador de incutir comportamentos na gestão, obriga o gestor a estabelecer objetivos que sejam atingíveis e a escolher planos de ação que se mostrem exequíveis. Tal facto envolve diagnósticos mais profundos sobre o ambiente externo da organização (oportunidades e ameaças), e sobre o ambiente interno (pontos fortes e pontos fracos), ou seja, conhecer em profundidade o meio envolvente da organização, a importância que o segmento (divisão, departamento, atividade, etc.) tem na otimização da margem resultante da cadeia de valor organizacional. Paralelamente, o controlo orçamental obriga o gestor a um acompanhamento da sua atividade corrente, comparando permanente ou periodicamente as suas realizações com as previsões inicialmente efetuadas (ou ajustadas). Tal acompanhamento permitirá diagnosticar em que medida as previsões foram sobreavaliadas (por vezes utilizando "almofadas" orçamentais) ou subavaliadas, ou as realizações ficaram aquém (além) das expectativas e qual a razão de tal desfasamento. Importa ainda referir que obriga o gestor a conceber medidas corretivas, nomeadamente a recorrer a planos de contingência (provenientes, ou não, de estratégias emergentes) com a adoção de novas ideias, novos métodos e recursos alternativos.

Em termos ilustrativos, o processo de controlo orçamental, pode ser traduzido pelo conteúdo expresso na Figura 4.3., a qual procura identificar a génese do controlo orçamental, mas também os seus pilares estruturantes.

Figura 4.3. – Processo e características do controlo orçamental

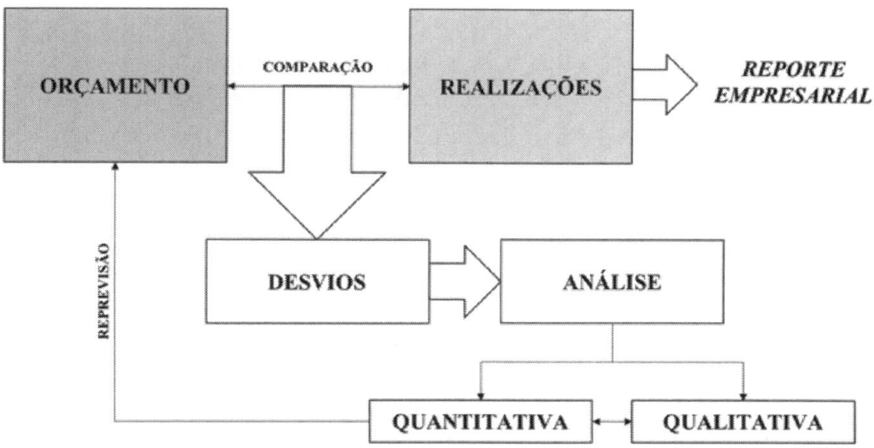

A análise dos desvios integra uma dimensão quantitativa e uma dimensão qualitativa. No âmbito da dimensão quantitativa devem ser analisados os desvios, desagregando os seus efeitos (volume, preço, taxa, eficiência, etc.) e enquadrando-os no âmbito da gestão por exceção (identificação de intervalos de referência para efeitos de posicionamento do KPI). A dimensão qualitativa engloba a identificação de causas para os desvios, sejam elas internas ou externas à organização, sejam alheias, ou não, à ação do gestor responsável pelo indicador. Enquanto elemento de prognóstico empresarial, o cálculo e análise dos desvios deverá permitir a introdução de ajustamentos ao orçamento inicialmente elaborado e aprovado (Figura 4.2.), com os consequentes impactos na elaboração do orçamento do período económico subsequente. Como ilustrado pela figura apresentada na página anterior, o processo de gestão e controlo orçamental é um processo dinâmico que envolve, numa base periódica, a identificação de flutuações face ao anteriormente previsto, mas que deve ter como objetivo e horizonte temporal o planeamento do ciclo de gestão subsequente.

As causas dos desvios, tal como já indicado, podem ser de origem externa ou interna, ou mesmo mista. As causas de origem externa, cuja génese está normalmente centralizada no ambiente geral (macroeconómico) ou no ambiente específico (setor de atividade em que a organização se insere), requerem da organização um diagnóstico do seu posicionamento pois pode envolver a implementação de estratégias alternativas ou então a redefinição do direcionamento das estratégias atuais. Caso os desvios tenham uma origem interna, há que identificar quais os processos e/ou atividades que carecem de análise e quais os recursos que requerem intervenção, seja em decisões de reengenharia, seja em decisões de melhoria e otimização. Caso as causas dos desvios sejam de natureza endógena e da responsabilidade do gestor, para além da informação ter efeitos ao nível da monitorização da atividade, e do seu impacto financeiro, deve ser analisada no âmbito da avaliação do desempenho do gestor enquanto pivot relevante na criação de valor organizacional.

Os desvios devem ser internamente reportados em mapas que sejam facilmente compreensíveis pela gestão e que permitam uma análise imediata do posicionamento da organização no seu todo ou do segmento em particular. Nesse sentido, a informação a divulgar (independentemente do meio usado para o efeito), deve atender aos seguintes princípios norteadores:

- O sistema de informação e controlo da empresa deve ser integrado, permitindo a agregação e desagregação da informação. Os diversos níveis hierárquicos requerem informação com níveis de agregação distinta, pelo que o sistema de controlo de gestão deve estar alinhado com a estrutura orgânica da organização;
- A informação deve ser processada de forma a poder ser transmitida aos reais e efetivos utilizadores, nomeadamente ao *owner* do KPI. Para além de ser sua responsabilidade a justificação da evolução do indicador de gestão, deve ser ele que o deve utilizar e transmitir a quem necessitar da informação;
- A informação deve ser compilada e analisada nos diversos órgãos de governo societário. Existem desvios cujas causas são alheias aos gestores descentralizados, que requerem a adoção de políticas transversais e acima dos níveis hierárquicos onde têm o primeiro, e talvez mais relevante, impacto.

A utilidade da análise dos desvios é, salvo melhor opinião, questionável quando realizada de forma puramente agregada. Salvo nos casos em que tal não se revela exequível (situação que ocorre em múltiplas grandezas de base contabilística), a mensuração dos desvios pelas suas causas é um imperativo de gestão. Traduz-se na desagregação dos desvios (favorável ou desfavorável), pela sua dimensão de volume (quantidade ou eficiência) e pela sua dimensão de rendimento (preço ou taxa). Apresentamos de seguida o processo de desagregação dos desvios, aplicável de forma transversal nas situações em que a rubrica orçamental seja gerada por uma componente quantitativa (efeito de volume) e por uma componente de natureza mais qualitativa, como seja a política de preço ou de gastos/custos.

A desagregação dos desvios, na abordagem anteriormente referida, centra-se na noção de *Orçamento Ajustado*, o qual traduz o ajustamento da atividade real (quantitativa) a valores teóricos, sejam eles os valores orçamentados, valores padrão, ou mesmo valores *standard*. Assim, considerando que:

Q_R – Quantidade real
Q_P – Quantidade prevista
P_R – Preço real
P_P – Preço previsto

O desvio agregado será dado por $Q_P \times P_P - Q_R \times P_R$. O desvio poderá ser favorável ou desfavorável, dependendo da natureza da rubrica orçamental em análise. Porém, o cálculo de um desvio neste nível de análise tem associado um poder explicativo deveras limitado, e até potencialmente enganador do ponto de vista da gestão. A desagregação do desvio pelos seus fatores de volume e de rendimento poderá ser a abordagem que se reveste de maior utilidade, sem dispensar quaisquer análises qualitativas que os controladores de gestão e os gestores venham a fazer. A desagregação dos desvios pelos dois fatores passa pela inclusão, na fórmula do desvio anteriormente apresentada, da noção de orçamento ajustado. O recurso ao artifício matemático sinalizado na equação, permitirá a desagregação do desvio nas duas componentes referidas. Assim:

$$\text{DESVIO} = Q_P \times P_P - Q_R \times P_R + \mathbf{Q_R \times P_P - Q_R \times P_P}$$
$$\rightarrow \text{DESVIO} = Q_P \times P_P - \mathbf{Q_R \times P_P} + \mathbf{Q_R \times P_P -} Q_R \times P_R$$
$$\rightarrow \text{DESVIO} = P_P \times (Q_P - Q_R) + Q_R \times (P_P - P_R)$$

A primeira parte traduz a parcela do desvio originada pela componente de preço (Desvio de Preço) enquanto a segunda parte traduz a parcela do desvio que foi originada pela componente de volume (Desvio de volume ou de quantidade). Esta abordagem e terminologia é aplicável para efeitos do cálculo do desvio de vendas, de compras, de consumos, entre outros.

Tomemos agora as dimensões da mão de obra, ou mesmo dos gastos gerais de produção, ou ainda grandezas associadas à função de distribuição ou administrativa, desde que integrantes das duas dimensões anteriormente referidas: volume e preço/rendimento. Consideremos a seguinte nomenclatura e apliquemos o mesmo procedimento de desagregação:

H_R – N.º de horas real
H_P – N.º de horas previsto
T_R – Taxa de imputação real (v.g. taxa remuneratória horária real, etc.)
T_P – Taxa de imputação teórica (v.g. taxa remuneratória prevista ou standard, etc.)

$$DESVIO = H_P \times T_P - H_R \times T_R + \mathbf{H_R \times T_P - H_R \times T_P}$$
$$\rightarrow DESVIO = H_P \times T_P - \mathbf{H_R \times T_P} + \mathbf{H_R \times T_P -} H_R \times T_R$$
$$\rightarrow DESVIO = T_P \times (H_P - H_R) + H_R \times (T_P - T_R)$$

Enquanto a primeira parcela traduz a magnitude do desvio originado pela diferença de horas (desvio de volume, de eficiência, ou de produtividade), a segunda parte quantifica a parcela do desvio que foi originado pelo diferencial de taxa entre o previsto e o real (desvio de taxa).

A opção pela desagregação dos desvios deverá constituir uma decisão de gestão, analisando, em cada caso e em contexto, a sua pertinência e exequibilidade. Conscientes da utilidade que a informação desagregada possa proporcionar, estamos igualmente conscientes que para um número significativo de grandezas orçamentadas tal procedimento não se revela exequível, muitas vezes em contexto de análise custo-benefício. Para além dos desvios anteriormente identificados, não poderíamos deixar de mencionar o efeito de carteira que se verifica em muitas organizações, resultantes da variedade de produtos que transacionam e dos múltiplos mercados em que operam. A relevância da análise ao nível do efeito de carteira (desvio de *mix*) pode assumir nestes contextos uma importância reforçada. Tal como apontado por Jordan *et al.* (2015), a análise do desvio de *mix* (ou de efeitos conjugados de diversificação de carteira) assume uma importância estratégica ao identificar tendências e maturidades de posicionamento.

Finalizamos o enquadramento teórico deste capítulo com uma abordagem às características gerais do controlo orçamental e às consequentes limitações, enquanto instrumento de controlo de gestão. Assim, são de destacar as seguintes caraterísticas:

- Baseado em Centros de Responsabilidade e nas rubricas contabilístico-financeiras;
- Evidencia os desvios, ainda que nem sempre se proceda à sua desagregação por fatores perturbadores;
- Utilizam a gestão por exceção, com recurso à fixação de intervalos de referência e/ou de limiar monetário, embora tal prática não esteja generalizada nas organizações;
- Totalmente dependente do orçamento, sem que por vezes o apuramento dos desvios tome em consideração os ajustamentos orçamentais realizados ao longo do período económico;
- Fortemente orientado para a utilização de uma linguagem fundamentalmente financeira, tendo como base primária os sistemas contabilísticos (contabilidade financeira e contabilidade de gestão);
- A natureza da informação é fundamentalmente interna, assente em informação de base contabilístico-financeira, tal como referido;
- Dependente da estrutura contabilística, geral ou analítica, pelo que a sua flexibilidade no tempo é limitada. Sendo uma informação muito detalhada, a sua agregação (grau de síntese) nem sempre se revela exequível num contexto de análise custo-benefício;
- A ligação do controlo orçamental aos objetivos operacionais e estratégicos, assim como aos meios para os alcançar, é deveras residual. Ainda que possa existir alguma articulação, a mesma é limitada uma vez que o controlo orçamental é fundamentalmente de base histórica e não de base prospetiva.

O controlo orçamental, pese embora a sua atualidade e utilidade, faz parte da evolução natural dos sistemas de controlo de gestão. As suas limitações intrínsecas, associadas às crescentes necessidades de informação, resultantes da maior volatilidade e incerteza dos ambientes interno e externo das organizações, impuseram alterações estruturais dos sistemas de controlo de gestão, quer na sua forma quer no seu conteúdo. Será essa a temática a desenvolver no capítulo 5 desta obra, no qual destacaremos os Tableaux de Board (TB) e os programas de Balanced Scorecard, estes últimos introduzidos na literatura de gestão por Robert S. Kaplan e David P. Norton.

4.3. EXERCÍCIOS RESOLVIDOS E PROPOSTOS

4.3.1 Exercícios resolvidos

Exercício T

A empresa *Dietetic, S.A.* dedica-se à produção de um único produto dietético (produto *LongLife*). Este produto é embalado e comercializado em embalagens de 100 cápsulas.

O processo produtivo consiste essencialmente no que se descreve a seguir recorrendo a três secções de produção principais:

1. Na "*Secção A*" a matéria-prima "MP_1" é triturada, obtendo-se uma matéria prima modificada, apresentada em pasta.
2. Na "*Secção B*" a matéria prima modificada é misturada com a matéria-prima "MP_2" e materiais diversos, obtendo-se uma matéria prima agregada.
3. Na "*Secção C*" a matéria prima agregada obtida na secção B é comprimida, obtendo-se assim o produto *LongLife* em cápsulas.

Após estas operações as cápsulas são acondicionadas em recipientes desenhados especificamente em função das suas características, seguindo assim para o "*Armazém Alfa*" onde permanecem cerca de dois meses sob condições específicas de climatização a fim de se verificar a sua qualidade. Seguidamente o produto é sujeito a uma operação de seleção e embalagem ("Secção D") e acondicionado no armazém de produtos acabados ("*Armazém Delta*"), pronto a ser comercializado no seu estado atual.

Encontram-se assim definidas as seguintes secções:

PRODUÇÃO

A) Principais:
- Secção A: Unidade de Obra – Hm
- Secção B: Unidade de Obra – Hm
- Secção C: Unidade de Obra – Hm
- Secção D: Unidade de Obra – Hh

B) Auxiliares
- Secção W: Unidade de Obra – Hh

ARMAZÉNS
- Armazém de Matérias Primas: Unidade de Imputação: à MP*2* em função do valor das compras; Unidade de Custeio: dia
- Armazém Alfa: Unidade de Imputação: às quantidades de Produto *LongLife* produzido; Unidade de Custeio: dia
- Armazém Delta: Unidade de Imputação: ao valor do produto *LongLife* vendido; Unidade de Custeio: dia

Relativamente ao Orçamento para o ano N, encontra-se disponível a seguinte informação:

a) Orçamento de Custos de Transformação

Descrição	**U.F.**	**Custo Unitário**	**Secção A 1.200 hm**	**Secção B 1.260 hm**	**Secção C 900 hm**
Custos Diretos					
Variáveis			360	882	1.440
Fixos			300	252	900
Total 1			660	1.134	2.340
Reembolsos					
Manutenção		1,4	672	504	504
Total 2			672	504	504
Custo Total			1.332	1.638	2.844
Unidade de Obra			1,11	1,30	3,16
Unidade de Imputação					
Unidade de Custeio					

Descrição	U.F.	Custo Unitário	Secção D 1.080 hh	Secção W 1.200 hh	Armazém de MP
Custos Diretos					
Variáveis			1.350	680	
Fixos			540	1.000	6.000
Total 1			1.890	1.680	6.000
Reembolsos					
Manutenção					
Total 2					
Custo Total			1.890	1.680	6.000
Unidade de Obra			1,75	1,40	
Unidade de Imputação					0,009375
Unidade de Custeio					16,43836

Descrição	U.F.	Custo Unitário	Armazém Alfa	Armazém Delta
Custos Diretos				
Variáveis				
Fixos			7.041	3.000
Total 1			7.041	3.000
Reembolsos				
Manutenção				
Total 2				
Custo Total			7.041	3.000
Unidade de Obra				
Unidade de Imputação			0,016764	0,0030864
Unidade de Custeio			19,29041	8,219178

b) Compras e consumos previstos (*regulares ao longo do ano*):

Descrição	U.F.	Custo Unitário	Compras	Consumos
MP1	kg	2,4	200.000 kg	176.400 kg
MP2	kg	64	2.500 kg	2.310 kg
Material Diverso			3.000 u.m.	3.000 u.m.
Material Embalagem	Un.	0,015	450.000 un.	420.000 un.

c) Produção prevista: 420.000 embalagens de 100 cápsulas cada de produto *LongLife*.

d) Vendas previstas: 404.000 embalagens a 2,4 u.m. cada.

Sabendo que a empresa utiliza o *Sistema de Custeio Total Orçamentado*, pretende-se que elabore do Orçamento de Custos de Produção.

Resolução

Descrição	UF	Custo Unitário	Produto *LongLife* (420.000 Embalagens)	
			Quantidade	Valor
1. Matérias Diretas				
MP1	kg	2,4225*	176.400	427.329
MP2	kg	64,6**	2.310	149.226
Material Diverso	–	–	–	3.000
Material de Embalagem	Un	0,015	420.000	6.300
				585.855
2.Custos de Transformação				
Secção A	Hm	1,11	1.200	1.332
Secção B	Hm	1,3	1.260	1.638
Secção C	Hm	3,16	900	2.844
Seleção em embalagem	Hh	1,75	1.080	1.890
Armazém Alfa	Ton.	0,016764	420.000	7.41
				14.745
3.CIPA				
Global				600.600
Unitário				1,43

Orçamento dos custos de produção

*Custo unitário da MP1 = (200.000 × 2,4 + 200.000 × 2,4 × 0,009375)/200.000
**Custo unitário da MP2 = (2.500 × 64 + 2500 × 64 × 0,009375)/2.500

Exercício U

A empresa *MundiConsult, S.A.* dedica-se a serviços de "Auditoria, Consultoria e Assistência Fiscal". No âmbito do seu sistema de Controlo de Gestão, analisa a retorno e a eficiência dos seus principais clientes tendo por base o Sistema de Custeio Direto.

A previsão de rendimentos e gastos é feita com base nas horas imputadas a cada cliente e no valor hora. O valor hora reflete os custos diretos associados aos serviços prestados, eventuais *spreads*, bem como as margens de comercialização praticadas.

Relativamente ao Orçamento para o ano N, são conhecidos os seguintes elementos:

Cliente	Rendimentos		Gastos	
	Nº de horas estimadas	Valor/Hora (médio em u.m.)	N.º de Horas Estimadas	Valor/Hora (Médio em u.m.)
A	2.304	45	2.304	30
B	432	68	432	34
C	720	38	720	20
Outros	56.000	25	56.000	20

Relativamente ao ano N, são conhecidos os seguintes elementos reais:

Cliente	Rendimentos		Gastos	
	Nº de horas estimadas	Valor/Hora (médio em u.m.)	Nº de Horas Estimadas	Valor/Hora (Médio em u.m.)
A	2.100	40	2.100	35
B	450	55	450	30
C	700	35	700	25
Outros	52.000	28	52.000	18

Com base na informação anterior, pretende-se que:

a) Apure os desvios, desagregando-os por naturezas e indicando o seu sentido;
b) Apure a margem de contribuição total e por cliente.

Resolução

Mapa de desvios

	Cliente	Desvio/ (u.m.)	%	F/D	Desvio de Volume/Eficiência			Desvio de Preço/Taxa		
					u.m.	%	F/D	u.m.	%	F/D
Rendimentos	A	19.680	19	D	9.180	8,9	D	10.500	10,1	D
	B	4.626	15,7	D	1.224	4,2	F	5.850	19,9	D
	C	2.860	10,5	D	760	2,8	D	2.100	7,7	D
	Outros	56.000	4,0	F	100.000	7,1	D	156.000	11,1	F
Gastos	A	4.380	6,3	D	6.120	8,9	F	10.500	15,2	D
	B	1.188	8,1	F	612	4,2	D	1.800	12,3	F
	C	3.100	21,5	D	400	2,8	F	3.500	24,3	D
	Outros	184.000	16,4	F	80.000	7,1	F	104.000	9,3	F

F – *Favorável* ; D - *Desfavorável*

Margem de Contribuição Total e por Cliente

Descrição	A	B	C	Outros	Total
1. Rendimentos (u.m.)	84.000	24.750	24.500	1.456.000	1.589.250
2. Gastos Diretos (u.m.)	73.500	13.500	17.500	936.000	1.040.500
3. Margem de Contribuição (u.m.)	10.500	11.250	7.000	520.000	548.750
%	14,3	83,3	40,0	55,6	52,7

Exercício V

A empresa *ABC, S.A.* produz e comercializa um determinado tipo de produto, utilizando o sistema de custeio padrão na valorização das matérias diretas, na mão-de-obra direta e nos gastos gerais de fabrico. A ficha padrão refere-se a lotes de 100 unidades e apresenta os seguintes elementos (relativos ao início do ano de N):

DESCRIÇÃO	**Unidade Física**	**Componentes**		
		Quantidade	**P. Unitário (€)**	**Valor Total (€)**
MP1	u.n.e	3,4	2,30	7,82
MP2	u.n.e	2,2	2,90	6,30
MP3	u.n.e	0,2	3,45	0,69
MP4	u.n.e	0,185	1,40	0,259
MOD	Hh	0,35	35,8	12,53
Gastos Gerais Fabrico	Hh	0,15	68,17	10,226

u.n.e. – Unidade não especificada

Produziram-se durante o ano 6.000.000 unidades cujos dados reais obtidos foram os seguintes:

	Inventários Iniciais		Compras		Inventários Finais (Quantidades)
	Quantidade	P. Unitário (€)	Quantidade	P. Unitário (€)	
MP_1	150.000	2,20	195.000	2,57	148.000
MP_2	100.000	2,35	155.000	3,23	124.000
MP_3	5.000	3,00	14.000	4,12	7.500
MP_4	3.500	1,20	9.000	1,67	1.000

Outras informações:

- O critério valorimétrico das saídas a custos reais é o FIFO;
- Número de horas MOD: 24.000 Hh a um preço de 36,8 €/hora;
- Número de horas de Gastos Gerais de produção: 8.600 Hh a um preço de 71,3€/hora.

Pretende-se que apure dos desvios desagregados (por linha e graficamente) com a identificação dos que requerem justificação qualitativa, de acordo com o seguinte intervalo de gestão por exceção: [- 5,0%; + 5,0%].

Resolução

Nota prévia: o recurso a folha de cálculo para resolução do caso requer que sejam tomados em consideração os efeitos de eventuais arredondamentosque venham a ser feitos em cada etapa.

DESVIOS	ORÇAMENTO	REAL	DESVIO	%	Pos.	Observações
MATÉRIAS CONSUMIDAS	908 940,00	845 260,00	63 680,00	7,01%		Favorável
DESVIO MP_1	469 200,00	450 790,00	18 410,00	3,92%		Favorável
DESVIO DE PREÇO	453 100,00	450 790,00	2 310,00	0,51%		Favorável
DESVIO DE VOLUME	469 200,00	453 100,00	16 100,00	3,43%		Favorável
DESVIO MP_2	382 800,00	335 130,00	47 670,00	12,45%		Favorável
DESVIO DE PREÇO	379 900,00	335 130,00	44 770,00	11,78%		Favorável
DESVIO DE VOLUME	382 800,00	379 900,00	2 900,00	0,76%		Favorável
DESVIO MP_3	41 400,00	41 780,00	−380,00	−0,92%		Desfavorável
DESVIO DE PREÇO	39 675,00	41 780,00	−2 105,00	−5,31%		Desfavorável
DESVIO DE VOLUME	41 400,00	39 675,00	1 725,00	4,17%		Favorável

DESVIOS	ORÇAMENTO	REAL	DESVIO	%	Pos.	Observações
DESVIO MP_4	15 540,00	17 560,00	-2 020,00	-13,00%		Desfavorável
DESVIO DE PREÇO	16 100,00	17 560,00	-1 460,00	-9,07%		Desfavorável
DESVIO DE VOLUME	15 540,00	16 100,00	-560,00	-3,60%		Desfavorável
MÃO DE OBRA DIRECTA	751 800,00	883 200,00	-131 400,00	-17,48%		Desfavorável
DESVIO DE TAXA	859 200,00	883 200,00	-24 000,00	-2,79%		Desfavorável
DESVIO DE EFICIÊNCIA	751 800,00	859 200,00	-107 400,00	-14,29%		Desfavorável
GASTOS GERAIS DE FABRICO	613 530,00	613 180,00	350,00	0,06%		Favorável
DESVIO DE TAXA	586 262,00	613 180,00	-26 918,00	-4,59%		Desfavorável
DESVIO DE EFICIÊNCIA	613 530,00	586 262,00	27 268,00	4,44%		Favorável

INTERVALOS REFERÊNCIA	
]- ∞; - 5%] ou [5%; + ∞[	
]- 5%; - 2,5%] ou [2,5%; + 5%[	
]- 2,5%; 2,5%[	

Os cálculos apresentados na tabela anterior resultam da aplicação das fórmulas apresentadas no ponto precedente deste capítulo. Do ponto de vista de controlo de gestão, apresentam-se de seguida as seguintes considerações:

- As matérias primas MP_1 e MP_2 apresentam desvios globalmente favoráveis, no mesmo sentido em termos de volume e de preço. Contudo, o desvio verificado na matéria prima MP_3, apesar de globalmente desfavorável, apresenta uma desagregação mista, não valorizável no âmbito do intervalo de referência definido. Quanto à matéria prima MP_4, o desvio é globalmente desfavorável, sendo aquele que mais contribui, do ponto de vista relativo, para o desvio global verificado no consumo de matérias-primas;
- O desvio de mão de obra é globalmente desfavorável, situação verificada tanto a nível de taxa como de eficiência (volume);
- O desvio de gastos gerais de fabrico é globalmente desvalorizável embora seja de analisar qualitativamente as suas causas ao nível da taxa e da eficiência. É de notar que a existência de efeitos mistos compensatórios, incutem limitações severas ao nível de controlo de gestão, sempre que não se opte pela desagregação dos desvios.

As considerações anteriormente enunciadas, são agora ilustradas pelos gráficos seguintes.

Matérias Consumidas: Previsto vs. Real

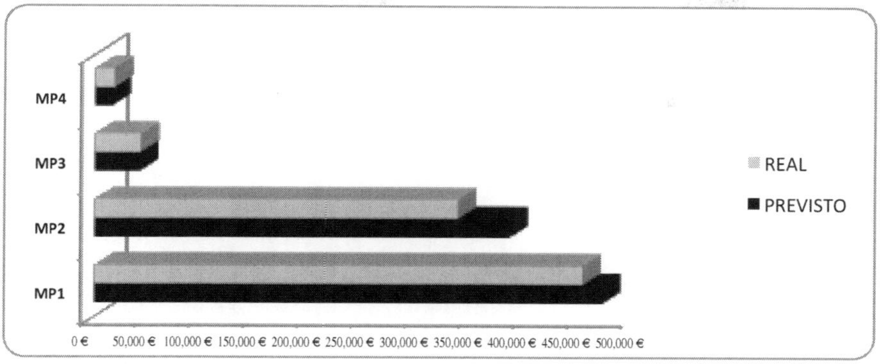

Matérias Consumidas: Desvio de Preço vs. Desvio de Volume

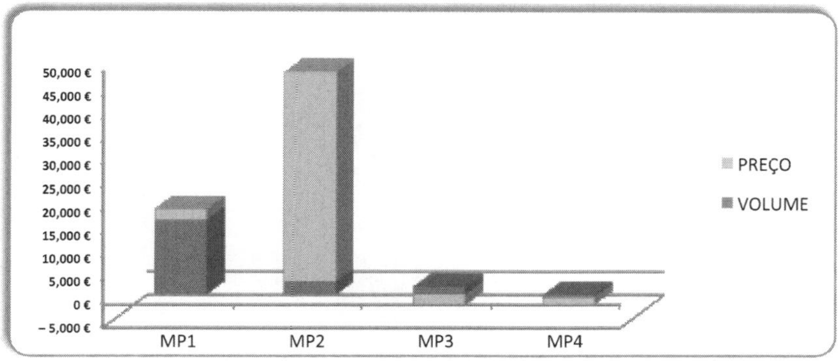

Mão de Obra (€): Previsto vs. Real

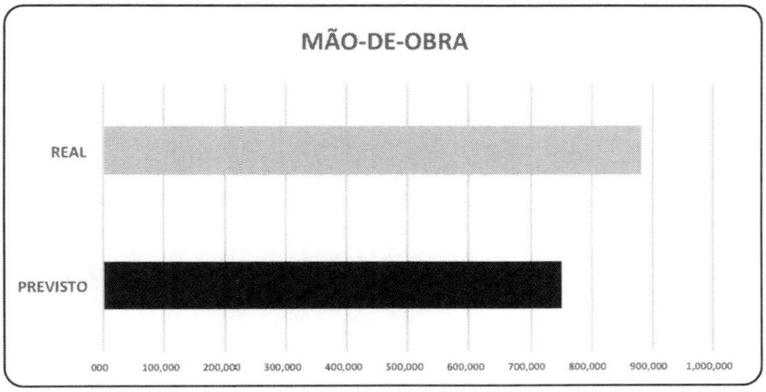

Gastos Gerais de Fabrico (€): Previsto *vs.* Real

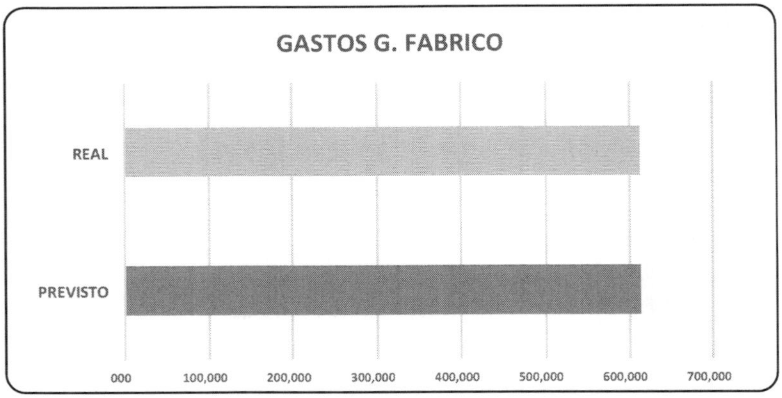

Gastos Gerais de Fabrico (€) : Desvio de Taxa *vs.* Desvio de Eficiência

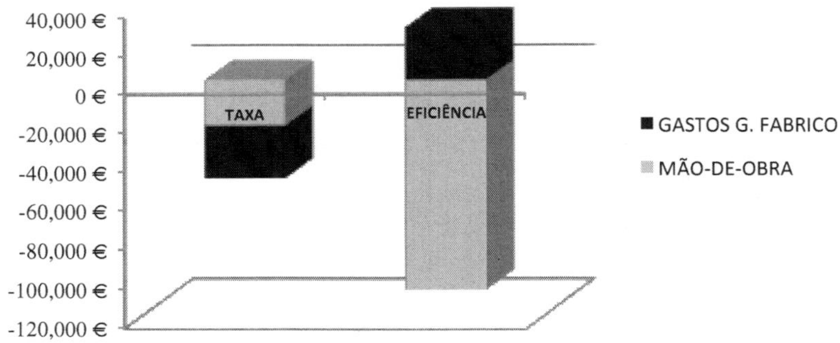

4.3.2. Exercícios propostos

Exercício X

Considere a Demonstração dos Resultados Previsional parcial, preparada pela sociedade X para o primeiro trimestre do ano N + 1.

RENDIMENTOS E GASTOS	1.º Trimestre N+1
Vendas (Réditos)	18.000.000
Custo das mercadorias vendidas e das matérias consumidas	(10.800.000)
Fornecimentos e serviços externos	(1.300.000)
Gastos com o pessoal	(1.080.000)
Imparidades de dívidas a receber (perdas/reversões)	(900.000)
Outros rendimentos e ganhos	500.000
Outros gastos e perdas	(850.000)
Resultado antes de depreciações, gasto de financiamento e impostos	3.570.000
Depreciações e amortizações	(1.950.000)
Resultado Operacional	1.620.000

Outras informações relativas ao período em referência:

- A empresa estimou vender 120.000 unidades do único produto que comercializa a um preço unitário de 150 u.m.;
- No início do período não se prevê qualquer stock pois a produção será solicitada ao fabricante em função das encomendas;
- Os gastos com o pessoal integram uma componente fixa de 75% do valor global, sendo o restante calculado em função do número de horas gasto e da taxa teórica horária aplicada. Foram previstas para o trimestre 2.700 horas a uma taxa horária de 100 u.m.;
- Prevê-se que durante o período existam novos investimentos em ativos fixos tangíveis no valor de 800.000 u.m., aos quais está associada uma vida útil de 8 anos.

Em abril do ano N+1 foi possível apurar os resultados reais do trimestre anterior, tendo sido apresentada a seguinte demonstração dos resultados:

RENDIMENTOS E GASTOS	1.º Trimestre N+1
Vendas (Réditos)	16.170.000
Custo das mercadorias vendidas e das matérias consumidas	(8.085.000)
Fornecimentos e serviços externos	(1.830.000)
Gastos com o pessoal	(948.000)
Imparidades de dívidas a receber (perdas/reversões)	(485.100)

RENDIMENTOS E GASTOS	1.º Trimestre N+1
Outros rendimentos e ganhos	454.900
Outros gastos e perdas	(1.076.800)
Resultado antes de depreciações, gasto de financiamento e impostos	4.000.000
Depreciações e amortizações	(1.430.000)
Resultado Operacional	2.380.000

Outras informações:

- Devido a constrangimentos na distribuição, apenas se venderam no período 98.000 unidades;
- A margem bruta, calculada sobre o preço de venda, observou uma evolução positiva de 5%;
- Relativamente à mão de obra (gastos com o pessoal), a componente variável resulta da aplicação de uma taxa real de 85 u.m., tendo-se despendido mais 100 horas do que o previsto;
- Os investimentos previstos para o 1.º trimestre foram reafectados ao 3.º trimestre do ano N+1.

Com base na informação apresentada, pretende-se que:

a) Elabore uma análise desagregada à evolução da margem bruta;
b) Calcule os desvios dos restantes gastos e rendimentos operacionais, desagregando-os sempre quer tal se revele exequível;
c) Identifique as possíveis causas para os desvios que se justifiquem, de acordo com o seguinte intervalo de referência [−5,0%; +5,0%] e/ou sempre que a variação monetária seja superior a 100.000 u.m..

Exercício W

Considere novamente a empresa *Creative Learning*, S.A., já apresentada no Exercício G (Capítulo 3). Relativamente à programação da ação de formação sobre "*Controlo de Gestão*" para o ano em curso, conhecem-se os seguintes elementos:

Descrição	Valores
N.º de horas total do curso	50 horas
Preço médio do curso	400 u.m./formando
Custos diversos:	
Materiais pedagógicos (dossier, fotocópias, certificados, etc.)	40 u.m./formando
Coffee breaks	15 u.m./formando
Promoção do curso *(quota imputável)*	275 u.m.
Honorários dos formadores	2.800 u.m.
Aluguer de salas	500 u.m.
Eletricidade/Água/Comunicações *(quota imputável)*	70 u.m.
Outras despesas administrativas	150 u.m.

Sabendo que a ação reuniu as condições de rendibilidade que justificavam a sua realização, torna-se necessário apurar os desvios verificados em relação ao orçamento que fora realizado. Nesse sentido, sabe-se que:

- Participaram na ação de formação 20 formandos, cujo preço médio foi de 325 u.m;
- A negociação dos honorários com os formadores permitiu reduzir 6 u.m. por cada hora de formação. Foi ainda decidido a entrega de um manual de controlo de gestão a cada formando, cujo custo unitário é de 10 u.m.;
- Foi decisão da direção da empresa introduzir algumas melhorias no *coffee break*, tendo-se verificado um acréscimo unitário de 5 u.m.

Com base na informação anterior, pretende-se que:

a) Elabore a demonstração dos resultados real para o projeto de formação agora concluído;
b) Efetue uma análise de desvios, procedendo igualmente à sua desagregação sempre que tal se revele exequível;
c) Indique as principais notas, de natureza qualitativa, a incluir num relatório de controlo de gestão a entregar ao coordenador da ação de formação.

Exercício Y

Considere a demonstração dos resultados previsional e real da empresa *Proenergy, S.A.*, para determinado período N (semestre).

RENDIMENTOS E GASTOS	PREVISIONAL	REAL
Vendas	8.640.000	9.618.750
Outros rendimentos operacionais	50.000	45.000
Custo das vendas	(5.400.000)	(6.412.500)
Fornecimentos e serviços externos	(830.000)	(712.000)
Gastos com o pessoal	(1.458.000)	(1.425.600)
Amortizações e depreciações	(500.000)	(450.000)
Perdas por imparidade em dívidas a receber	(151.200)	(480.000)
Outros custos operacionais	(100.000)	(90.000)
Resultados operacionais	**250.800**	**93.650**
Gastos e perdas financeiros	(28.000)	(30.000)
Resultados financeiros	**(28.000)**	**(30.000)**
Resultados antes de impostos	**222.800**	**63.650**
Imposto sobre o rendimento	(57.828)	(15.276)
Resultado líquido do período	**164.972**	**48.374**

Pressupostos do orçamento:

- A empresa previu vender 80.000 unidades do equipamento Alfa, praticando uma margem bruta de 60% sobre o preço de custo;
- Os gastos e perdas financeiros englobam apenas o custo dos empréstimos obtidos, os quais vencem juros à taxa média semestral efetiva de 3,5%. O capital em dívida no período é de 800.000 u.m.;
- A empresa tem no seu quadro de pessoal 90 colaboradores, cujos encargos médios semestrais, por trabalhador, ascendem a 2.700 u.m..

Informações relativas ao período N:

- A empresa vendeu 95.000 unidades do equipamento Alfa, embora tenha decidido baixar a margem bruta;
- Os gastos e perdas financeiros englobam apenas o custo dos empréstimos obtidos, cujo capital em dívida foi de 800.000 u.m.;

- A empresa reduziu o seu efetivo em 10 colaboradores, embora os encargos médios semestrais, por trabalhador, tenham aumentado 10% em relação ao previsto no orçamento;
- A empresa alienou durante o período um equipamento básico, cujas depreciações acumuladas eram de 50.000 u.m. Não se verificaram quaisquer investimentos durante o período.

Tendo por base a informação apresentada, pretende-se que:

a) Calcule os desvios das rubricas contabilísticas apresentadas, desagregando-as sempre quer tal se revele exequível;
b) Sem prejuízo do solicitado na alínea anterior, identifique as possíveis causas para os desvios que se justifiquem sempre que a variação monetária seja superior a 10%, relativamente ao orçamentado.

Exercício Z

A empresa *DELTA, S.A.* produz e comercializa um determinado tipo de produto, utilizando o sistema de custeio padrão na valorização das matérias diretas (MPA; MPB; MPC; MPD), na mão-de-obra direta e nos gastos gerais de produção. A ficha padrão refere-se a lotes de 50 unidades e apresenta os seguintes elementos (relativos ao início do ano de N):

DESCRIÇÃO	**Unidade Física**	**Componentes**		
		Quantidade	**P. Unitário (u.m.)**	**Valor Total (u.m.)**
MPA	Un.	5,0	17,0	85,0
MPB	Un.	6,0	15,0	90,0
MPC	Un.	0,8	5,5	4,40
MPD	Un.	3,2	2,7	8,64
MOD	Hh	0,80	110,4	88,32
Gastos Gerais Fabrico	Hh	0,20	85,0	17,0

Produziram-se durante o ano 80.000 lotes cujos dados reais obtidos foram os seguintes:

	Inventários Iniciais		Compras		Inventários Finais (Quantidades)
	Quantidade	P. Unitário (u.m.)	Quantidade	P. Unitário (u.m.)	
MPA	60.000	17,0	390.000	18,5	40.000
MPB	50.000	16,0	485.000	14,5	70.000
MPC	5.000	4,50	70.000	6,5	7.000
MPD		2,50	261.000	2,50	5.000

Outras informações:

- O critério valorimétrico das saídas a custos reais é o FIFO;
- Número de horas MOD: 70.000 Hh a um preço de 95,0 u.m./hora;
- Número de horas de Gastos Gerais de produção: 14.500 Hh a um preço de 81,0 u.m./hora.

Pretende-se que:

a) Apure dos desvios desagregados (por linha e graficamente) com a identificação dos que requerem justificação qualitativa, de acordo com o seguinte intervalo de gestão por exceção: [−2,5%; +2,5%];
b) Aponte as possíveis causas que possam justificar os desvios apurados na alínea anterior;
c) Admita que a empresa vendeu toda a produção ao preço de 350 u.m. cada lote. No entanto, orçamentou a venda de apenas 70.000 lotes ao preço unitário de 312 u.m. Elabore a desagregação do desvio de vendas, explicitando o seu impacto na margem bruta.

5
Sistemas de Controlo de Gestão

5.1. EVOLUÇÃO DOS SISTEMAS DE CONTROLO DE GESTÃO

A informação de gestão é, e sempre será, um dos pilares fundamentais da decisão empresarial. Porém, a sua oportunidade depende muitas vezes dos sistemas que suportam a sua preparação e a sua divulgação. Torna-se cada vez mais relevante a implementação de adequados sistemas de informação de gestão que, de forma integrada e tempestiva, permitam divulgar a informação, no tempo e no espaço, de forma eficiente e eficaz. É neste contexto que, nas últimas décadas, se assistiu ao desenvolvimento de diversos sistemas de informação de gestão, dos quais destacamos pela sua amplitude e projeção, os programas de *Balanced Scorecard*[1] (BSC), desenvolvidos por Kaplan e Norton (1996). Constitui, comparativamente aos sistemas mais tradicionais (v.g. Relatórios de Atividade, *Tableaux de Bord (TB)*, entre outros), um sistema complementar de monitorização do desempenho organizacional e não uma medida ou modelo substituto. A visão integrada por eles proporcionada, permite agir sobre um conjunto de variáveis críticas, representando no processo de criação de valor para o acionista, um importante contributo. Atualmente, constituem a mais importante e inovadora metodologia de gestão da performance das organizações.

---

[1] Chamamos a atenção para o facto de já nos anos 50 e 60 do séc. XX, em França, emergir uma nova ferramenta cuja filosofia era muito similar à do *Balanced Scorecard* e que ficou conhecida na literatura de gestão como *"Tableau de Bord"*. No entanto, a sua não tradução fez com que esta ferramenta não tivesse conhecido aceitação universal nos domínios da gestão, embora se faça sempre referência à mesma em quaisquer abordagens sobre sistemas de controlo de gestão.

A sofisticação e integração dos sistemas de controlo de gestão tem sido o resultado de múltiplos fatores, entre os quais se destacam a evolução verificada nas tecnologias de informação e comunicação, o aparecimento de novos modelos de negócio, a sua crescente complexidade, as alterações de exigências e comportamentos dos consumidores, para além da volatilidade e instabilidade dos mercados. A Figura 5.1. ilustra, simultaneamente, a evolução dos sistemas de controlo de gestão ao longo das últimas décadas, mas também o seu nível de integração e sofisticação. Porém, devem as organizações ajustar os sistemas de informação de gestão à sua real dimensão, à sua estratégia, à complexidade dos seus negócios, à tempestividade com que a informação deve ser preparada e divulgada. O binómio custo-benefício assume um papel relevante, de forma a mitigar o risco de se incutirem na organização entropias provenientes da própria complexidade e ineficiência dos sistemas de controlo de gestão.

Figura 5.1. – A integração dos sistemas de controlo de gestão

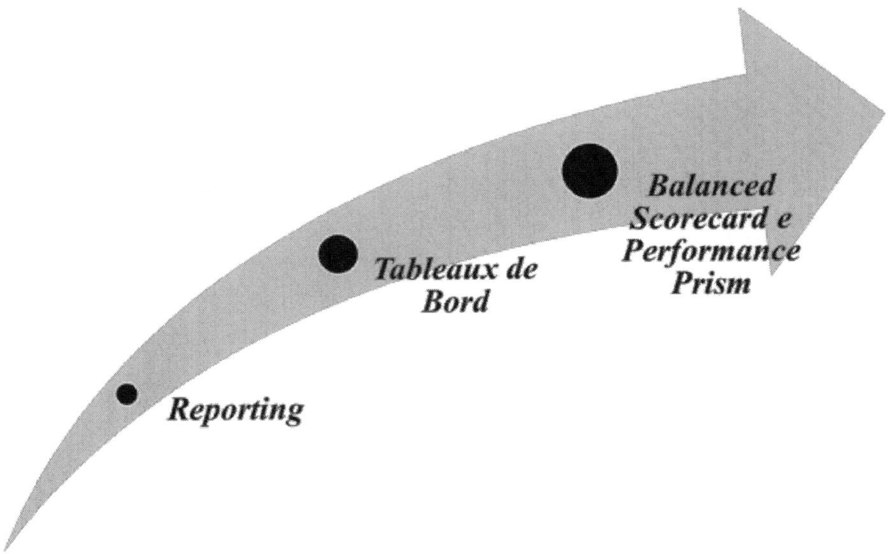

O *Reporting*, entendido neste contexto, como "*Relatórios de Atividade*", representa um conjunto de dados de gestão que é, regra geral, constituído e preparado periodicamente para detalhar as atividades e os resultados de um centro de responsabilidade, ou da organização como um todo. Coincide normalmente com o período contabilístico, no qual se detalham os indicadores associados à atividade periódica da organização, entre os quais os desvios em relação ao previsto. Na sua asserção mais generalista, a informação que integra este tipo de relatórios, ainda que não exclusivamente, é fundamentalmente de natureza financeira. Ainda que possa apresentar uma síntese dos principais indicadores de gestão, os relatórios de atividade são caraterizados pelo detalhe da informação, de cariz tradicionalmente histórica. Independentemente da sua amplitude e utilidade, trata-se de um sistema de controlo de gestão que, na sua génese, carece de síntese e integração.

Os *Tableaux de Bord* são caraterizados por constituírem um instrumento de gestão muito sintético, de informação tempestiva e cujo objetivo é proporcionar aos utilizadores uma visão estruturada de forma piramidal sobre a evolução da performance dos centros de responsabilidade (ou segmentos organizacionais) e da empresa como um todo. Tal como qualquer sistema de controlo de gestão, deve integrar informações que permitam o acompanhamento e o controlo, facilitando a comunicação e o diálogo a todos os níveis da hierarquia. Assim, os TB enquanto instrumentos de gestão, visam a medição do desempenho organizacional em múltiplas vertentes. Integram um conjunto de indicadores diversificados, de natureza financeira e não financeira, estruturados de forma a permitir um melhor conhecimento, a montante, da probabilidade de se alcançarem os objetivos de gestão. Importa ainda referir que os TB se orientam para a quantificação dos objetivos, meios e fatores críticos quer internos, quer externos. Relativamente aos relatórios de atividade, primam por obter uma informação de síntese, proporcionando a cada gestor os KPIs sintéticos, mas que sejam pertinentes e fundamentais para a tomada de decisão. A sua evolução ao longo do tempo, associada à sofisticação tecnológica, permitem a agregação (*drill-up*) e a desagregação (*drill-down*) da informação neles contida. É essa evolução que orientou estes sistemas de controlo de gestão tradicionais para melhorar a tempestividade da informação, privilegiando estimativas e aproximações em detrimento de dados históricos, incluindo igualmente na sua estrutura indicadores diversificados (de natureza financeira e não financeira).

Comparativamente à abordagem que efetuámos no capítulo precedente, no âmbito do controlo orçamental (ponto 4.2.), sinalizamos agora alguns aspetos que diferenciam os TB do sistema de controlo orçamental: 1. O tipo de linguagem e a origem da informação é de natureza variada; 2. Incluem indicadores de natureza interna e de natureza externa; 3. Apresentam grande flexibilidade no tempo; 4. Os indicadores estão alinhados com os objetivos; e 5. Apresentam um elevado grau de síntese informativa, ainda que possam ter associada a lógica de *drill-up* e *drill-down*.

Tal como anteriormente referido, os TB podem apresentar indicadores de natureza interna ou de natureza externa. Pela sua pertinência e abrangência, apresentamos de seguida a tipificação de indicadores que podem integrar um sistema desta natureza:

- Indicadores de objetivos: expressam globalmente o nível de realização dos resultados, quer em termos absolutos (v.g. Resultado líquido; Volume de negócios; etc.) quer em termos relativos (v.g. Variação da rendibilidade económica; índices de satisfação, etc.);
- Indicadores de meios: procuram ilustrar o nível de utilização dos meios e recursos, traduzindo-se muitas vezes em indicadores de produtividade e de utilização de capacidades (v.g. Custo industrial do produto acabado unitário; Taxa de produção defeituosa; Idade média dos equipamentos; Taxa de absentismo; Etc.);
- Indicadores do meio: indicadores sobre o sistema externo à organização, provenientes do ambiente geral ou do ambiente específico, que condicionam o grau de realização dos objetivos aos vários níveis de responsabilidade e face aos quais a organização apenas pode agir de forma contingencial (preventiva) ou reativa;
- Indicadores convergentes: respeitam a objetivos ou meios de ação de um determinando centro de responsabilidade ou segmento, mas que por motivos dos seus impactos, devem ser monitorizados em outro centro de responsabilidade (v.g. Gestão de compras vs. Unidades de negócio).

Os programas de *Balanced Scorecard,* entre outros de génese e lógica similares (v.g. Prima de Performance), traduzem na nossa perspetiva, uma evolução natural dos sistemas de controlo de gestão classificados como tradicionais. Salvo melhor opinião, incutiram-lhe mais integração operacional e estratégica, incluindo maior sofisticação tecnológica. Introduzidos na linguagem de gestão, desde 1992, por Robert Kaplan e por David Norton, esta ferramenta de gestão surgiu em contexto de gestão, observando nas décadas seguintes uma grande projeção, para qual se advoga ter sido o resultado de grandes esforços de marketing. Vocacionados, numa primeira fase, para proporcionar uma visão integrada da gestão operacional e estratégica, na ótica do investidor, traduz-se hoje não apenas num sistema de controlo operacional, mas também num sistema de monitorização e articulação estratégica. Pela sua relevância e amplitude que alcançou no seio das organizações, dedicamos o ponto seguinte ao seu enquadramento, quer metodológico quer substancial.

5.2. OS PROGRAMAS DE BALANCED SCORECARD E O PRISMA DE PERFORMANCE

O *Balanced Scorecard* é um instrumento de gestão que fornece aos gestores uma visão global e integrada do desempenho organizacional sob quatro perspetivas: Financeira; Mercado; Processos Internos; Aprendizagem e Desenvolvimento (Kaplan e Norton, 1992). Enquanto ferramenta de controlo operacional de curto prazo em articulação com a visão estratégica de médio e longo prazo, permite aos gestores difundir essa estratégia e todo um conjunto de objetivos globais da organização a todos os colaboradores, de modo a assegurar uma interligação coerente e estruturada entre todos os centros de responsabilidade. Assim, o processo de planeamento e o estabelecimento de metas, permite à organização quantificar os resultados pretendidos e identificar os mecanismos e os recursos que permitam alcançar os objetivos de forma sustentada. Ou seja, estamos perante uma perspetiva integrada de gestão, que permite construir um sistema integrado e interativo, utilizando KPIs para informar os gestores sobre os diversos vetores da performance atual ou futura da organização.

A ideia de que a criação de valor para o acionista é uma consequência da satisfação do cliente e de que a visão integral se tem de sobrepor a qualquer análise parcial, colocam o BSC numa das principais medidas de gestão do valor. O seu objetivo é permitir uma gestão eficaz do desempenho organizacional, baseando-se na visão e estratégia da empresa e traduzindo-a em indicadores de resultados não apenas financeiros. Este sistema de avaliação do desempenho organizacional prova que os indicadores financeiros clássicos apenas demonstram o passado, através de resultados dos investimentos e das atividades da organização, não incluindo os impulsionadores fundamentais da rendibilidade empresarial a longo prazo.

Contrastando com os sistemas tradicionais de medição, baseados exclusivamente na vertente financeira e numa análise de curto prazo, o *Balanced Scorecard* identifica os fatores que criam valor económico de longo prazo numa organização, conduzindo-a para o seu sucesso no futuro, definindo quais os objetivos a atingir e medindo a sua performance a partir das quatro perspetivas já identificadas.

A perspetiva de *Aprendizagem e Crescimento/Desenvolvimento* dirige a sua atenção para as pessoas e para as infraestruturas ao serviço dos colaboradores e necessárias ao sucesso da organização. Os investimentos a realizar são um fator crítico para a sua sobrevivência e desenvolvimento no longo prazo. No entanto, este desenvolvimento tem de ser sustentado por uma análise e intervenção constante na performance dos *Processos e Organização Interna*, os quais são elementos vitais do negócio. A melhoria dos processos internos no presente é um indicador crítico do sucesso financeiro futuro. Mas, para traduzir os processos em sucesso financeiro, as organizações devem e têm, em primeiro lugar, de reter e satisfazer os seus clientes. A perspetiva do *Cliente/Mercado* permite conduzir todo o negócio e atividade da organização para as necessidades e satisfação dos seus clientes. Por último, a perspetiva *Financeira* permite medir e avaliar resultados que o negócio proporciona e necessita para o seu crescimento e desenvolvimento, não esquecendo a necessária satisfação dos detentores do capital, que procuram a máxima rendibilidade económica e financeira. A lógica que acabámos de descrever, e que está subjacente à metodologia intrínseca aos programas de BSC, é por nós ilustrada na Figura 5.2.

Quando integradas e balanceadas, as quatro perspetivas proporcionam uma análise e uma visão ponderada da situação atual e futura

Figura 5.2. – A lógica dos programas de *Balanced Scorecard*

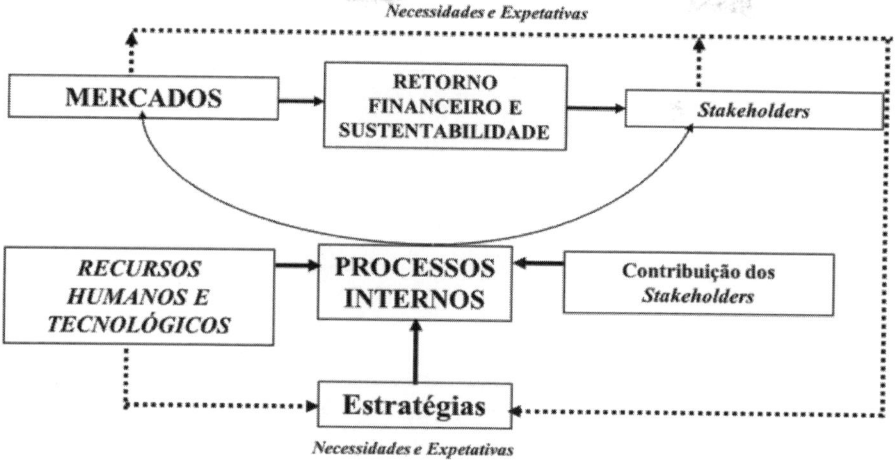

da performance do negócio. Estes quatro pontos cardeais de desempenho devem compreender diversos indicadores passíveis de serem medidos, logo controlados. Os indicadores financeiros e operacionais são orientados pela missão e pela estratégia da empresa e traduzem a estratégia em objetivos e medidas tangíveis e mensuráveis. Por outro lado, devem estar balanceadas segundo as perspetivas de todas as partes interessadas, formando uma cadeia de relações de causa e efeito que, por sua vez, funcionam como fatores impulsionadores uns dos outros. Ao mesmo tempo, proporciona à organização uma rápida e abrangente visão do negócio, tanto atual como futura.

A visão estratégica intrínseca ao BSC resulta da complementaridade das medidas financeiras sobre o passado com os determinantes da performance futura. Aquelas quatro perspetivas permitem identificar como é que as unidades de negócio estão a criar valor tanto para os clientes atuais como potenciais. Na verdade, o seu principal contributo reside na gestão de capacidades internas, investimento em pessoas, sistemas e processos, capazes de melhorar a performance futura. Estabelecendo uma analogia com o conceito de cadeia de valor, o BSC identifica as atividades críticas no processo de criação de valor proporcionando, numa perspetiva financeira, os determinantes do valor numa ótica de longo prazo.

Figura 5.3. – A desagregação estratégica numa lógica BSC

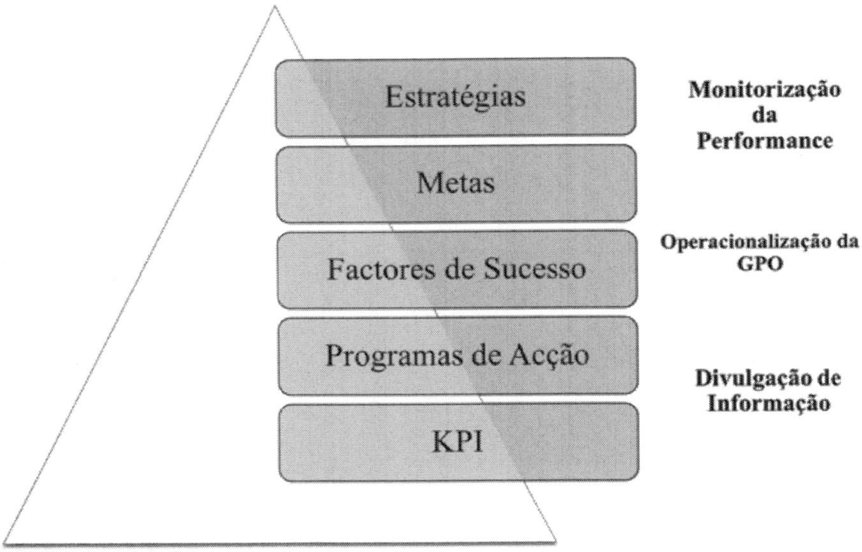

A desagregação estratégica, tendo por base a metodologia e perspetiva inerentes aos programas de BSC (Figura 5.3.), traduz-se na articulação das estratégias organizacionais (dimensão de médio e longo prazo) com a monitorização do desempenho da atividade operacional (dimensão de curto prazo). Enquanto programa de monitorização da performance, tem subjacente a gestão descentralizada e orientada para objetivos, conjugando a eficiência e a tempestividade com que a informação é divulgada. Numa era em que a informação se tornou uma nova matéria prima, tal como por nós assumido ao longo do capítulo 1 desta obra, a sua preparação e divulgação em tempo oportuno, podem determinar a sustentabilidade económica e financeira da organização. É esta visão integrada, assente numa lógica de cadeia de causa-efeito, que nos é proporcionada pelos programas de BSC. Porém, o alinhamento das perspetivas subjacentes a este tipo de programas, em resultado da sua extensão para outros contextos, nomeadamente as organizações públicas ou as organizações do setor não lucrativo da economia, depende da natureza e objetivos da organização. Ainda que tradicionalmente a perspetiva financeira traduza os objetivos principais da organização, e consequentemente seja esta a perspetiva associada ao fim da cadeia, a extensão da aplicabilidade desta lógica de controlo de gestão para outros domínios organizacionais, veio alterar, e por vezes até inverter, o encadeamento das referidas perspetivas.

Figura 5.4. – As relações de causa-efeito das dimensões do BSC

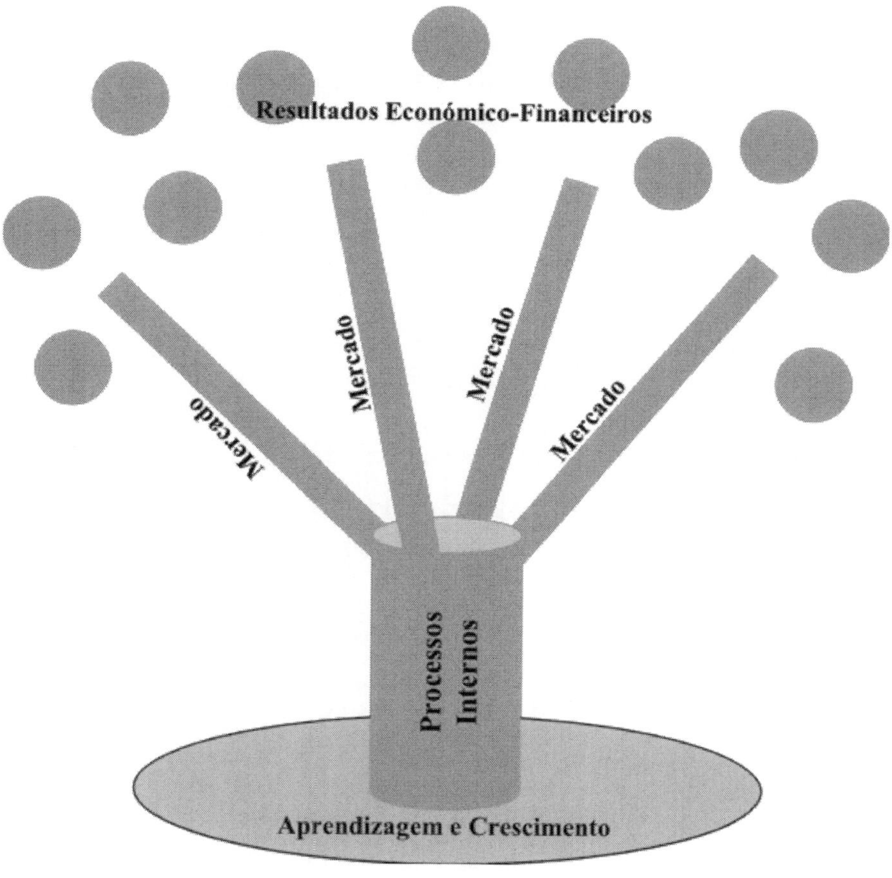

Na sua génese, o encadeamento das perspetivas do BSC numa cadeia de causa-efeito é ilustrado por analogia ao crescimento e desenvolvimento de uma árvore (Figura 5.4.). O solo, no qual a árvore assenta as suas raízes, corresponde à perspetiva *Aprendizagem e Crescimento* (associada genericamente às competências e capacidades dos recursos humanos e à sofisticação tecnológica). O tronco da árvore, enquanto elemento de estabilidade da sua estrutura, corresponde à perspetiva *Processos Internos* (eficiência da forma como a organização desenvolve o seu objeto e utiliza os seus recursos na produção de produtos ou prestação de serviços). Os ramos da árvore traduzem a diversificação dos mercados, ou seja, os segmentos em que opera e os benefícios que procura transmitir aos seus clientes (perspetiva de *Mercado*), enquanto os frutos da árvore traduzem, neste contexto, os resultados obtidos para a organização, fundamentalmente de natureza financeira e que lhe permitam assegurar a sua sustentabilidade económica e financeira (perspetiva *Financeira*).

A Figura 5.4. ilustra o encadeamento das perspetivas, tal como preconizado por Kaplan e Norton em 1992 e nos desenvolvimentos que a ferramenta observou. Contudo, a sua extensão para outro tipo de organizações, incluindo as organizações do setor não lucrativo, conduziu a que o encadeamento tradicional fosse gradualmente alterado em função da natureza dos negócios e dos objetivos da organização. É essa evolução que procuramos ilustrar na Figura seguinte.

Figura 5.5. – Evolução do encadeamento das perspetivas do BSC

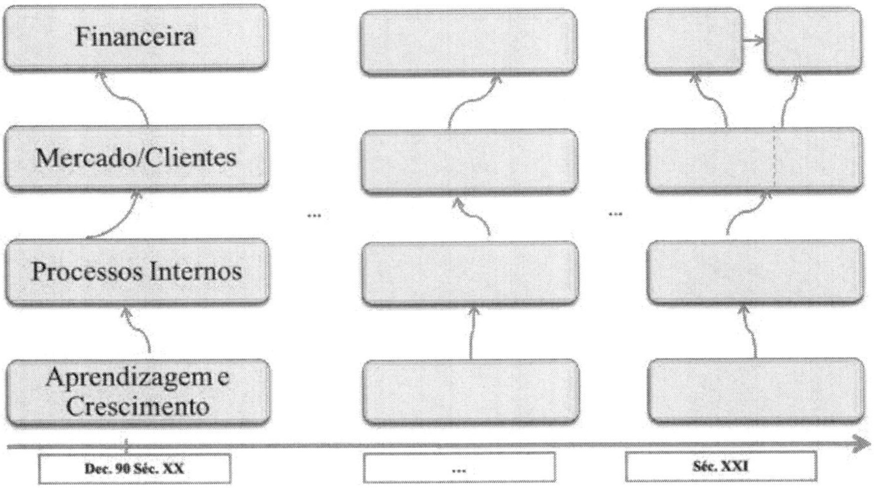

Múltiplos são os exemplos que é possível hoje encontrar na literatura de gestão e que consagram e ilustram a aplicabilidade dos programas de

Balanced Scorecard nos mais diversos tipos de organização. Para além das alterações verificadas no encadeamento de causa-efeito das perspetivas, em função da natureza da atividade dessas organizações, outras perspetivas têm vindo a ser adicionadas, nomeadamente a perspetiva relacionada com a responsabilidade social e ambiental. Ainda que possamos defender a integração dos indicadores relacionados com esta dimensão na perspetiva mercado, ou até de processos internos, não descartamos a possibilidade e pertinência da sua autonomização. O processo de planeamento de desenho da ferramenta para cada organização deve contemplar as vantagens e desvantagens decorrentes da eventual autonomização da dimensão referida.

As medidas financeiras utilizadas nestes programas podem variar entre as medidas de desempenho de natureza exclusivamente contabilística (v.g. Rendibilidade dos Capitais Próprios; Rendibilidade Económica; EBITDA; EBIT; Etc.) e as medidas de criação de valor que apresentam algum grau de sofisticação (*vg. Economic Value Added*; Valor Económico Criado; Margem de Contribuição; Margem de Contribuição Residual; etc.).

Numa perspetiva do Mercado/Clientes, são focados os aspetos críticos como a qualidade e o valor acrescentado pelo produto e/ou pelo serviço prestado. A sofisticação desses clientes, a evolução global dos mercados e dos sistemas de valor, leva a que a empresa focalize o seu desempenho em atividades fundamentais da cadeia de valor (Processos Internos). O desenvolvimento e melhoria desses processos, conjugados com os desenvolvimentos nas tecnologias e nos sistemas de informação, constituem os principais determinantes do valor numa perspetiva de aprendizagem e crescimento.

Cumpre-nos também referir que o BSC é, ou deveria ser, mais do que um simples rol de medidas (KPIs). Neste sentido, todas elas deverão ser articuladas numa cadeia de causa e efeito, que culmine numa relação com os resultados financeiros da organização. Este sistema de monitorização do desempenho organizacional é assim uma abordagem estratégica de longo prazo sustentada num sistema de gestão, comunicação e medição da performance, cuja modelização e implementação permitem criar uma visão partilhada dos objetivos por todos aqueles que fazem parte da organização. Muito mais do que um sistema de medição e controlo da estratégia empresarial, é, acima de tudo, uma nova forma de gestão das organizações.

Em linha com a abordagem seguida para os TB, indicamos de seguida os dois tipos de indicadores que integram os programas de BSC: Indicadores *Lead*, associados aos objetivos, e indicadores *Lag*, associados aos vetores de desempenho. Enquanto os primeiros são indicadores de resultados, os indicadores *Lag* são indicadores de meios ou de processo. Baseando-se nos mapas estratégicos da organização, devem estas duas tipologias de indicadores serem integradas nos programas de BSC. A cada indicador deve estar associada uma "Ficha de KPI", a qual deverá conter, entre outras que se considerem pertinentes, as seguintes informações:

- Identificação e descrição do KPI;
- Fórmula de cálculo;
- Unidade de medida;
- Perspetiva em que se enquadra;
- Periodicidade de cálculo e de divulgação;
- *Owner* do KPI;
- Metas definidas e ações a desenvolver;
- Ligação com os objetivos estratégicos;
- Posicionamento do KPI no período em análise, de acordo com os intervalos de referência definidos, no âmbito da gestão por exceção;
- Tendência do KPI.

Ao longo dos Capítulos 2 a 4, fomos identificando e sinalizando uma diversidade de indicadores que podem vir a ser incluídos nos sistemas de controlo de gestão, independentemente do que venha a ser adotado e implementado pela organização. É essa a razão pela qual nos dispensamos à replicação de tais indicadores. Cabe aos controladores de gestão e aos responsáveis pela gestão decidir quais aqueles que melhores níveis de aderência têm com a realidade organizacional em concreto, e quais aqueles que proporcionam uma visão mais tempestiva e integrada das atividades e do seu alinhamento estratégico.

Impõe-se ainda que, neste contexto, façamos uma referência ainda que breve, ao Prisma de Performance, tal como desenvolvido por Neely *et al.* (2002). Não se tratando de uma abordagem alternativa, assenta a sua génese na mesma abordagem metodológica. As suas cinco perspetivas (Satisfação dos *Stakeholders*; Estratégias; Processos; Capacidades; Contribuição dos *Stakeholders*) são por nós ilustrados na Figura 5.6., a qual foi preparada através de uma adaptação dos contributos proporcionados por Neely *et al.* (2002). Este modelo diverge dos programas de BSC apenas em duas dimensões: na sua orientação e na formulação estratégica e consequente definição dos KPIs. Enquanto no BSC a estratégia é formulada e subsequentemente é projetado um conjunto de indicadores de desempenho, no Modelo Prisma são identificados os indicadores que melhor servem as expetativas e necessidades dos *stakeholders* e subsequentemente é definida a estratégia organizacional para corresponder a essas expetativas e necessidades. Significa isto que a orientação do BSC é, em primeira linha, para o investidor e para o cliente, enquanto no Modelo Prisma, a orientação é em primeira linha para a grande diversidade de potenciais utilizadores da informação

Figura 5.6. – O Modelo Prima de Performance

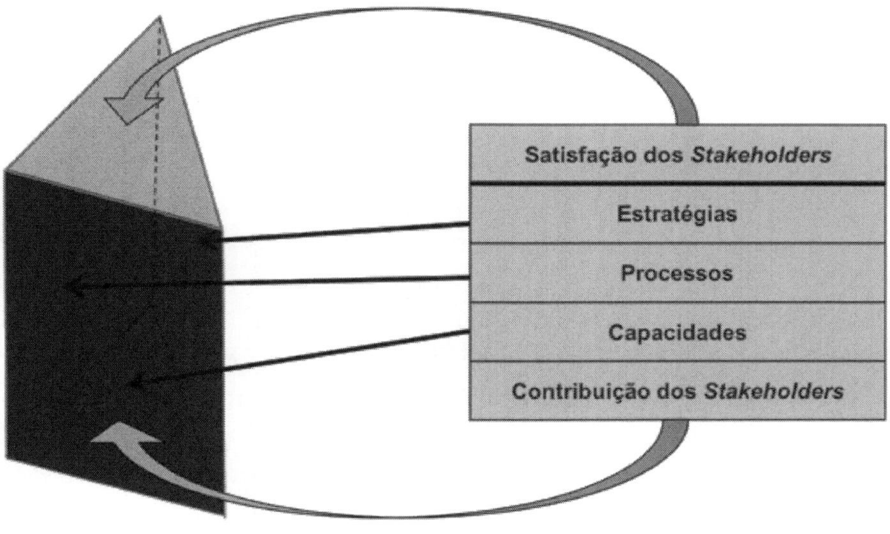

(investidores, clientes, colaboradores, entidades de regulação e supervisão, público em geral, entre outros). Sinalizamos, contudo, a sua convergência parcial no que concerne às perspetivas de análise. Ou seja, as perspetivas de processos internos e do desenvolvimento organizacional do BSC são semelhantes às faces dos processos e das capacidades do Prisma de Performance.

Os mais modernos sistemas de controlo de gestão, nos quais enquadramos claramente os programas de *Balanced Scorecard* e o Modelo Prima de Performance, são caraterizados por um conjunto de caraterísticas que lhe proporcionam visibilidade e utilidade do ponto de vista de gestão, nomeadamente:

- São ferramentas dinâmicas e integradas de desempenho organizacional, cuja flexibilidade no tempo é real e desejável;
- Permitem a aplicabilidade das técnicas de agregação e desagregação da informação;
- São ferramentas parametrizáveis para múltiplas realidades, nomeadamente aplicáveis a organizações privadas, públicas, ou entidades do setor não lucrativo;
- Apresentam uma desagregação em múltiplas perspetivas para as quais são selecionados indicadores de desempenho a elas ajustados;
- Evidenciam na sua estrutura e metodologia relações de causa-efeito, com a consequente visualização de impactos operacionais e estratégicos;
- Constituem ferramentas que articulam a gestão estratégica com as necessidades de controlo operacional.

A evolução dos sistemas de controlo de gestão ao longo das últimas décadas, fruto da evolução verificada nos mais diversos domínios, diferenciam-se pelo seu grau de integração. É essa integração que nos leva a posicionar, do ponto de vista relativo, os sistemas de controlo de gestão tratados ao longo deste capítulo, de acordo com as múltiplas abordagens e perceções consagradas na literatura e evidenciadas na realidade empresarial com que nos temos confrontado ao longo do tempo.

Figura 5.7. – A integração dos sistemas de controlo de gestão

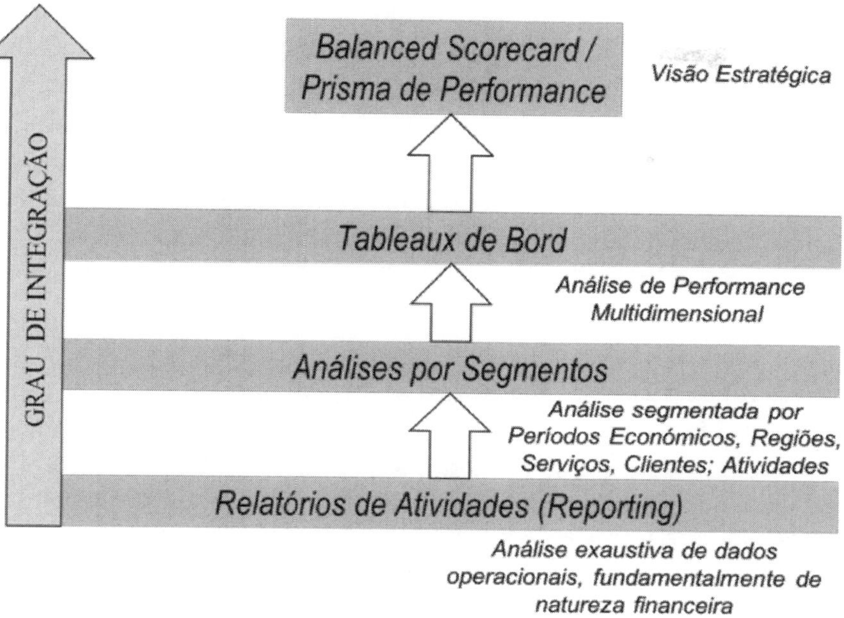

Fonte: Adaptado de Jordan et al. (2015)

Os programas de BSC constituem, pois, as ferramentas de controlo de gestão mais integradas que a literatura de gestão consagra, correspondência corroborada pela realidade quotidiana e prática das organizações. Alinhando a visão estratégica da organização com o seu controlo operacional, permite aos gestores de uma forma dinâmica e integrada, monitorizar os indicadores de desempenho que lhes permitam suportar a decisão, associando a flexibilidade dos sistemas à desejável ação proactiva. Em lado oposto, posicionamos os relatórios de atividade, já abordados neste capítulo, e que se caraterizam genericamente pelo elevado grau de detalhe da informação e pela sua orientação fundamentalmente financeira.

5.3. A IMPLEMENTAÇÃO DE SISTEMAS DE CONTROLO DE GESTÃO

A implementação de sistemas de controlo de gestão integra normalmente duas fases distintas, pois raramente encontramos no mercado ferramentas "chave-na-mão" desta natureza. É por isso que neste processo, se devem distinguir a fase de criação da fase de utilização do sistema de controlo de gestão. Na primeira são identificadas as exigências informativas de gestão, são selecionados os indicadores que melhor correspondem aos objetivos organizacionais, se identificam as fontes de informação que suportam a produção dessa informação, para além da sofisticação tecnológica que a ferramenta vai integrar. A parametrização é uma atividade fundamental nesta fase da implementação. A fase seguinte corresponde à utilização da ferramenta, integrando a sua atualização e validação temporal.

A criação de *Tableaux de Bord* envolve normalmente várias etapas, após reconhecimento do interesse que um instrumento de gestão desta natureza possa ter para a criação de valor organizacional. Enumeramos de seguida essas etapas, no pressuposto de que a duração temporal de cada uma delas, depende da dimensão da organização, da natureza e complexidade das suas atividades e do grau de detalhe e sofisticação que se pretende incutir na ferramenta a criar.

- Etapa A: definição do organograma de gestão, cuja estrutura deve determinar os sistemas de contabilidade de gestão, de gestão e controlo orçamental, e de controlo de gestão, *latu sensu*;
- Etapa B: Identificação dos objetivos e das variáveis que impulsionam ou condicionam a concretização desses objetivos. A identificação de fatores críticos é um elemento essencial nesta fase de diagnóstico;
- Etapa C: Identificação e escolha dos indicadores de desempenho, sem descurar o equilíbrio e ponderação entre indicadores de natureza financeira e não financeira;
- Etapa D: Identificação das fontes de informação que permitam operacionalizar os indicadores de forma tempestiva e de forma fiável;
- Etapa E: Construção do layout da ferramenta, sua operacionalização e definição das regras de utilização, incluindo a definição de níveis de acesso por parte dos potenciais utilizadores.

Tal como anteriormente referido, a fase subsequente corresponderá à utilização do instrumento de gestão, o qual deverá ser validado e ajustado em função do seu grau de aderência à realidade organizacional e às exigências deliberadas ou emergentes que possam surgir no desenrolar da atividade.

De forma similar, e em linha com o apontado para os TB, identificamos agora as etapas gerais que a implementação de um programa de BSC deve observar.

FASE DE CRIAÇÃO

- Etapa A: Análise da visão, do plano estratégico (normalmente após ter sido elaborado um diagnóstico interno e um diagnóstico externo), e identificação e decisão sobre as áreas prioritárias;
- Etapa B: Associada à seleção dos potenciais fatores de sucesso, cuja evidenciação terá impacto nos mapas estratégicos a definir.
- Etapa C: Identificação e seleção dos indicadores que melhor se alinhem com os objetivos organizacionais, não esquecendo o relativo equilíbrio que deve existir entre as diversas perspetivas que integram o BSC;
- Etapa D: Análise e estabelecimento das relações de causa-efeito, identificando os KPIs prioritários, e elaborando os Mapas Estratégicos;
- Etapa E: Elaboração das fichas de KPI, com a devida associação às metas que lhe correspondem;
- Etapa F: Definição das regras e formas de divulgação, incluindo a definição do layout da ferramenta, assim como a sua sofisticação tecnológica.

FASE DE UTILIZAÇÃO

- Etapa A: corresponde à monitorização corrente da performance empresarial;
- Etapa B: Associada à validação temporal dos indicadores;
- Etapa C: Atualização da ferramenta no tempo, em resultado das alterações que sejam exigíveis, independentemente da sua origem interna ou externa.

A implementação de programas de *Balanced Scorecard*, ainda que já concretizada de forma bastante ampla no contexto empresarial, apresenta diversas vantagens, mas também alguns constrangimentos na sua operacionalização. Trata-se de uma ferramenta que permite uma maior interação e participação dos colaboradores das organizações no processo de decisão, concentrando numa única plataforma uma vasta diversidade de indicadores, evitando a sua dispersão. Para além disso, permite movimentos de feedback estratégicos e uma aprendizagem permanente, difundindo de forma integrada a visão, a missão e a estratégia por todos os elementos da organização. O grau de sofisticação a nível de tecnologias da informação e da comunicação, quando adequadamente parametrizada, permitirá à organização usufruir de sinais de alerta e de indicadores de tendência, orientadas para a ação de índole operacional e/ou estratégica. Contudo, no processo de implementação podem surgir alguns constrangimentos, decorrentes de dificuldades operacionais que podem surgir em qualquer uma das etapas identificadas. É normalmente apontado como uma limitação severa da ferramenta BSC, o facto da mesma apenas tomar em conta os clientes e o mercado, enquanto dimensões do ambiente externo, quando na verdade existe uma multiplicidade de *stakeholders*. É esta limitação que o modelo Prisma de Performance procura colmatar e ultrapassar. Finalmente, enquanto modelo concetual de informação, a sua conversão para um modelo de avaliação nem sempre tem sido linear. Ainda assim, cremos que se trata de uma ferramenta que em muito contribuiu para a qualidade e para a tempestividade com que a informação é atualmente produzida, traduzindo-se em organizações mais informadas, agindo de forma mais proactiva, em prol da criação de valor para a organização e assegurando a sua sustentabilidade futura.

A implementação de programas de BSC, tal como por várias vezes já referido, foi sendo gradualmente alargada a organizações de natureza diferente daquelas que estiveram originalmente na sua génese. O alargamento da amplitude da sua aplicação determinou alterações no alinhamento das perspetivas, bem como na diferenciação dos indicadores de desempenho que integram esse sistema de controlo de gestão. É nesta diversidade de amplitude espacial, que ilustramos no ponto seguinte três casos de aplicação. O exemplo ilustrativo E1 aplica-se a uma organização privada cujos objetivos são fundamentalmente financeiros, o exemplo E2 surge no contexto de uma organização pública e o exemplo E3 resulta da aplicação da ferramenta a uma entidade do setor não lucrativo.

5.4. EXEMPLOS ILUSTRATIVOS

Exemplo E1

A sociedade *AlémTejo, S.A.* dedica-se à exploração, transformação de madeiras e comercialização dos seus derivados, estando dotado de uma orientação estratégica de internacionalização. Encontra-se atualmente presente em todos os continentes, prosseguindo as suas estratégias de diversificação dos seus mercados como de diferenciação dos seus produtos e serviços. Está cotada em diversas bolsas, entre as quais as bolsas de Londres e de Paris.

Trata-se de uma sociedade fundada na década de 80 do século XX, tendo vindo, desde então, a expandir as suas atividades de forma sustentada, baseando a sua estratégica numa lógica de inovação contínua. No processo de implementação do seu *Balanced Scorecard,* definiu o mapa estratégico que se apresenta de seguida, bem como alguns objetivos e indicadores que integram a referida ferramenta.

Mapa Estratégico (1.º Nível)

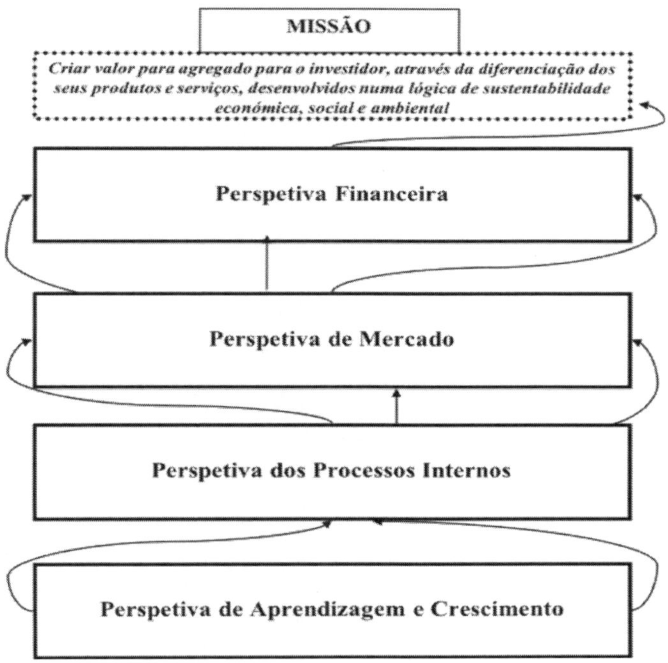

Mapa Estratégico (2.º Nível)

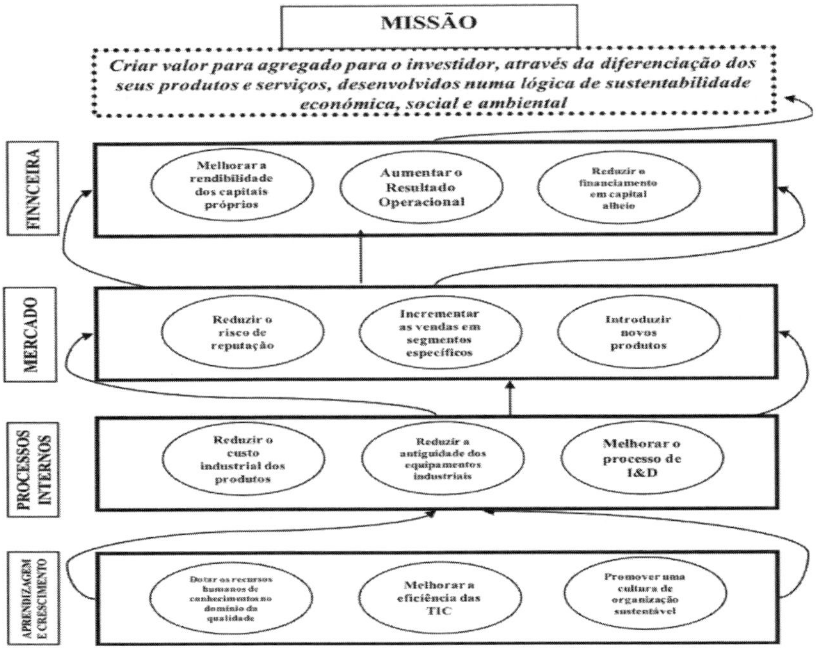

Principais Indicadores de Performance (KPIs)

Perspetiva	Indicador de desempenho (KPI)	Unidade de Medida	Posicionamento	Var. período anterior (Δ%)	Trend
Financeira	Rendibilidade dos Capitais Próprios	%			
	Volume de Negócios	u.m.			
	Resultado Operacional	u.m.			
	Autonomia Financeira	%			
	...				
Mercado/ Clientes	Imagem de marca	índice			
	volume de negócios por segmento	u.m.			
	Margem de contribuição por segmento	%			
	volume de vendas de novos produtos	u,m,.			
	...				

Perspetiva	Indicador de desempenho (KPI)	Unidade de Medida	Posicionamento ○ ◍ ●	Var. período anterior (Δ%)	Trend ↗ → ↘
Processos Internos	Custo industrial dos produtos acabados	u.m.			
	idade médias equipamentos industriais	Anos			
	investimento em I&D	u.m.			
	tempo médio de resposta a reclamações	Dias			
	produção defeituosa	%			
	...				
Aprendizagem e Crescimento	N.º de horas médio de formação por colaborador	Horas			
	investimento em TIC	u.m.			
	Iniciativas de promoção ambiental e de responsabilidade social	#			
	Taxa de Absentismo	%			
	...				

Exemplo E2

Determinado hospital público tem como área de intervenção prioritária a reabilitação motora dos seus pacientes, tendo prevista na sua missão uma atitude preventiva, maximizando o grau de autonomia dos doentes, bem como uma interligação mais dinâmica e oportuna com os diversos agentes de saúde. Trata-se de um hospital totalmente dependente das dotações orçamentais provenientes do orçamento geral do Estado, representando as receitas próprias um valor bastante residual.

Estando ainda numa fase de criação da ferramenta *Balanced Scorecard*, definiu e sintetizou os seus mapas estratégicos, as suas principais ações e iniciativas e os potenciais KPIs.

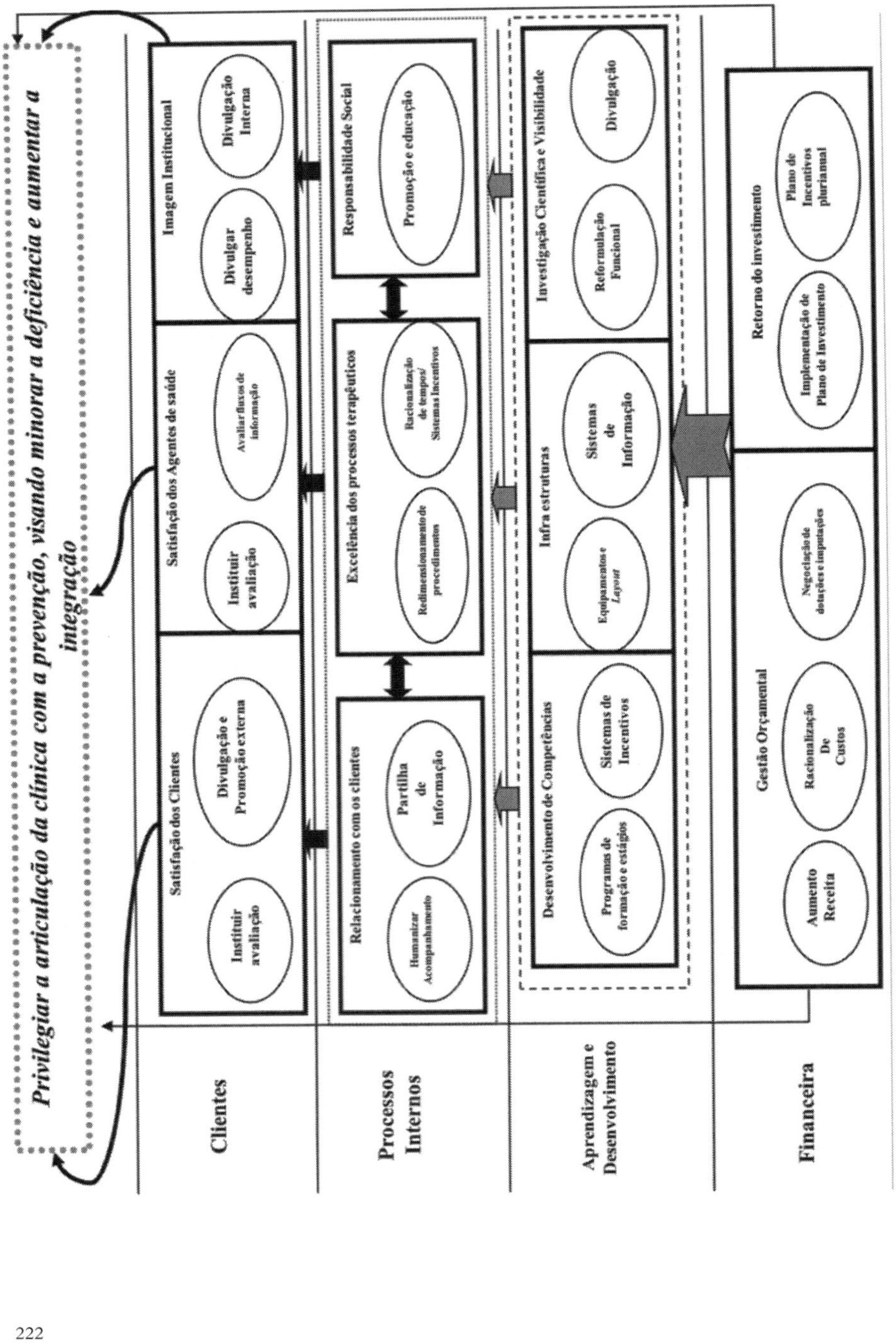
Privilegiar a articulação da clínica com a prevenção, visando minorar a deficiência e aumentar a integração
Clientes
Satisfação dos Clientes
Instituir avaliação
Divulgação e Promoção externa
Satisfação dos Agentes de saúde
Instituir avaliação
Avaliar fluxos de informação
Imagem Institucional
Divulgar desempenho
Divulgação Interna
Processos Internos
Relacionamento com os clientes
Humanizar Acompanhamento
Partilha de Informação
Excelência dos processos terapêuticos
Redimensionamento de procedimentos
Racionalização de tempos/ Sistemas Incentivos
Responsabilidade Social
Promoção e educação
Aprendizagem e Desenvolvimento
Desenvolvimento de Competências
Programas de formação e estágios
Sistemas de Incentivos
Infra estruturas
Equipamentos e Layout
Sistemas de Informação
Investigação Científica e Visibilidade
Reformulação Funcional
Divulgação
Financeira
Gestão Orçamental
Aumento Receita
Racionalização De Custos
Negociação de dotações e imputações
Retorno do investimento
Implementação de Plano de Investimento
Plano de Incentivos plurianual

Perspetiva	Ações/Iniciativas	Indicadores (KPI's) Possíveis
Clientes	• Avaliar o nível de satisfação dos clientes • Avaliar o sistema de fluxo de informação entre os diversos agentes do processo • Projetar internamente a marca de excelência do centro • Divulgação interna e externa das ações do centro	**Índice da Satisfação dos Clientes**
		# Acções de Divulgação
		Nível de Produção Científica (%)
		Taxa de Variação do Nº de Clientes face ao período anterior ou período homólogo
		Índice de Satisfação dos Agentes de Saúde
Processos Internos	• Definição de um sistema integrado de registo e comunicação com os agentes a montante e a jusante • Reduzir o tempo de internamento • Reduzir o tempo de incapacidade • Redimensionar os procedimentos terapêuticos • Adoção de sistema de informação de acompanhamento do processo de tratamento/internamento	**Tempo Médio de Internamento**
		Tempo Médio de Incapacidade
		Tempo Médio dos Procedimentos Terapêuticos
		Nível de Procedimentos Terapêuticos no Tempo Protocolado (%)
		Tempo de Espera Médio no Atendimento
		Receita Mensal/Nº de Profissionais ETC
		Nº Total de Profissionais ETC/Nº Actos Terapêuticos
		Atos Terapêuticos de Promoção e Educação para a saúde (%)
		Atraso Médio na Divulgação de informação de Gestão

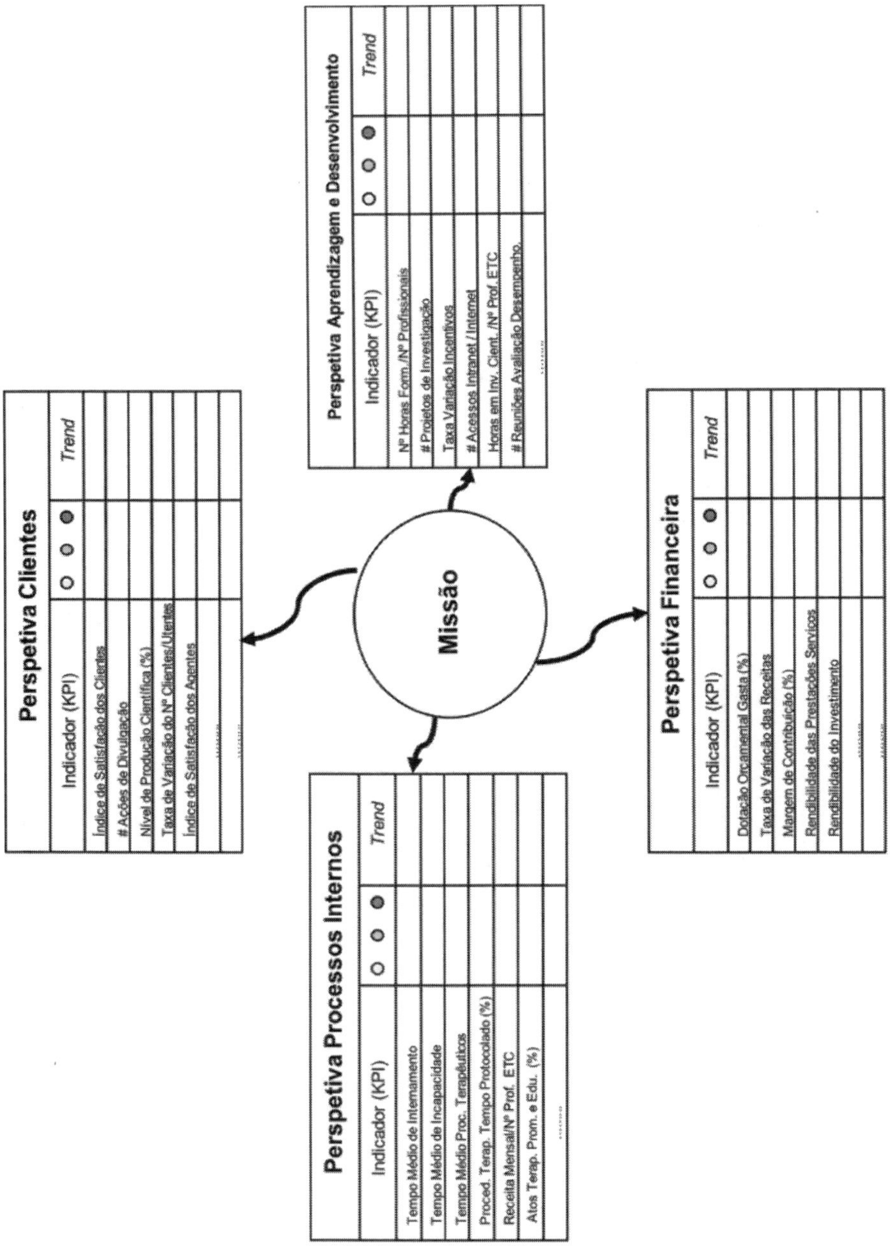
Missão
Perspetiva Aprendizagem e Desenvolvimento
Indicador (KPI)
Trend
Nº Horas Form./Nº Profissionais
Projetos de Investigação
Taxa Variação Incentivos
Acessos Intranet / Internet
Horas em Inv. Cient. /Nº Prof. ETC
Reuniões Avaliação Desempenho
Perspetiva Clientes
Indicador (KPI)
Trend
Índice de Satisfação dos Clientes
Ações de Divulgação
Nível de Produção Científica (%)
Taxa de Variação do Nº Clientes/Utentes
Índice de Satisfação dos Agentes
Perspetiva Financeira
Indicador (KPI)
Trend
Dotação Orçamental Gasta (%)
Taxa de Variação das Receitas
Margem de Contribuição (%)
Rendibilidade das Prestações Serviços
Rendibilidade do Investimento
Perspetiva Processos Internos
Indicador (KPI)
Trend
Tempo Médio de Internamento
Tempo Médio de Incapacidade
Tempo Médio Proc. Terapêuticos
Proced. Terap. Tempo Protocolado (%)
Receita Mensal/Nº Prof. ETC
Atos Terap. Prom. e Edu. (%)

Exemplo E3

A Associação *Agir XXI* é uma organização sem fins lucrativos que tem como missão garantir a inserção social de imigrantes e minorias étnicas na sociedade atual, através da aprendizagem da língua portuguesa e do maior conhecimento das estruturas e hábitos culturais locais. Foi fundada no início de 2019, tendo definido um mapa estratégico no qual identificou a sua missão, assim como os principais objetivos para que possa desenvolver a sua atividade.

Mapa Estratégico (1.º Nível)

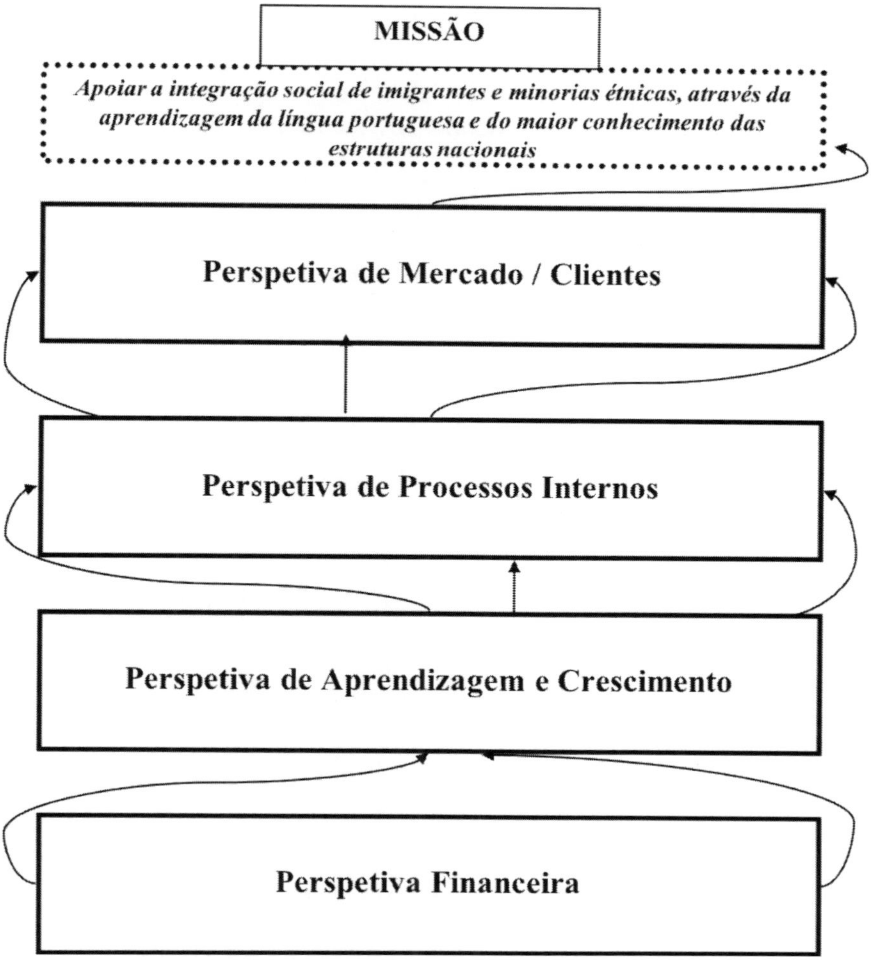

Mapa Estratégico (2.º Nível)

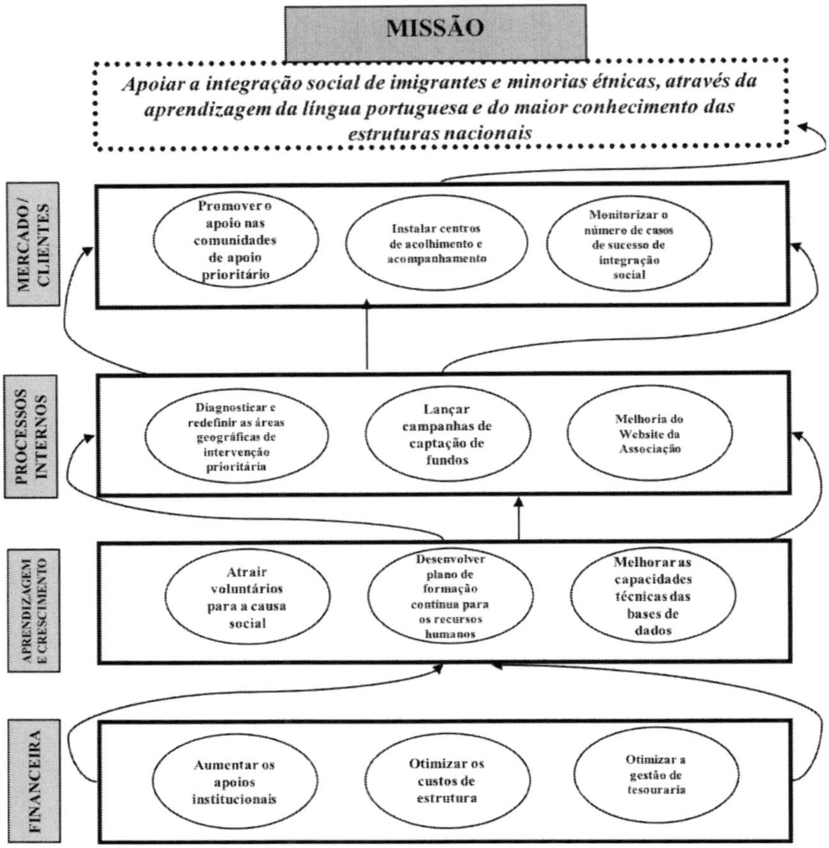

Principais Indicadores de Performance (KPIs)

Perspetiva	Indicador de desempenho (KPI)	Unidade de Medida	Posicionamento	Var. período anterior (Δ%)	Trend
Mercado/ Clientes	Apoio médio por comunidade	u.m.			
	Investimento em instalações de acolhimento e acompanhamento	u.m.			
	número de casos de integração social com sucesso	#			
	número de indivíduos apoiados	#			
	...				

Perspetiva	Indicador de desempenho (KPI)	Unidade de Medida	Posicionamento ○ ◍ ●	Var. período anterior (Δ%)	Trend ↗ → ↘
Processos Internos	Número de novas freguesias e/ou concelhos abrangidos	#			
	Número de iniciativas de captação de fundos	#			
	N.º de acessos ao website	#			
	...				
Aprendizagem e crescimento	Número de voluntários	#			
	Horas de formação no período	Horas			
	Antiguidade dos sistemas de informação	anos			
	Idade média dos colaboradores	Anos			
	Investimento em TIC	u.m.			
	...				
Financeira	Apoios institucionais recebidos no período	u.m.			
	Grau de cobertura dos custos de estrutura	%			
	Nível de liquidez	Rácio			
	...				

Exemplo E4

Caso para discussão

Caracterização da empresa

A *RENOVAR, SA* é uma empresa sedeada em Lisboa, que se dedica à produção e venda de equipamentos relacionados com energias renováveis. Foi constituída há 20 anos atrás, com um capital de 500.000 u.m.. Conta atualmente com 93 colaboradores, incluindo dirigentes. Assume como Missão o fornecimento de soluções técnicas que possam contribuir para uma maior qualidade de vida das populações, contribuindo para uma maior responsabilização social e ambiental. A aposta em energias alternativas e a sua orientação para energias não poluentes é o seu compromisso social.

Esta empresa tem atualmente uma quota de mercado de 21% no mercado nacional, mas espera alcançar, já em no próximo ano (N + 1), uma quota de mercado de 35%. As suas vendas repartem-se pelo mercado interno (70%) e pelo mercado externo (30%). Apesar do seu mercado internacional se cingir, atualmente, aos países da Europa Mediterrânica, espera já no ano N aumentar significativamente as suas vendas em países do norte da Europa e do Leste. O mercado norte-americano é um objetivo fixado para N+2.

Relativamente aos seus objetivos estratégicos, a empresa enumerou, para um horizonte temporal de 3 anos, os seguintes:

- **OE_1** – Melhorar a rendibilidade dos seus capitais próprios;
- **OE_2** – Reforçar o processo de internacionalização;
- **OE_3** – Apostar na inovação (investigação e desenvolvimento) em tecnologias relacionadas com as energias renováveis (solar e eólica);
- **OE_4** – Aumentar as suas quotas de mercado, quer no plano interno quer no plano externo;
- **OE_5** – Assumir-se como uma empresa de reconhecida qualidade, projetando de forma sustentada a sua imagem comercial e institucional.

A procura da sustentabilidade é uma das suas preocupações, procurando sempre um equilíbrio entre a eficiência dos seus processos, a motivação dos seus colaboradores, a melhoria das tecnologias e a contínua ligação com o meio envolvente.

No âmbito do seu planeamento operacional para o 1.º trimestre do ano N, a empresa definiu, entre outras, as seguintes metas:

- **MT_1** – Atingir uma rendibilidade dos seus capitais próprios de 20%;
- **MT_2** – Atingir uma rendibilidade do Ativo Económico de 30%;
- **MT_3** – Atingir, face ao período anterior, um crescimento das vendas mínimo de 5% em cada trimestre;
- **MT_4** – Melhorar o seu EBITDA, relativamente ao período anterior, em pelo menos 5%;
- **MT_5** – Reduzir o tempo médio de entregas dos equipamentos para 15 dias (nos 3.º e 4.º trimestres do ano N−1 observou-se um tempo médio de entrega de 23 dias e de 18 dias, respetivamente);
- **MT_6** – Reforçar o investimento em formação dos colaboradores em 30% (esse investimento atingiu, em N−1, as 60.000 u.m.);

- **MT_7** – Aumentar os dispêndios em Investigação e Desenvolvimento em 6% (o investimento trimestral médio em N – 1 foi de 200.000 u.m.);
- **MT_8** – Reduzir a taxa de absentismo do seu pessoal para 6%;
- **MT_9** – Estar presente em diversos eventos internacionais de divulgação dos seus equipamentos;
- **MT_{10}** – Aumentar a quota de mercado nos mercados externos, principalmente no Norte e Leste Europeu;
- **M_{11}** – ...;

Apresentam-se de seguida as demonstrações financeiras dos últimos trimestres (Balanço e Demonstração dos Resultados), preparadas de acordo com as normas internacionais de contabilidade. É de referir que as demonstrações dos resultados evidenciam apenas os resultados gerados no período em causa e não traduzem quaisquer valores acumulados.

Demonstrações financeiras

BALANÇO DA EMPRESA RENOVAR, S.A.
(em u.m.)

RUBRICAS	31.03.N	31.12. N – 1	30.09.N – 1
ATIVO NÃO CORRENTE			
Ativos fixos tangíveis	1.425.560,00	1.419.250,00	1.495.000,00
Propriedades de investimento	230.000,00	130.000,00	130.000,00
Ativos intangíveis	250.000,00	200.000,00	149.500,00
Participações financeiras	436.000,00	410.000,00	364.000,00
	2.341.560,00	**2.159.250,00**	**2.138.500,00**
ATIVO CORRENTE			
Inventários	552.109,00	447.330,00	400.650,00
Clientes	1.160.687,00	991.920,00	859.000,00
Outras contas a receber expl.	45.000,00	50.000,00	46.800,00
Instrumentos financeiros	32.000,00	24.000,00	11.700,00
Depósitos bancários	162.000,00	97.500,00	108.550,00
Caixa	2.200,00	3.200,00	2.665,00
	1.953.996,00	**1.613.950,00**	**1.429.365,00**
Total do Ativo	**4.295.556,00**	**3.773.200,00**	**3.567.865,00**

RUBRICAS	31.03.N	31.12. N-1	30.09.N-1
CAPITAL PRÓPRIO E PASSIVO			
CAPITAL PRÓPRIO			
Capital	500.000,00	500.000,00	500.000,00
Reservas legais	300.000,00	238.500,00	238.550,00
Outras reservas	120.000,00	123.500,00	123.500,00
Resultados transitados	688.970,00	117.000,00	117.000,00
Resultado líquido do período	400.086,00	430.200,00	314.015,00
Total do Capital Próprio	2.009.056,00	1.409.200,00	1.293.065,00
PASSIVO NÃO CORRENTE			
Financiamentos obtidos	990.000,00	1.100.000,00	1.100.000,00
Provisões	100.000,00	100.000,00	0,00
	1.090.000,00	**1.200.000,00**	**1.100.000,00**
PASSIVO CORRENTE			
Fornecedores	620.000,00	765.000,00	715.000,00
Estado e outros entes públicos	310.000,00	195.000,00	216.700,00
Acionistas	22.000,00	43.000,00	56.550,00
Financiamentos obtidos	210.000,00	110.000,00	110.000,00
Outras contas a pagar exploração	34.500,00	51.000,00	76.550,00
	1.196.500,00	**1.164.000,00**	**1.174.800,00**
Total do Passivo	**2.286.500,00**	**2.364.000,00**	**2.274.800,00**
Total do Capital Próprio + Passivo	**4.295.556,00**	**3.773.200,00**	**3.567.865,00**

DEMONSTRAÇÕES DOS RESULTADOS TRIMESTRAIS DA EMPRESA RENOVAR, S.A. (em u.m.)

RENDIMENTOS E GASTOS	1.º TRIMESTRE DE N	4.º TRIMESTRE DE N-1	3.º TRIMESTRE DE N-1
Vendas e prestações de Serviços	2.638.560,00	2.354.000,00	2.200.000,00
Custo das matérias consumidas	1.144.811,00	971.090,00	1.078.500,00
Fornecimentos e serviços externos	243.120,00	253.100,00	232.000,00
Gastos com o pessoal	586.025,00	488.500,00	381.115,00
Aumentos de justo Valor	0,00	0,00	4.300,00
Outros rendimentos e ganhos	19.000,00	23.000,00	43.700,00
Outros gastos e perdas	12.000,00	7.000,00	19.400,00
Resultados antes de depreciações, gastos de financiamento e impostos	**671.604,00**	**657.310,00**	**536.985,00**
Gastos de depreciação e amortização	121.000,00	65.000,00	47.500,00
Imparidades em investimentos depreciáveis	0,00	0,00	40.000,00

RENDIMENTOS E GASTOS	1.º TRIMESTRE DE N	4.º TRIMESTRE DE N-1	3.º TRIMESTRE DE N-1
Resultado operacional (antes de gastos de financiamento e impostos)	**550.604,00**	**592.310,00**	**449.485,00**
Juros e rendimentos similares obtidos	7.200,00	4.300,00	5.000,00
Juros e gastos similares suportados	2.900,00	12.100,00	12.700,00
Resultado antes de impostos	**554.904,00**	**584.510,00**	**441.785,00**
Imposto sobre o rendimento do período	154.818,00	154.310,00	127.770,00
Resultado líquido do período	**400.086,00**	**430.200,00**	**314.015,00**

Informações adicionais às demonstrações financeiras:

- Os financiamentos obtidos vencem juros à taxa anual de 8%;
- As compras totalizaram 1.100.000 u.m. e 950.000 u.m. nos 3.º e 4.º trimestres do ano N-1, respetivamente. No primeiro trimestre do ano N, tiveram um decréscimo de 8% relativamente ao período anterior;
- De acordo com os referenciais do setor, a rendibilidade média dos capitais próprios foi de 20% em N-1 e de 22% em N-2;
- Para efeitos de avaliação de performance, os investidores estão dispostos a considerar um custo de oportunidade anual de 3,75%;
- A taxa de IRC, incluindo Derrama, é de 27,5% (*despreze os efeitos decorrentes do escalonamento dos rendimentos para efeitos de tributação*);
- O capital social da empresa encontra-se representado por 200.000 ações cuja cotação se cifrou em 8,20 u.m. e em 9,62 u.m., no final dos 3.º e 4.º trimestres do ano N-1, respetivamente. Durante o 1.º trimestre do ano N, a cotação das ações subiu 14,3%, relativamente ao valor observado no final de N-1.

Mercados e Processos

Relativamente à evolução das suas quotas de mercado, conhecem-se os seguintes elementos:

Mercado	N−1	N−2	N−3	N−4	N−5	N−6	N−7
Nacional	38%	35%	21%	18%	15%	10%	8%
Internacional – Sul Europa	25%	20%	15%	10%	–	–	–
Internacional – Norte e Leste Europeu	40%	30%	12%	–	–	–	–
Internacional – Continente Americano	12%	–	–	–	–	–	–

A empresa investe continuamente na formação dos seus vendedores, estando presente nos diversos eventos internacionais sobre energias renováveis. Durante o ano de N−1 participou em 5 eventos internacionais e 2 eventos nacionais. No ano N espera vir a reforçar essa participação tendo já confirmado a presença em 10 eventos internacionais, principalmente na Europa e nos Estados Unidos da América e Canadá.

Recursos Humanos e Tecnologias

Descrição	N+1	1.º T N	4.º T N−1	3.º T N−1	2.º T N−1	1.º T N−1	N−2
Número de trabalhadores	120	93	85	70	60	40	35
Investimento em formação (em u.m.)	60.000	52.000	20.000	25.000	20.000	20.000	35.000
Taxa de Absentismo	5%	5%	8%	10%	12%	15%	15%
Investimento em TIC (em u.m)	100.000	75.000	0	0	25.000	25.000	250.000

Com base na informação disponibilizada anteriormente, pretende-se que, conceptualmente:

1. Elabore o mapa estratégico da empresa;
2. Identifique os indicadores a inserir em cada perspetiva do BSC, associando-os às respetivas metas (quando aplicável);
3. Estabeleça as relações de causa-efeito que considere adequadas.

NOTAS FINAIS

Elaborar uma obra sobre *Controlo de Gestão*, para além de um desafio, será sempre um projeto dinâmico, e por isso permanentemente inacabado. Um desafio, pela sua amplitude e abrangência. Um projeto inacabado, pelas crescentes necessidades de informação de gestão, mas acima de tudo pela volatilidade e complexidade dos negócios e dos mercados. Importa sinalizar, uma vez mais, a importância que a função *Controlo de Gestão* assume na dinâmica corrente das organizações. Independentemente dos seus objetivos, de cariz mais económico ou social, a existência de sinais de alerta que possam orientar ou reorientar o rumo a seguir, é uma vantagem competitiva face às organizações que apenas agem de forma reativa e numa perspetiva exclusivamente de curto prazo. O mais relevante contributo do controlo de gestão estará certamente na criação de valor de forma dinâmica e sustentada, catapultando as organizações para as múltiplas dimensões que justificam a sua existência enquanto agentes de crescimento económico e de bem-estar *(welfare)* social.

Ao longo dos cinco capítulos que compõem esta obra, procurámos primar pela sua articulação lógica e pela complementaridade multidimensional. Sem prejuízo do mérito de estruturas alternativas, iniciámos com um enquadramento global do planeamento, seja na sua vertente estratégica seja operacional. Atentos à evolução dos modelos de negócio emergentes em economias cada vez mais globalizadas, sinalizámos a relevância que a informação tempestiva pode ter para gestores descentralizados, os quais devem estar alinhados com a estratégia global da organização. As dimensões desenvolvidas nos dois capítulos subsequentes, respetivamente a dimensão externa e a dimensão interna do controlo de gestão, fazem emergir a importância e a diferenciação da informação proveniente das demonstrações financeiras que compõem o relato empresarial, da informação proveniente de sistemas de contabilidade de gestão e da sua utilidade para os gestores. Porém, uma abordagem integrada ao controlo de gestão nunca ficaria completa sem a análise da sua dimensão prospetiva. É neste âmbito que a gestão e o controlo orçamental, elos diretos de uma mesma cadeia, assumem especial importância e sentido. A diversidade de indicadores de desempenho, identificados sucessivamente ao longo dos vários capítulos, são na parte final integrados em sistemas de controlo de gestão, cuja função reside na monitorização e avaliação do desempenho organizacional numa perspetiva de continuidade e eficácia.

O valor acrescentado que possa ser transferido através das palavras escritas ao longo desta obra só poderão ser aferidas pelos seus reais destinatários, sejam eles académicos, cuja missão é a transmissão de conhecimento, sejam eles profissionais ao serviço das organizações, cujo propósito é operacionalizar o conhecimento adquirido. Foi com sentido teórico e prático que idealizámos este projeto, que o concebemos de forma voluntária e desprendida, na certeza de que é apenas mais um contributo para a já vasta bibliografia sobre a temática do Controlo de Gestão.

Estas notas finais não ficariam completas sem uma palavra de profunda gratidão a todos os formandos que, ao longo de dez edições, frequentaram o "*Curso de Especialização em Controlo de Gestão*" da *APEU – Associação para a Extensão Universitária da Faculdade de Economia da Universidade de Coimbra*. Foram as suas palavras de incentivo e também o seu sentido crítico que, ainda que por vezes transmitidos de forma silenciosa, determinaram a maturidade e a oportunidade desta obra. Porém, um projeto desta natureza será sempre um marco, vincando um tempo e um espaço, na expectativa de que o seu contributo possa influenciar e despoletar novos desenvolvimentos. Foi com esta consciência que iniciámos e terminámos este projeto. Será também com igual consciência que abraçaremos no futuro novos desafios, incluindo aqueles que se venham a revestir de cariz académico e literário.

E porque a palavra escrita sempre fez parte integrante da memória coletiva das sociedades, encerramos estas notas com a asserção da imortalidade dessa mesma palavra escrita, expressa pelo escritor francês *Olivier Rolin*: "*Escrever é fazer com que o tempo que nós conhecemos não morra connosco*". Continua a ser esta a nossa crença e será também esta a nossa determinação, as quais invocaremos no momento de enfrentar novos e promissores desafios.

BIBLIOGRAFIA CONSULTADA

BORGES, A.; RODRIGUES, A.; MORGADO, J. (2002). *Contabilidade e Finanças para a Gestão,* Lisboa: Overgest ISCTE.

CAIADO, A. C. P. (2015). *Contabilidade Analítica e de Gestão,* 8.ª Edição, Lisboa: Áreas Editora.

CARVALHO, J. C.; FILIPE, J. C. (2014). *Manual de Estratégia: Conceitos, Prática e Roteiro,* 4.ª Edição, Lisboa: Edições Sílabo.

CHIAVENATO. I. (2004). *Introdução à Teoria Geral da Administração,* 7.ª Edição, São Paulo: Editora Campos.

HIGGINS, R. C. (2007). *Analysis for Financial Management,* Eighth Edition, New York: McGraw-Hill International Edition.

JORDAN, H.; NEVES, J. C.; RODRIGUES, J. A. (2015). *O Controlo de Gestão: Ao Serviço da Estratégia e dos Gestores,* 10.ª Edição, Lisboa: Áreas Editores.

KAPLAN, R. S.; NORTON, D. P. (1992). "The Balanced Scorecard: measures that drive performance", in *Harvard Review on Measuring Corporate Performance,* Boston: Harvard Business School Press, pp. 123-145.

KAPLAN, R. S.; NORTON, D. P. (1996). *The Balanced Scorecard: Translating Strategy into Action,* Boston: Harvard Business School Press.

KAPLAN, R. S.; NORTON, D. P. (2004). *Mapas Estratégicos: Convertendo Ativos Intangíveis em Resultados Tangíveis,* Rio de Janeiro: Elsevier Editora.

KAPLAN, R. S.; ANDERSON, E. R. (2007). *Time-Driven Activity-Based-Costing – A simpler and more powerful path to higher profits,* Boston: Harvard Business School Press.,

LOPES, I. T. (2013). *A Gestão do Capital Intelectual e dos Intangíveis na Era do Conhecimento*, Lisboa: Escolar Editora.

Lopes, I. T. (2017). *Contabilidade Financeira: Preparação das Demonstrações Financeiras, sua Divulgação e Análise*, 2.ª Edição, Lisboa: Escolar Editora.

Lopes, I. T. (2018). *Contabilidade Financeira: Exercícios Resolvidos e Propostos*, Coimbra: Edições Almedina.

Lorange, P.; Vancil, R. F. (1977). *Strategic Planning Systems,* New Jersey: Prentice Hall.

Neely, A.; Adams, C.; Kennerley, M. (2002). *The Performance Prism: The Scorecard for Measuring and Managing Business Success,* Harlow: Pearson Education.

Niven, P. R. (2002). *Balanced Scorecard Step-By-Step: Maximizing Performance and Maintaining Results,* New York: John Wiley & Sons.

Nonaka, I.; Takeuchi, H. (1995). *The Knowledge – Creating Company,* New York: Oxford University Press.

Parmenter, D. (2007). *Key Performance Indicators: Developing, Implementing, and Using Winning KPIs,* New Jersey: John Wiley & Sons.

Palma, J. (1998). *Casos Práticos de Contabilidade de Gestão,* Lisboa: Plátano Editora.

Pereira, C. C.; Franco, V. S. (1994). *Contabilidade Analítica,* 5.ª Edição, Lisboa: Editora Rei dos Livros.

Rezende, J. F. (2003). *Balanced Scorecard e a Gestão do Capital Intelectual: Alcançando a Performance Balanceada na Economia do Conhecimento,* 3.ª Edição, Rio de Janeiro: Elsevier Editora.

Rodrigues, J. A.; Simões, A. M. (2008). *Analisar a Performance Financeira: Uma visão multidimensional,* Lisboa: Áreas Editora.

Rodrigues, J. A.; Simões, A. M. (2009a). *Apurar Resultados de acordo com os Processos: o CBA – Custeio Baseado nas Atividades*, Lisboa: Áreas Editora.

Rodrigues, J. A.; Simões, A. M. (2009b). *Descentralizar e responsabilizar por Resultados: A organização em centros de responsabilidade*, Lisboa: Áreas Editora.

Shapiro, C.; Varian, H. R. (1999). *Information Rules: A Strategic Guide to the Network Economy,* Boston, MA: Harvard Business School Press.

Swain, M. R; Albrecht, W. S.; Stice, J. D.; Stice, E. K. (2005). *Management Accounting,* 3rd Edition, Ohio: Thomson.

TAPSCOTT, D.; TICOLL, D.; LOWY, A. (2000). *Digital Capital: Harnessing the Power of Business Webs,* Boston: Harvard Business School Press.

TAPSCOTT, D. (1996). *The Digital Economy,* New York: McGraw-Hill.

TIWANA, A. (2002). *The Knowledge Management Toolkit: Orchestring IT, Strategy, and Knowledge Platforms,* 2nd Edition, New Jersey: Prentice Hall.

TOFLER, A. (1990). *Os Novos Poderes: Conhecimento, riqueza e violência no limiar do século XXI,* Lisboa: Círculo de Leitores.